JN148308

【編】石井正己

世界の昔話を知るために!

三弥井書店

世界の昔話を知るために！

二一世紀に入って、災害・感染症・戦争といった困難な状況が続いている。これまでは、地球の裏側の出来事ならば関係がないと楽観することができた。しかし、国際化と情報化が急速に進み、状況はすっかり変わったと考えたほうがいい。世界中の誰もが無関係であることはなく、少なからぬ関係を持つ当事者にならざるをえない。そんなときに、なぜ今さら昔話なのかという疑問を抱く方があるだろう。だが、私は、そうした状況と昔話もまた無関係ではいられないと考えている。

ロシアによるウクライナ侵攻を受けて、二〇二二年春の大学の授業は、両国の昔話から始めた。それは、A・トルストイ再話、内田莉莎子《うちだりさこ》訳、佐藤忠良《さとうちゅうりょう》絵の『おおきなかぶ』（福音館書店、一九六六年。初出は一九六二年）と、内田莉莎子訳、エウゲニー・M・ラチョフ絵『てぶくろ』（福音館書店、一九六五年）である。前者はロシアの昔話、後者はウクライナの民話である。

よく知られるように、「おおきなかぶ」は小学校の国語科教科書の定番教材になっている。「おおきなかぶ」とともに「てぶくろ」を採択した教科書もあって、この昔話もよく知られている。昔話の教養は家庭によってかなり違いがあるが、教科書に載っているので、日本人なら誰もが知る国民的教養になっている。それだけでなく、どちらの絵本も半世紀以上にわたって読み継がれてきている。

登場人物は、『おおきなかぶ』は大から小へ動き、『てぶくろ』は小から大へ動く。両者の図形的なイメージは正反対だが、昔話研究ではともに「累積昔話」と呼び、構造はよく似ている。だが、だからと言って、それがロシアによるウクライナ侵攻を正当化する根拠にはならない。齋藤君子が述べるように、ロシアやウクライナはもちろん、ソ連が成立する前に生まれた昔話だからだ。昔話は、国家はもちろん、人種・民族・言語を相対化する視点を与えてくれる。

＊

日本では、二〇一一年度から小学校段階の古典教育が始まって、低学年における入門期の教材として、神話や昔話が位置づけられた。神話は一九四五年まで皇民化教育を推進する教材であったため、戦後の教育ではタブーであった。桃太郎は軍国主義の英雄とされたため、「桃太郎」は教科書から追放された。しかし、このときから一転して、神話や昔話が背負っていたタブーから解放された。

思えば、昔話は、民家の囲炉裏がなくなるのに伴って、家庭の中に居場所を失った。そして、地域おこしに役立つものと見なされて、残された古民家などで披露されるようになった。昔話を観光資源にする動きは、韓国や中国には見られないので、珍しい現象らしい。また、かつて日本には口演童話があったし、今、世界ではストーリーテリングが盛んだ。それらは口頭伝承の世界を未来につなげようとしている。

日本では一八世紀に草双紙《くさぞうし》と呼ばれる昔話絵本が生まれ、早くから絵本を媒介に昔話を楽しむようになっていた。その後も、印刷技術の革新とともに種々の形態の昔話絵本を生み、外国の昔話を取り入れて、今日に至る。世界を見れば、確かに、一八一二年と一八一五年の『グリム童話集』の発刊は画期的であったが、こうした昔話絵本の動きは、世界的に見ても独特な展開であったと言えるのではないか。

だが、何と言っても、子供たちに大きな影響を与えるのは教科書だろう。そこで、『世界の教科書に見る昔話』（三弥井書店、二〇一八年）を編んだことがある。日本・中国・韓国はシンポジウムを開いて議論し、ドイツ・ロシア・フランス・アメリカの教科書に見られる昔話教材や伝統教育について検討した。その前提には、日本が台湾・朝鮮・南洋群島・満洲といった植民地や、ハワイ・カリフォルニア・ブラジルといった移民地で発行した教科書の昔話を研究してきた蓄積があった。

なかでも注目されるのは、アメリカの教科書であった。一年生にネイティブ・アメリカンの民話「もぐらの袋の中は？」、二年生にイソップ寓話「うさぎとかめ」、三年生にドイツの「シンデレラ」と中国の「葉限」、四年生にアフリカの民話「なぜ太陽と月は空に住んでいるのか」、五年生にほら話の「ポール・ブンヤン」、六年生にギリシア神話「機織りアラクネ」とマリの神話「ギター・ソロ」といった教材が並ぶ。一瞥するだけでも、多様な民族や国々を包摂する昔話や神話が系統的に構成され、これだけでも世界を理解するのに役立つことが知られる。

＊

だが、今、私たちは世界の昔話を認識することが簡単ではない。便利なのは事典で、日本民話の会編著『ガイドブック世界の民話』（講談社、一九八八年。改題して『決定版 世界の民話事典』講談社＋α文庫、二〇〇二年）や、稲田浩二編者代表『世界昔話ハンドブック』（三省堂、二〇〇四年）がある。しかし、世界の神話を扱った事典がさまざま発行され、篠田知和基《しのだちわき》・丸山顕徳《まるやまあきのり》編『世界神話伝説大事典』（勉誠出版、二〇一六年）の達成があるのに比べて、昔話はいかにも貧弱である。そこで、国際化と情報化が急速に進む時代にあって、その状況に見合う一冊がほしいと考えた。

まず、「I　世界の昔話は、今（1）」では、母国の昔話を伝えた外国人花嫁や、子どもが喜んで聞く外国の昔話、漫画・アニメと昔話といった日本の動向から、一転して、イギリスのストーリーテリング、アイルランドの民間伝承のアーカイブ、スウェーデンの水の精といったヨーロッパの状況に及んだ。

それと並ぶ「Ⅲ　世界の昔話は、今（2）」では、南米アンデスや北方民族の昔話の現状と課題、イランの昔話の日常風景から、これも一転して、フランス昔話と韓国童話の翻訳、韓国の動物報恩譚を経て、ＡＴＵに至る世界の話型分類の歴史に及んだ。それぞれの研究者がこれまで取り組んできた研究について述べているが、Ｉと合わせて「今」を知る一助になるだろうと考えた。

こうしたⅠ・Ⅱに対して、「Ⅴ　世界の昔話を見つめた人々」は通時的な把握である。南方熊楠《みなかたくまぐす》、柳田国男、高木敏雄、プロップ・ウラジミール、関敬吾、稲田浩二、小澤俊夫、崔仁鶴《チェインハク》を取り上げた。昔話の場合、話型分類（タイプ・インデックス）によって国際的な比較研究を進めようとした。だが、アジアの研究者は、その意義を認めつつも少なからぬ違和感を抱いてきた。「世界」という視野で昔話を見る難しさを感じるが、それぞれの研究者の方法からは、新たな可能性を探ることができるように思われる。

そして、「Ⅱ　世界をつなぐ昔話」は話型を意識した研究の成果である。「赤ずきん」「シンデレラ」「天人女房」「猿蟹合戦」などでヨーロッパからアジアの伝承に及び、謡曲「羽衣」と狂言「附子《ぶす》」では日本の古典芸能を世界的な視野でとらえ直した。これと並ぶ「Ⅳ　世界の昔話絵本」では、ロシア・ウクライナ・モンゴル・中国・朝鮮・韓国・フィリピンの昔話絵本を取り上げた。絵本の場合、家庭で楽しまれるだけでなく、教育と関係があることが言及されている。

一方、国際化と情報化が進むのと反比例するかのように、私たちが昔話に寄せる関心や研究はどんどん細分化している。専門化が進むのは大切なことだが、そこだけしか見ようとしていないという批判を否定することが難しい。国家や人種・民族・言語を超えて人間を考えようとするなら、神話とともに昔話は最も適した題材である。研究という狭い場所に限らず、やはり、昔話を知るための「世界地図」を持っておきたいと思う。そんなことを考えて、最後に「Ⅵ　昔話資料目録」を用意しておいた。十分ではないが、世界の昔話を知るための一助になれば幸いである。

二〇二四年八月

石井正己

＊参考文献＊
・小長谷有紀編『「大きなかぶ」はなぜ抜けた？』講談社現代新書、二〇〇六年
・石井正己著『桃太郎はニートだった！』講談社＋α新書、二〇〇八年
・石井正己編『昔話と絵本』三弥井書店、二〇〇九年
・石井正己著『現代に共鳴する昔話』三弥井書店、二〇二〇年
・石井正己編『国語教科書の定番教材を検討する！』三弥井書店、二〇二一年

目次

目　次

I 世界の昔話は、今（1）

松谷みよ子総監修『アジア心の民話（全6巻）』（星の環会、2001年）

外国人花嫁の民話のその後

野村敬子

一　現代語りの中で

私どもが続けている「聴き耳の会」は中野ミツさんの語りを聴くことから始まった。ミツさんの亡き後も、録画、録音記録を用いて聴きとりを続けている。その体験を生かして、皆それぞれが語り活動を続けている。月例会をもち、情報交換も活発である。

その月例会に、木村幸恵さんが『アジア心の民話①　オリーブかあさんのフィリピン民話』を持参された。明日小学校で読み聴かせをするために、図書館から借りて来られたという。「さすが江戸川中央図書館だわ。全冊が揃っている」と言われた。そのシリーズ企画責任編集に当った私は、すっかり嬉しくなってしまった。今から二一年前に出版した民話絵本を抱いて来てくださったので、まるで久しぶりに自分の身内に逢ったような、こみ上げる嬉しさを味わったものであった。

当時日本社会では、農山海村に嫁不足で行政主導の国際結婚が行われ、話題になっていた。母となった外国人花嫁たちの子育ての一助にと、フィリピン・台湾・ベトナム・インドネシア・中国・韓国を扱った、故国文化の象徴として作った民話絵本のシリーズである。児童文学者の松谷みよ子さんも監修として参加してくださった。たくさんの方々のご協力を頂いて出来上ったこのシリーズは、さし絵を担当された画家の皆さんが、全て当地に赴いて描いてくださった。ボートピープルとして特別に日本入国を許可された方々の中から、ベトナム編が生まれた。渋谷区のボランティア団体が、その方々に日本語を教えておられ、渋谷民話の会の坂入政生《さかいりまさお》さんが聴きとって、『アジア心の民話④　語りおじさんのベトナム民話』が生まれたのであった。

木村幸恵さんは中国留学の経験者と伺った。アジア民話の読み聞かせに熱心に関わっておられる。

このシリーズには私にも忘れ難い記憶があった。江戸川区立小学校で生徒とＰＴＡの方々と、お話会をした折の思い出である。語り活動をされている山本くに子さんがアジア絵本を読み語り、私はアジア民話について話をする役目であった。蛍の民話は哀しい。フィリピン女性たちが語り合う愛の行方の一話であるが、上級生の心をとらえた様子であった。「むかし。愛し合う男女が毎晩ランタンを灯して逢っていた。ある日、若者の母がそれに反対して、若者を遠くの土地に行かせてしまった。娘は毎晩、毎晩若者を待ち続けていた。が、とうとうランタンを持ったまま、蛍になって捜しに飛び立ってしまった。おしまい」。

蛍は愛の虫であるという一話。ＰＴＡから「ハワイ駐在中に知ったこと。アメリカでは蛍は火の虫で、蝿や蚊と同じ害虫で、見たら叩き殺すと聞いた」という言葉に一同びっくり！　国が違えばいろいろ考え方にも違いが出ると知った。「蛍のわらべ唄があるが、日本で蛍の民話は聴いたことがない。どうして？」。

アジア民話から日本の伝承動態が見えてきた。語り聴く文化の国々が持つ特性にも気付かされた重要な指摘であった。

「ホーホー蛍来い。あっちの水は苦いぞ。こっちの水は甘いぞ」

蛍の民話は大人の文芸領分、恋を扱うものに顕在化する。子どもの領分は「わらべ唄」であろう。紫式部は『源氏物語』「玉鬘」の巻で、蛍をたくさん集めて女性の姿を顕わすシーンを描いた。それが「蛍の宮」という人物の呼称になる。伝承文芸の名残りは源平合戦であろうか。源氏蛍と平家蛍の名称に残される。現代の歌謡曲にも恋に身を焦がす詞がある。蛍の民話は大人の世界にあったかも知れない。子どもが語っているうち「桃太郎のお嫁さん」のように消えてしまったものもあるから……等々。

忘れ難いアジア民話語り交流の時空であった。

二　アジア子供文化館への夢

テレビニュースで桑山紀彦《くわやまのりひこ》さんのお姿を拝見した。暑そうな外国で子どもたちと交流する様子を伝える画面であった。懐しい方である。山形市の大学病院精神科医師として外国人花嫁の悩みを聴きとり、メディアに発信された人物である。花嫁たちのアイディンティに関わる重要な発信であった。それを『朝日新聞』で知った私は、すぐに彼に手紙を書き送った。そして外国人花嫁の子どもたちが母なる文化享受へと向うためにと、活動を始めたのであった。その次第は、自著『語りの廻廊—聴き耳の五十年—』に記した。中でも忘れ難いのは一九九四年一月三〇日の「集まれ地球の娘たち」（文部省女性の社会参加支持支援特別推進事業）の「アジアの女性たちが語る自国語の民話—女性たちによる共生への模索—」であった。当日は文部省生涯学習局の松下倶子《まつしたともこ》氏がおいでくださった。当日について、松下氏は『海外協力隊を育てる会ニュース』第一一四号に「ある交流」と題して寄稿されている。外国人花嫁が自国の民話を自国の言葉で語る和みの時間を体感され、松下氏は記された。

「しかしこれは楽しいだけではなく、生まれた国は違っても、この地域で暮す女性たちが確かな相互連帯を求めて試みた交流の催しだった。（略）第一世代といえる花嫁さんたちの子どもは今年小学校に入学する。地域でも学校でも子どもたちの生活がどのように展開するだろうか。母の国の言葉で民話を聞き、友と話題にできるような場面がほしい」

松下氏のご指摘のように、子どもの生育がさし迫ったテーマなのであった。そんな折も折、新庄市、最上郡の『商工会議所紀要』に文章を求められた。新庄市駅前の空き地の使い方などについてとあった。私はためらわず「アジア子供文化館設立への夢」を書かせていただいた。山形県最上郡の各町村が他に先駆けて、アジアの国々の女性たちとの国際結婚を導入した。他の市町村も当地方をモデルに国際結婚を導入していると聞いた。オリーブさんのフィリピン民話絵本は、支援の方々によって長野県や四国のフィリピン女性たちに贈られていた。

母なるアジア文化の手掛りになる情報館として、子どもたちにも親しみ易い形で拠点が必要なのではないか。アジア各国の文物、芸術、情報などに接する場が必要と思われた。先の「地球の娘たち」のような集まる拠点としての場を持つ意味深さを痛感するからでもあった。当紀要を見ると、きびしい顔をした自分自身の写真が掲載されている。

ある日、近所の民生委員の方から「山形弁の人がいるから聞いてみて」と電話があった。近所の交番に道に迷った女性が来ている、とのこと。知っている日本語は山形県最上弁のみというフィリピン女性であった。観光ビザで入国して男性の家で暮したが、友人の居る錦糸町で働くために上京したという。山形県最上郡、新庄市に、相談する場も人も見当らずという現実と知られた。山形市の友人に相談して、横浜のシェアハウスに案内していただく支援を受けた。遠い日の記憶となっているが、たぎる想いとしてアジア子供文化館設立への夢を紡いだ日を思い出す。しかし反応はなく、夢は夢で終るためにあったようだ。

三　読み聞かせと教会と

新庄市立図書館に館長の須藤敏枝さんをお訪ねした。彼女とは「遊学館」山形県生涯学習センター講座「語る」以来三〇年続く仲間である。先に記したイベントも、彼女たち「かやの実会」の方々との実践であった。ちょうどその

須藤敏枝さんと角川カトリーヌさん

日は読み聞かせの会で、角川カトリーヌさんがお見えになっていた。彼女は明るく声を掛けてこられた。「オリーブさんの絵本も読んでいますよ。ご報告！私たちの教会が出来ました。見に来てください！」。何と嬉しいことであったか。カトリーヌさんの弾む声を聞いて、私は目頭が熱くなった。

外国人花嫁の結婚条件の一つに、「日本を知らない・日本語がわからないこと」がある。アジア女性が日本の花街で働く話があったからという。何と無謀な、と私は憤慨した。ハネムーンベビー誕生に母の日本語は追いつかず、子育てに悩みは多かったであろう。その彼女たちが日本語に習熟して、読み聞かせ活動をされる。大きな感動である。

「これから英語教室に行く」と、カトリーヌさんは図書館を出て行かれた。新庄市民に英語を教えておられるという。真室川町立小学校では佐藤クリスティさんが英語学習のお手伝いをされていると伺った。結婚以来のいろいろな暮しから、根を下ろして社会貢献している姿を知るところとなる。あれから三〇年が過ぎていると、改めてふり返る。

二〇一八年三月二五日午后であった。山形県舟形町にある彼女たちの教会に立ち寄ることにした。日曜礼拝の終る頃で、二人の人影が見えた。「見に来てと言われたので」と声を掛けると、「それ、私です！」、角川カトリーヌさんであった。「やっと礼拝が出来ます」と大蔵村の長岡ジュリエットさん。その日の記念写真は『老いの輝き』に掲載させて頂いた。

日曜礼拝に行けない悩みや、生まれ児に洗礼を受けさせられない悩みは、深く大きなものであった。生まれ児が神社にお宮参りをしても、心は安まらなかった。自分たちで教会を持とう。彼女たちは募金活動を始められた。そして実った彼女たちの教会であった。

四 「老い」という未知

『明淑さんのむかしむかし』を出版して以来三〇年間、庄司《しょうじ》明淑《めいしゅく》さんと交流を続けてきた。絵の上手な明淑さんは紙芝居製作にも励んでおられた。トケビの表現は彼女の韓国魂が甦える。彼女と対面する折々、日本の植民地支配を考えさせられた。石井正己氏は戦後の口承文芸研究が植民地主義を不問に付して研究が進められたことを批判している。この戦後の研究動態は柳田国男流の処世であったようだ。関敬吾先生が戦後も満鉄資料などを使って研究をと提言すると、激しくそれを制したのが柳田先生であったと証言されている。

外国人花嫁の民話を扱いながら、その故国が植民地と重なっていることに気付きつつ、新たな世界観を抱き、領有問題を考えていくべきであろうと考える。明淑さんは、まっすぐなもの言い、歯に衣着せぬ韓国精神で対話される。私の語り手研究は人の生き方の実相に深く立ち入ることで成立する。それを許されぬ現代事情もあり、中断した。が、明淑さんはポジティブな感情表現で互いに認め合うことを良しとする語り手であった。その明淑さんに変化の時が訪れていた。

老いの問題であった。これは私も同様であるが、彼女は韓国と日本と二つの国状の老いを抱え込んでおられた。そのきっかけは知人の世間話であった。「優秀な韓国人花嫁の一人が老人となり、ある施設に入居されたが、日本語を全く忘れてしまった。老化して韓国語に戻ってしまったのだった」。刺激的な話であり、明淑さんは考え込んだという。彼女の現在は、夫を送り、子どもは無く、長い冬の生活は淋しい。老後への不安はそれなりに考えたが、日本語の忘却云々の情報はショックであったらしい。彼女は「老後を韓国に戻って暮すことに決定した」と電話をかけてこられた。弟たちも居るので、死も考えに入れているという。

多和田葉子の小説『白鶴亮翅《はっかくりょうし》』（二〇二二年）にも老いと言語記憶について扱われている。ドイツに暮す日本女性が「どういうわけかドイツ語が脳から消えていってしまって」と話すシーンがあった。明淑さんは国際結婚の「老い」を新たな人生のデザインとされたのであった。

日本人には死を巡ることを覆い隠す社会状況がシスティマティックに出来上がって、正面からそれを見ない。見ぬふりをする常識が出来上っている、と山折哲雄氏は言い、「死生観」に当たる言葉は外国には無いとも記されている。

二〇二三年一一月二日に、帰国中の明淑さんと真室川町の遠田且子《えんだかつこ》さんのお宅でお逢いした。遠田さんは元公立小学校の校長をつとめた女性で、明淑さんのこの上ない理解者である。ＮＨＫ放送大学で日本文化を学びたいと相談した明淑さんに、遠田さんは奨学金を出して励まされたという。明淑さんは「韓国で日本文化を紹介する仕事をしたい」と話された。また、「韓国文化を日本に紹介することも」と、昔話「小豆婆ちゃとホラギ（虎）」「赤い扇子と青い扇子」の日本語訳を示された。既に豊かな老いへの歩みを進められていたのであった。「近時紙芝居を作って届ける心づもり」とも話された。

豊かな人生とは、終極に豊かな老後設計をすることではないだろうか。

＊参考文献＊

・野村敬子編、庄司明淑語り『明淑さんのむかしむかし』かのう書房、一九九五年
・野村敬子編著、三栗沙緒子絵『アジア心の民話①　オリーブかあさんのフィリピン民話』星の環会、二〇〇一年
・坂入政生編著・語り、小島祥子絵『アジア心の民話④　語りおじさんのベトナム民話』星の環会、二〇〇一年
・野村敬子著『語りの廻廊―聴き耳の五十年―』瑞木書房、二〇〇八年
・野村敬子編、聴き耳の会協力『江戸川で聴いた中野ミツさんの昔語り―現代昔話継承の試み―』瑞木書房、二〇一二年
・山折哲雄「日本人と死の準備」『遊学館ブックス　生きる道しるべ　老いと死と生』山形県生涯学習文化財団、二〇一六年
・野村敬子・杉浦邦子編『老いの輝き　平成語り―山形県真室川町―』瑞木書房、二〇一八年
・野村敬子監修、聴き耳の会編纂『続・江戸川区で聴いた中野ミツさんの昔語り』聴き耳の会、二〇二四年

子どもたちに世界の昔話を語る

矢部敦子

一　聞き手の喜ぶ顔を見るのが嬉しくて語る

私は、和歌山県和歌山市で生まれ、子どもの頃から、明治生まれの祖母が語る昔話を聞いて育った。やがて故郷を離れて、自身の三人の子どもを育てるとき、幼い頃に聞いた祖母の言葉をなぞるように、我が子には、ことさら方言でふるさとの昔話を語ってきた。現在は、近くに住む孫や近所の保育園の子どもたちを相手に、ときどきおはなしを語る機会があるが、我が子に語ったようなふるさとの昔話を語ることはなく、なるべく方言を使わず、できるだけ子どもにわかりやすい言葉を選んで話すように心がけている。

昔話の語りが日々の暮らしの中に根付いていた時代、昔話は、地域の言葉、地域の日常と分かちがたく結びついていた。けれども、今、私たちの暮らしは、昔話に登場するような世界とは大きく隔たっている。家には井戸も土間もなく、障子や畳を見たことがないという子も多い。特に、ようやく周囲の世界を認識し始めたばかりの幼い子どもには、古い日本の生活様式を説明しようにも、言葉を理解するだけの十分な生活体験がない。まして、耳慣れない方言では、意思の疎通を図るのも困難である。

私は、昔話を語るとき、「それ、なあに?」「どうして～なの?」という子どもたちの疑問に、その場で応えられる関係、聞き手の気持ちに共感することを大切にしたいと思っている。なぜなら、昔話は本来、子どもに聞かせるためのものではなく、聞き手と語り手の共同作業で紡ぎ出されるものだと考えているからである。「昔話を語り継ぐ」とか「地域文化の伝承」というような目的や使命感をもって語っているわけではなく、ただ、聞き手の喜ぶ顔を見るのが嬉しくて、「語り」を楽しんでいるに過ぎない。そのため、特に幼い子どもたちには、耳慣れたやさしい言葉で、物語の流れや筋書きよりも、言葉の響きやリズムの面白さを楽しむことのできるおはなしを選んで語るようにしている。

二 言葉のリズムやモチーフの繰り返しが子どもたちを引きつける

子どもたちにとって身近な日常生活や体験につながる親しみやすい昔話には、どんなものがあるだろうか。よく知られているのは、小学校の教科書にも採択されているロシアの昔話、「おおきなかぶ」だろう。おじいさんが育てたカブが大きくなり、おじいさん、おばあさん、孫、イヌ、ネコ、ネズミ、と次々に登場しては、みんなでなかなか抜けない大きなカブを引っこ抜く手助けをする。内田莉莎子《うちだりさこ》氏の翻訳による絵本(『おおきなかぶ』福音館書店)では、カブを引っ張る場面で「うんとこしょ、どっこいしょ」という掛け声が繰り返される。

昔話を語るとき、大人である語り手は、それがどんな場面で、登場人物はどんなふうなのか、舞台を容易にイメージすることができる。しかし、聞き手である子どもにとって、耳から聞いた音だけで頭の中に物語の場面や状況、登場人物の様子などを思い描くのは、簡単ではない。その点、「おおきなかぶ」は、場面も登場人物も単純で、〇～二歳の子どもたちにもわかりやすいのだろう。劇遊びの題材として使われることも多い。「おおきなかぶ」を語るとき、まだ舌もよく回らない子が、何度も繰り返し「うんしょ、どっこしょ」と言いながら、立ち上がって一生懸命にカブを引っ張る真似をする姿を目にする。中には、「もっかい（もう一回）、もっかい」と言って、何度も何度も聞きたがる子がいる。その様子は、わらべ唄や言葉遊びと同じように、昔話を味わい、繰り返し聞いて楽しんでいるように感じられる。

「逃げ出したホットケーキの話」（ノルウェーの話、絵本では『ころころパンケーキ』『にげだしたパンケーキ』など複数タイトルがある。『おだんごぱん』は似た内容だがロシアの話）では、子どもたちのおやつに焼かれたホットケーキが、フライパンから飛び出し、コロコロ転がって逃げる途中に、メンドリやオンドリ、ガチョウなどいろいろな生き物たちと出会う。ホットケーキは、コロコロと転がりながら、次々に登場する追跡者たちから逃げ続けるが、とうとう最後には、豚（あるいは狐）に食べられてしまうのである。

おはなしを聞いている子どもたちは、ホットケーキがコロコロ転がる様子や、登場者と出会っては繰り返される軽妙でリズミカルなやりとりに、笑いながら引き込まれていく。そうして、最後に出会った豚にパクリと食べられてしまう場面では、みんな驚いた顔をしたり、やれやれとホッとしたような顔をしたりしている。たとえ筋書きが理解できなくても、言葉のリズムや同じモチーフの繰り返しの面白さが、子どもたちを引きつける魅力になっているのではないかと思う。

昔話ではないが、『あめふりくまのこ』（作詞：鶴見正夫、作曲：湯山昭）や、『やぎさんゆうびん』（作詞：まどみちお、作曲：團伊玖磨）などは、歌がおはなしになっているので、小さい子どもたちも、一緒に歌ったり、音楽に合わせて自然に身体を揺らしたり、耳で聞くだけではなく、全身で聞いて楽しんでいる様子がよくわかる。

三　日本の昔話より外国の昔話の方が馴染みがある

もちろん、日本の昔話の中にも、言葉のリズムや同じモチーフの繰り返しを楽しめるおはなしがある。例えば、

「桃太郎」では、川から桃が「どんぶらこ、どんぶらこ」と流れてくる。そして、桃太郎が鬼退治に出かけると、イヌ、サル、キジが順番に登場し、「桃太郎さん、桃太郎さん、お腰に付けたきびだんご、一つください、お供します」というような台詞が繰り返される。「三枚のお札」では、山に出かけた小僧さんが、山姥に食われそうになり、和尚さんからもらったお札を便所の柱にくくりつけ、自分の代わりに返事をするように、と頼む。身代わりになったお札は、山姥が「もういいか」と何度も尋ねるたびに、「まだまだ、もうちょっと」と返事をする。やがて騙されたとわかった山姥は、小僧さんを追いかけるが、小僧さんは、残りのお札を使って山や川を出し、山姥の追跡をかわして、無事お寺に逃げ帰る。最後は、お寺まで追いかけてきた山姥を、和尚さんが巧みに知恵を働かせて退治する。地域や話者によってさまざまなバリエーションがあり、少し怖いおはなしだが、おかしみのある言葉が調子よく繰り返され、子どもたちにも人気がある。

だが、こうした日本の昔話の多くは、耳から聞いた言葉だけではその場面を想像することが難しく、物語の流れや状況を伝えるためには、絵本や紙芝居の絵に頼らざるを得ない。ただ、それは今に始まったことではなく、『御伽草子』にも見られるように、昔話は、文字や絵の力を借りて、広く読まれるようになった。巌谷《いわや》小波《さざなみ》のおとぎ話が出版されて一〇〇年近く経ち、今ではすっかり昔話として認められている。日本だけではなく、世界中のさまざまな国の昔話が翻訳され、作家たちによって再話され、文字や絵になって広まっていったのである。

子どもの頃に祖母から聞いたおはなしは、日本の昔話に限らず、「ウサギとカメ」や「アリとキリギリス」などのイソップの寓話、グリムの「ヘンゼルとグレーテル」、アンデルセンの「みにくいアヒルの子」などなど、外国の昔話や童話も多く、数え上げればきりがない。しかし、孫の私にとっては、それらは全て「おばあちゃんのおとぎばなし」であった。大きくなって、文字で書かれた本の中に、祖母から聞いたおはなしを見つけたとき、古い友人にバッタリ出会ったような不思議な感じがして、とても懐かしく思ったものである。

昔話といえばグリム童話を思い浮かべるのは、子どもだけとは限らない。私たち大人も、「赤ずきん」や「オオカミと七匹の子ヤギ」といったグリム童話に代表される欧風の昔話に慣れ親しんで育ってきた。子どもたちにとっては、おじいさんが山へ柴刈りに行き、おばあさんが川へ洗濯に行く、という「桃太郎」の世界より、プリンセスや魔法使いが活躍するアニメーションの世界の方が、より身近に感じられるのではないだろうか。「大きくなったらプリンセスになるの」と言う女の子が少なくないが、彼女たちが心に思い描いているお城は、決して日本のお城の天守閣ではなく、ディズニーのアニメに出てくるようなお城なのである。耳で聞いた言葉だけで想像するのには、外国の昔話の方がずっと馴染みがあって、わかりやすいのだろう。

四　〇歳児から昔話を語り聞かせよう

家庭や地域で、人から人へ口伝えに語られてきた本来の意味での口承による昔話は、もはや失われてしまっている。私が育った時代には、すでに身近な語りの場は、ほとんど見られなくなっていた。「テレビが語りの場を奪った」と言われたのは、もう半世紀以上も前のことである。今やテレビは、ネット配信の動画にその座を奪われ、私たちは、いつでもどこでも、見たいときに見たい情報を得ることができるようになった。子どもたちの日常も、ネットの世界と切り離すことが難しい。昔話や地域の伝承も、その気になれば、いくらでも配信されているものを目にすることができる。そんな中でも、リズミカルな言葉や同じフレーズを繰り返す明るくて楽しい動画が、子どもたちを夢中にさせているのである。

私が子どもの頃に読んでいた昔話と、今の子どもたちが目や耳にしている昔話は、内容や結末が違っている場合がある。世界には、似たような昔話がたくさんある。地域や言語、文化などによるさまざまな違いはあっても、それらを超えた普遍的な価値観、人間が生きるための知恵や教訓のようなものを伝えようとしているのではないだろうか。

昔話は、その時々の世相によって変化しながら、時代や国境を越えて語り継がれ、読み継がれてきたのだと思う。

かつて昔話は、頭の中で思い描く異界であった。けれども今、世界のいろんな国々の物語が翻訳され、出版され、更には具体的な映像として配信されている。昔話の世界も、実際に目に見えるかたちで提供されている。それでも、指先一つで簡単にアクセスできる洗練された物語ではなく、身近な大人がとつとつと語る、素朴で単純な昔話との出会いを、幼い子どもたちに是非経験してほしいと思っている。たとえ物語の内容がわからなくても、親や家族などが、やさしく抱き上げてくれ、自分の目を見つめて、聞き慣れた声で笑いかけ、語りかけてくれる、そういう穏やかでゆったりとしたふれあいが、子どもの心を育てるのだと信じている。それは同時に、大人である語り手にとっても、子ども＝聞き手との愛情や絆を深める貴重な時間になるのではないだろうか。

口承による昔話が失われても、昔話が持つ価値は今も変わらない。地域や学校では、子どもたちに昔話を語り聞かせたり、絵本を読み聞かせたり、さまざまな活動が行われている。どこの図書館に行っても、子どものためのおはなし会が開かれている。けれども、図書館などで開かれているおはなし会は、ほとんどの場合、三歳から四歳以上が対象になっていて、乳児向けにはなっていない。確かに、〇〜二歳児は語彙力が充分ではなく、理解できる言葉が少ないので、耳から得た情報だけでおはなしの場面をイメージすることは難しいだろう。絵本を読もうとしても、どんどん勝手にページをめくったり、途中で話しかけてきたり、なかなか大人が思う通りには読み進めることができない。

それでも、やっとお座りができるようになったばかりの子どもを膝に乗せ、やさしく身体を揺らしながら、「むかーしむかし、あったとさ……」と歌うようにあやすと、声をあげて笑うことがある。あるいは、やさしく背中をトントンしながら、子守歌のように昔話を語っていると、いつの間にか腕の中で静かに眠っている。子どもの名前を呼んで、マザー・グースの唄（これはジャックが建てた家）をもじって、「これは〇〇ちゃんがたてた家……」と順々におもちゃや人形を並べて遊ぶなど、いろいろ工夫をしながら語りかけるのも面白い。そうやって、一人一人の子どもの顔を見ながら、生の声で語るとき、嬉しそうにキャッキャと声をあげ、手を叩いたり、身体を動かしたりするのを目にすると、〇歳の子どもでも、十分におはなしを聞いて楽しんでいるのを実感することができる。

聞き手の素直な反応や満足そうな笑顔は、大きな喜びになっている。子どもたちと一緒になって昔話を楽しむ時間は、ほかでもない語り手である私自身にとって、とても幸せなひとときなのである。

＊参考文献＊

・日本民話の会編『和歌山の民話　矢部敦子の語り』日本民話の会、一九九二年

・日本民話の会編、高津美保子責任編集『矢部敦子の語り』悠書館、二〇一二年

漫画・アニメと昔話

久保華誉

漫画・アニメと昔話の関係について考えるときに、二つの視点が存在するのではないだろうか。一つ目は漫画やアニメ化された作品の中に昔話との共通性を読み取ること、二つ目は昔話がどのように漫画やアニメ化されるかということ。それぞれの視点で漫画・アニメと昔話の今を紹介したい。二児の母でもある筆者は、子どもたちを通して漫画・アニメを知ることも多い。そんな中で出会った吾峠呼世晴《ごとうげこよはる》『鬼滅の刃《きめつのやいば》』を、まず一つ目の視点で読み解こう。

一　漫画『鬼滅の刃』を昔話研究者の視点から読む

『鬼滅の刃』は、二〇一六年二月から二〇二〇年五月まで約四年『週刊少年ジャンプ』（集英社）にて連載された漫画である。アニメもテレビ放送され映画化もされ、単行本一～二十三巻で累計発行部数が一億五千万部を突破したという。本来の対象である子どもたちの枠を超え、親や祖父母の世代まで巻き込み、社会現象と言われるほどのブームを起こしている。なぜここまで幅広い世代に愛されたのだろうか。筆者も子どもが友達から借りてきたのを読んでみたのだが、確かに面白い。そして、昔話のモティーフの宝庫であると感じた。昔話も長らく人々に愛されたからこそ現代にまで語り継がれてきたものである。その昔話との共通性が、作品の素晴らしさに加えて老若男女に愛された理由ではないかと思う。

まず話のあらすじを紹介したい。主人公の少年竈門炭治郎《かまどたんじろう》は、鬼にされてしまった妹の禰豆子《ねずこ》を人間に戻すために、鬼と戦いながらその術を探ることになる。炭治郎たちは住み慣れた家をあとにし、最終的には苦労の末に鬼を退治し、人間に戻った妹と家に帰るという大団円を迎える。

この大雑把なあらすじからでもまず、主人公が鬼退治に出発し、見事果たして家に戻るというところは、日本の昔話「桃太郎」である。さらには、主人公が自分の慣れ親しんだ場所から出発し、冒険をし、そしてもとの場所に戻ってくるという「行きて帰りし物語」の形もとっている。「行きて帰りし物語」は、イギリスのファンタジー文学の金字塔『指輪物語』の前日譚『ホビットの冒険』のサブタイトルだが、昔話の基本の形でもあり、長年読み継がれる物語、絵本などでも多く見られる形でもある。『鬼滅の刃』は話の構造としても、古くから人気の高い物語と同じ形をとっていると言える。

さらに細かく『鬼滅の刃』の作品に現れるモティーフを見ても、昔話と共通するものは数多い。例えば、ヒロインとも言える、炭治郎の妹の禰豆子は、昼間は炭治郎の背負う箱に入っている。禰豆子は鬼になってしまったので、苦手とする日の光に当たらないように箱に入っているのだ。しかし炭治郎が夜に鬼と戦う時、兄のピンチを救うべく、箱から出て超人的な力で助太刀をする。兄を助ける妹というのも民俗学者の柳田国男（一八七五―一九六二）が言う「妹の力」に通じるのだが、箱というのは、何も入っていない状態であれば、〝うつぼ（洞）〟という空っぽの空間を有するものである。民俗学、国文学者の折口信夫《おりくちしのぶ》（一八八七―一九五三）は、うつぼは「中が空で、そこに物の入る用意をしているもの」「そこに魂の入るべき空洞を有したもの」で、「両端が、這入《はい》る所のない様に閉ざされて居ながら、何時か物の這入る様に用意されているものです。その意味で、うつぼは、神霊の宿る所、という事になります。」と説明している。同じく、竹から生まれたかぐや姫も、桃から生まれた桃太郎も、花咲か爺の「ここ掘れワンワン」

日比谷公園（東京都千代田区）の
ルーパロマーナ（ローマの牝狼）像

と鳴く犬が箱に入って川上から流れてくるのも、みな〝うつぼ〟の不思議な力のなす技と言える。禰豆子の箱もまたうつぼと重なる。

主人公とともに鬼を退治する仲間である嘴平《はしびら》伊《い》之《の》助《すけ》も、イノシシに育てられたという過去を持つ。普通ではない育ち方をする者は、伝承の世界では英雄や才能を持ったものとされる。例えばローマの建国神話では、狼に育てられた双子が建国の祖として語られる。この話がローマを象徴する話として大切にされていることは、ローマのサッカーチームのロゴに牝狼《めすおおかみ》が双子に乳を与えるところが描かれていることからも分かる。またイタリアが一九三八年に友好のあかしとして東京市に送ったレプリカの像もローマの牝狼と乳をのむ双子で、現在も日比谷公園で見ることが出来る。また日本にも狼に育てられた武将がいる。それは奥州平泉の藤原秀衡の三男忠衡で、熊野権現に願掛けをして生まれた子どもである。父の秀衡が身重の妻を連れて熊野権現にお礼参りに行く途中、妻は急に産気づき忠衡が生まれてしまう。熊野権現のお告げで、洞窟に子どもを置いてお参りに行って戻ると、忠衡は狼に守られ、岩から滴り落ちる白いしずくを飲み、まるまると肥えていたという。忠衡は源義経を擁護し、父の遺言を守ろうとしたことで根強い人気がある武将である。ほかにも平安時代の歌の名手、和泉式部も鹿に育てられたという伝説を持つ。

また、『鬼滅の刃』では退治される鬼たちも、なぜ鬼になったのかという自分の身の上を語る、もしくは描かれるところが魅力の一つとされている。これもまた日本の鬼の伝承と同じと言える。大江山の鬼退治で有名な酒呑童子《しゅてんどうじ》も退治に来た源頼光に鬼になった経緯を語るし、宇治の橋姫も夫の心変わりで鬼女となった経緯が説明されている。安達ケ原の鬼婆も、なぜ鬼婆になったのか、また他の物語として語られている。挙げきれないが、このように一つ一つの設定やエピソードに伝承と共通する要素が多いのである。是非、漫画やアニメが好きな人たちにも伝承世界と共通するという面白さを感じ、また昔話が好きな人にも『鬼滅の刃』が秀逸な物語る力を持った魅力的な作品であることを知ってほしい。

二　昔話をアニメ化する――「まんが日本昔ばなし」と「海ノ民話アニメーション」

さて、もう一つ。昔話のアニメ化で真っ先に思い浮かぶものは、テレビのTBS系列で一九七五年から放映された「まんが日本昔ばなし」ではないだろうか。日本各地の昔話や伝説をアニメーション化した長寿番組であり、絵本化、レコード化もされ、最近はDVDなどにもなっている。最初に話のタイトルともに、すべてではないが、未来社の『日本の民話』シリーズや、松谷みよ子『日本の伝説』（講談社）などの出典や、採集地なども明記されている。あとで自分で本を読んでみることも、この話は自分の住んでいる県の話だ、など親近感を持つことも出来た。

筆者も幼い頃より、家族で土曜日の夜に毎週楽しみに観た思い出がある。テレビを観て話を覚えて、月曜日になると小学校へ行き、土曜日見られなかった子を見つけては、その子に「まんが日本昔ばなし」を語るのが趣味という小学生だった。長じて昔話の研究者になったが、今は昔話の調査で各地を歩いているとき、「最近放送されないが「まんが日本昔ばなし」の番組はとてもよかった」、「再放送を是非してほしい。今の子どもたちにもとてもいいと思うのに」と言われることもある。一般の方にとっても、「まんが日本昔ばなし」が、教育的にも良いものとして望まれていることが分かる。ただたくさんの方が関わり制作されたため、著作権の所在が分からない作品もあると聞く。すべての作品のDVD化など望む声もあるが、難しいようである。

そのような中で、この「まんが日本昔ばなし」の制作に関わったスタッフ、プロデューサーも参加する「海ノ民話アニメーション」作りが現在進められている。日本各地で語り継がれてきた海の民話を見出し、アニメーションを作る「海ノ民話のまちプロジェクト」だ。これは日本財団による、海と日本プロジェクトの助成事業の一つである。海に親しみ、海から学ぶということを大切に、海にまつわる伝承を保全することを目的としている。二〇一八年に活動が始まり、二〇二三年度までに六七作品のアニメーションが作られ、二〇二四年度には新たに二五作品が加わる予定だという。これらのすべての話は、海ノ民話のまちプロジェクトオフィシャルサイト（https://uminominwa.jp）にて無料で見ることが出来る。

筆者も二〇二四年の三月に、「「海ノ民話」から学ぶもの～作家・芸人・学者の視点から～」という公開シンポジウムに学者の立場からパネリストの一人として登壇したのだが、アニメーション監督の沼田心之介《ぬまたしんのすけ》さんは、すべての話の舞台となった市町村に実際に足を運び、調査をして作品を作っているという。今までに海ノ民話の舞台として認定された自治体は六五市町村にのぼる。フィールドワークの基本とも言える、現地で実際の伝承の地を見聞きし調査していることも素晴らしいことだと思う。さらに、声優も全編を通して四宮豪《しのみやごう》さんと冨田泰代《とみたやすよ》さんの二人だけで吹き込むという「まんが日本昔ばなし」の形を踏襲しながら、語りの要素も強い作品になっている。

親鳥役の冨田泰代さんの、子どもの鳥に呼びかける声が忘れられない長野県塩尻市の「善知鳥峠《うとうとうげ》」、児童文学者の松谷みよ子によっても物語化、紙芝居化してきた、子育て中のお父さんは涙なしに見られない、高知県高岡郡中土佐町の「海に沈んだ鬼」など、心に残る話がアニメーション化されている。また想像上の海坊主の造形とコミカルな問答が楽しめる徳島県小松島市の「ゼンパはん」、地図を示しての解説があるため、犬がどのように海を渡ったかが分かりやすく、子どもたちも「犬がサーフィンしてる！　可愛い」と大好きな兵庫県淡路市「別当の潮」などなど、アニメーションの利点を生かした話も多い。インターネットにつなぎさえすれば、こうした話を観ることが出来る。

現在、日本では昔話の時代の生活とかけ離れた西洋化がすすみ、幼い子どもに話すとき、日本の昔話よりもグリム童話の方が分かりやすいという声も聞く。たとえば、囲炉裏やかまど、そして鍬《くわ》で畑を耕すなど言葉で説明するよりも絵で描き、アニメーションで見た方が、子どもにはどのようなもの、どのようなことなのか一瞬で伝わるだろう。もちろん、やはり昔話は本来の姿である語りなどで伝えてほしいという声もあるだろう。生の人の声でしか伝わらないものも確かにあるだろう。一方でとりかかりとなったり、たくさんの伝承を知ることが出来たりする漫画やアニメというものも悪くないと考える。筆者自身も、曾祖母や祖母などに彦市とんち話や狐に化かされた話を寝物語に聞いていたとはいえ、「まんが日本昔ばなし」のアニメやそのアニメを絵本化したものもかなり楽しみ、長じて昔話の研究者になっている。興味を持つ人の門戸は広い方がいい。

この分かりやすさは、海外に向けて昔話を発信する際にも、漫画やアニメーションで言葉の壁を越えるという利点がある。やはり外国とも同じ、もしくは似た話があるということもあるだろう、そして共感してもらえる話もあるはずだ。昔話は人の心にうったえる力のある物語であるため、過去にはグリム童話もナチスに、日本の桃太郎も戦意高揚のプロパガンダに利用された過去がある。これからの昔話は、こうした負のイデオロギーに利用されるのではなく、本来の面白いから、共感したから語る、という形で語り継いでほしい。争いの惨禍ではなく、相互の文化理解への橋渡しとして生かされることを願ってやまない。

＊参考文献＊
・南方熊楠著、飯倉照平校訂『十二支考1』平凡社、一九七二年、虎、「付」狼が人の子を育つること」（一九一四年発表）
・折口博士記念古代研究所編『折口信夫全集　第一五巻』中央公論社、一九七三年新訂再版、「石に出で入るもの」（一九三二年六月『郷土』第二巻第一—三号合併「石」特集号初出）
・久保華誉著『なぜ炭治郎は鬼の死を悼むのか—昔話で読み解く『鬼滅の刃』の謎—』草思社、二〇二三年
・日本財団海と日本ＰＲＯＪＥＣＴ海ノ民話のまちプロジェクト編『「海ノ民話」の世界』（文春ムック）文藝春秋社、二〇二四年

イギリスのストーリーテリング事情

光藤由美子

一　ストーリーテリングの復活

「古い意味での語りの伝統は完全に廃れてしまったが、まだ語りの伝統が残されている地域、インドやアフリカやカリブ海沿岸の国々から来た人が増えてきたこと、また世界中の音楽や演劇文化の交流が進んできたことがイギリスの語りの伝統の復活を促した」（筆者訳）と、『By Word of Mouth』の冊子の中で、編集発起人のメアリー・メディコットが述べている。一九九〇年、テレビ局チャンネル4がストーリーテリングの復活への期待に応じて、『By Word of Mouth』を連続放映し、同時に冊子を出版したことで、人々の関心を集め、大きな転換点の一つとなった。

その中で、伝統の継承者として、スコットランドのダンカン・ウィリアムソン、カリブ海トリニダート・トバゴ出身のグレイス・ホールワース、アジアのビルマ（今のミャンマー）出身のビューラー・カンダッパを紹介している。また、北アイルランドの語り手リズ・ウェアや演劇者ベン・ハガティ、学校教育者らを紹介し、お話の利用方法として、精神療法や演劇療法や回想心理療法に発展させていること、語り手になるための訓練方法についても述べている。伝統を復活させることに留まらず、ストーリーテリングが様々に広がる可能性も示唆している。

一九九〇年一月に行われたストーリーテリング週間で、幸いにも筆者は、グレイス・ホールワースの語りを劇場で聴いた。印象に残ったのは、「ブキ、コーキーオコーを踊る」の話で、参加者も一緒になって歌い踊り、会場がお話の中にすっぽりとはまるという、語り手と聞き手が同じおはなしの世界を目の前で共有する体験だった。語り手が「クリック」というと、聞き手が「クラック」と答えてから、話し始める。それはカリブ海域の伝統によるもので、ロンドンのクリック・クラック・クラブというストーリーテリングクラブの名前にも、その影響は表れている。

二 ストーリーテリング協会

一九九三年、イギリスでは、ウェールズとイングランドを中心として、Society For Storytelling（SFS）が、伝統的語りの継承とともに、共生文化的に発展させることを目指して、語り手のみならず、関心ある人々も含めて設立された。創設期の顧問は、児童図書館員の先駆者アイリーン・コルウェルやグレイス・ホールワース他で、二〇二四年現在では、おはなしコートの語り手タフィ・トーマスや昔話研究者ジャック・ザイプス他である。

プロの語り手は百人を超え、劇場やフェスティバルなど活躍の場が増え、人々は音楽コンサートのようにストーリーテリングを楽しむことができるようになった。そうしたプロの出現で、学校や図書館に留まらず、語り手養成学校、芸術文化会館、博物館、美術館、野外活動センター、パブ、病院、刑務所、書店、青年クラブ、高齢者施設、結婚式、ビジネスコース、女性団体、子ども向けイベント、文学関連団体などと、ストーリーテリングの場や対象を広げていった。ただ、プロと言っても兼業している場合も多い。

毎年一月にストーリーテリング週間を設け、劇場での語りや語り手養成イベントなど様々な取り組みを展開させている。また、各都市にストーリーテリングクラブが組織され、月一回程度の語りの会が主にパブで開かれるようになった。

ストーリーテリングの歴史を振り返ってみると、中世の頃、神話や歴史・法律などを詩歌の形で記憶し伝承する役割を持ったバードと呼ばれる、王家に仕える吟遊詩人から、放浪の音楽師、旅回りの民話の語り手まで、様々だった。バラッドは、語るような曲調の伝承物語歌で、過去の出来事についての韻文による歴史物語、武勇伝、ロマンス、社会諷刺、政治がテーマとなり、リフレインを歌い手と一緒に歌う。こうした伝統が現在のストーリーテリングのあり方に大きく影響していると考えられる。

三　ストーリーテリング・フェスティバル

連合王国であるイギリスは、イングランド、ウェールズ、スコットランド、北アイルランドという文化的相違から独自にそれぞれストーリーテリング・フェスティバルを発展させている。イングランドではFestival At The Edge（FATE）がバーミンガム付近で毎年七月に行われており、二〇二四年で三一回目となる。またバーミンガムでは、若い人たちを対象にワークショップが行われ、『PASS IT ON』という冊子を発行し、若い語り手の育成に力を注いでいる。

　ウェールズ・国際ストーリーテリング・フェスティバルも一九九三年に始まり、隔年催されている国内最大のイベントである。開催場所は、ナショナルトラスト所有ディネファーの屋敷とその庭園だ。自然保護区にあり、都会の喧騒から離れ、森林や野原といった自然豊かな環境のもと、ありのままの人間に立ち返って楽しむことができる。幾つもの大テントや屋敷に用意されている色とりどりの語りや音楽のご馳走で心が満たされ、粗末な食事で満足するというス

FATE2016　日本の語りが始まる前の行列

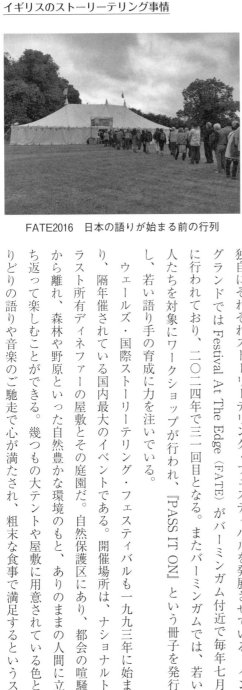

トーリーテリングの魔法にかかってしまうだろう。

若者の間でキャンプしながら楽しむフォークソング・フェスティバルの歴史があるイギリスでは、ストーリーテリングを中心にした祭典にも繋がっていったと思われる。広い庭園に百人以上収容できる特大テントが幾つも張られ、その中でお話を聞くのである。参加者もまた、個々人でテントを張りキャンプをしながら、三日間の語りの祭典を楽しむ。参加者は、老若男女、若者子ども、人種も様々で、大人たちが語りを楽しむために、子ども用テントが作られ、子ども向けのおはなし会が開かれるという点は、日本と大きく違っている。そのため、口承で伝えられてきた昔話はもちろんだが、大人向けの物語や文学作品、歴史物、バラッド（物語唄）、詩の朗誦、楽器演奏や歌なども間に盛り込まれ、多様である。ただ、読むことだけは厳格に禁じている。

四　スコットランド

スコットランドは、一八世紀イングランドに併合されるまで、千年間スコットランド王国であったことから独自な文化が築かれ、今もその影響が見られ、口承文化が豊かだ。

スコットランドの代表的な伝承の語り手ダンカン・ウィリアムソン（一九二八〜二〇〇七）は、移動部族として育ち、五〇年以上テント生活をしながら、合金の仕事や籐《とう》・ヒース工芸や農場の手伝いをして、スコットランドのあちこちを旅してまわった。テントでの旅回り生活によって、電気のない暮らし、読み書き不要の生活が強いられ、子どもも大人も唯一の楽しみとして、口承の物語が豊かに引き継がれたのだった。旅する中で同じ移動部族間でお話を通して交流して、バラッドを含め二千もの話を語り、劇場やフェスティバルなど、イギリス国内にとどまらず、世界で活躍するストーリーテラーとなった。現在活躍している多くのストーリーテラーはダンカンからもらった昔話をもとにしているていることがある。本を英語で数冊出版してが、ダンカンの口述を民俗学者の妻リンダが筆記して共同で制作したものだ。

二〇〇六年、スコットランド・ストーリーテリングセンターがエジンバラにオープンしたが、口承伝統の豊かさがこうしたセンター設立への大きな土台であることは間違いない。ストーリーテリング専門の劇場ホールのあるセンターが、エジンバラで最も古い建物のジョン・ノックスハウスに隣接して建てられ、スコットランドの豊かな文化遺産を提供する場として、ストーリーテリング広場、カフェ、書店もある。この広場で、ワークショップや様々なイベントが行われており、特に夏の観光シーズンにはにぎわっている。語り手によって歌や楽器、また紙工作などに広げていることもある。スカイ島出身の語り手が編み物を手にして、昔の地元で聞くような雰囲気を作って語っていたこともあった。

スコットランド・ストーリーテリングセンターの広場

一九八九年から、エジンバラでスコットランド・国際ストーリーテリング・フェスティバルが毎年行われ、こうした施設の設立に繋がっていったと思われるが、スコットランド行政や昔話研究者が深くかかわり、スコットランド芸術文化振興会、エジンバラ市行政、教会などが財政を支えた。センターに登録された語り手は百人を超え、各学校や地域に出向き、ワークショップや語りの会を開いている。

五　イギリスの語り手たち

北アイルランドでは、ヤーンスピナーズ（紡ぎ手たち）というグループが、いち早く一九八五年に結成され、地元はもちろん海外からも語り手が集まった。それは、北も含めアイルランドには、ケルト文化が色濃く残り、昔話を語る集いが日常に存在していたからだ。ベルファストの元児童図書館員のリズ・ウィアは、その中心となり、北アイルランドでの活躍のみならず、アメリカのストーリーテリングネットワークからストーリーブリッジ賞を受賞し、アジアも含め世界を駆けまわるストーリーテラーだ。互いに違った立場でもお話を共有することで築かれる友愛の精神は普遍であることを実践通じて示している。

湖水地方グラスミアに行くと、教会のすぐ近くにストーリーテラーズガーデンの案内板がある。中に入ると、木々や草花に囲まれた芝生の上に語り手用の大きな木製椅子と小さなベンチがあちこちに置かれた庭がある。このストーリーテラーズガーデンを拠点に活動しているのが、二〇〇一年ＭＢＥ大英帝国勲章を受章し、二〇一〇年から二年間桂冠ストーリーテラーの称号を得たイギリスを代表するストーリーテラー、タフィ・トーマスだ。タフィは劇団監督をしていた三六歳のとき、脳溢血で倒れ、スピーチセラピーとしてストーリーテリングを始め、徐々に回復し、その後プロのストーリーテラーになった。注目すべきは、手工芸作家によって製作された〝タフィのおはなしコート〟だ。その重厚なコートは、昔話に登場してくる動物や人物や一場面など、絵柄が刺繍してあって、聴衆にそのどれかを指差ししてもらって、そのお話を語る。また散策しながらお話を語る〝Tales and Trails〟は、お話の伝わっているその場で聴くので、臨場感

おはなしコートを着た
タフィ・トーマス

を味わえる。

ミュージシャンの語り手もいる。ニック・ヘネシーは、ストーリーテラー兼バラッドシンガーであり、ハープを弾くミュージシャンでもあり、フィンランドの英雄叙事詩カレワラの世界チャンピオンだ。歌と語りは人類史的にも切り離せないことがニックの音楽と語りにはそのまま現れている。吟遊詩人によってロビン・フッドという中世の伝説が伝えられていたが、ヒュー・ラプトンの指導による、バラッドを唄うニックとの共演で大人向けの音楽と語り〝リバティ・ツリー〟は、シャーウッドの森のロビン・フッドの活躍から始まり、現代的意味も加えた作品となっている。バラッドと語りで話が進むのだが、語りそのものが詩歌のようで、笛や太鼓が耳に心地よく残り、芸術的な作品となっている。

また、ベン・ハガティの一人芝居「フランケンシュタイン」は、一九世紀初の文学作品の現代的意味を訴えるものだった。このように昔話・伝説・創作物語を今に引き継ぐことの意義をプロのストーリーテラーたちは模索しながら発展させている。

その他、手品、紙芝居などに結び付けて語るストーリーテラーもいる。そんな中、ニコラ・グロウブは、発達障害児者に語りを届ける専門家で、マルチセンソリー・ストーリーテリングという、見る、聞く、触る、動く、参加するなど多感覚で楽しむストーリーテリングを広げている。個々人の障害の特性によるが、様々な小物や布や小さな楽器などを効果的にお話の小道具として利用し、誰でもお話を楽しめるように工夫している。自らのお話を語りだすことへも繋げ、心理療法、癒し療法としても活用している。

六　ストーリーテリングの養成学校

さらにエマソンカレッジにあるストーリーテリングの養成学校は、ストーリーテリングを学べる機関として広く認知されている。数か月の養成コースから、一週間や週末コースなど、初心者からプロをめざす語り手までを対象に様々用意されている。筆者がニコラ・グロウブと出会ったのも、このカレッジにおける「癒し療法としてのストーリーテリング」の一週間コースだった。このコースには、イギリス国内だけではなく、ヨーロッパや日本からも学びに来ていた。エマソンのストーリーテリング学校の案内の言葉は、人間と語りが切り離せないものであることが謳《うた》われており、その広がりと深さに未来を託しながら、この文章を閉めたい。

「私たちみな、生まれながらのストーリーテラーである。（中略）ストーリーテリングは、私たちのあらゆる活動、娯楽、教育、治療、行動の土台となっている。（中略）これまでどの文化においても置き去りにされてきた神話・伝説・民話・妖精物語は、人類のあらゆる経験を蒸留して作りだしたエキスそのものだ。」（筆者訳）

＊参考文献＊

・タフィ・トーマス著、三田村慶春他共訳『タフィおじさんのおはなしコート』之潮、二〇一二年
・有働眞理子他『見て、聞いて、触って、動いて多感覚で楽しむストーリーテリング』ジアース教育新社、二〇二三年
・Jones, Derek and Medlicott, Mary edit *By Word of Mouth The Revival of Storytelling*（Channel Four Television 1989）
・Williamson, Duncan, *Fireside Tales of Traveler Children*（Canongate Silkies 1993）
・Williamson, Duncan, *The Horsie man Memories of a Traveller 1928-58*（Birlinn 1994）
・Heywood, Simon R. *Storytelling Revivalism in England and Wales : History, Performance and Interpretation*（PhD thesis, University of Sheffield, 2001）
・Thomas, Taffy, *Tales and Trails*（Tails in Trust 2013）
・Douglas, Amy and Langley, Graham edit *PASS IT ON A Resource for Teaching Storytelling with Young People* the（Traditional Arts Team 2013）
・Grove, Nicola edit *Storytelling, Special Needs and Disabilities*（Routledge 2022）

アイルランド民間伝承のアーカイブ

渡辺洋子

一　はじめに

アイルランドの首都ダブリンの南に広がるダブリン4という地域は、海沿いの閑静な住宅地であるが、その南西のはずれに、アイルランドの国立大学の一つ、UCD（University College Dublin）のキャンパスが広がっている。そして、その中のかなり古い地区に立つニューマン・ビルディングの一角に、これから述べるアイルランドの民間伝承のアーカイブ、ナショナル・フォークロア・コレクション（National Folklore Collection）がある。

私が初めてここを訪れたのは、今から三〇年近く前、最初のアイルランドの昔話集『子どもに語る　アイルランドの昔話』（こぐま社、一九九九年）に取り掛かろうとしていた時で、ダブリン在住の友人の紹介で、アーキビスト（現在UCD伝承文学部名誉教授）のクリストール・マッカーシー氏を訪ねたのだった。マッカーシー氏はアーカイブの中を一通り案内して、本題に入る前に次のように言ったが、その言葉は以後私の中に住み続けている。「わたしたちアイルランド人は、何もない貧しい国民でしたが、語り継がれた昔話こそが宝であることに気づき、失われる前に保存することができて、本当に幸せでした」。

二　アイルランドの伝承文学――写本に残された初期の文学

アイルランドの伝承文学には二つの流れがある。写本に残された「初期のアイルランド文学」と「農民たちが口伝えで語り継いで来た民間伝承」である。

アイルランドには紀元前五世紀頃からケルト人が波状的に部族単位で渡来し、前二世紀頃には、アイルランド全土に住むようになっていた。ケルト人は部族ごとに争い、国家として統一することはなかったが、言語風習はほぼ共通であったから、アイルランドは言語風習的には統一され、ケルト人は自らをアイルランド人と呼ぶようになっていた。アイルランドには、八千年前から人類が住み、五千年前頃に住んでいた新石器時代の人びとは、今も圧倒的な存在感を持って各地に立つ巨石墳墓を残している。その後の青銅器時代の人びとも魅力的な遺品を残しているが、これらの人々の暮らしはほとんど知られていない。おそらくケルト人に同化していったのであろう。

ケルト人の社会は王、神官、詩人、戦士を上層部とする階級社会で、その底辺は多くの農民によって支えられていた。五世紀にキリスト教が伝来すると、ケルト人はキリスト教にいち早く帰依し、王族の中から僧になるものが続出し、各地に修道院が建てられた。これらの僧たちはキリスト教とともに伝えられた聖書や教典に魅了され、盛んに筆写するがやがて、ラテン語の文字からアイルランド語の文字を考案し、自らが口承で伝えて来た、法典、英雄譚などを筆写するようになる。こうして写本の文化が生まれ、修道院を中心に多くの写本が残されることになる。

写本に残された物語は、「初期のアイルランド文学」として人々の間に広まっていった。現在これら「初期のアイルランド文学」の写本は、ロイヤル・アイリッシュ・アカデミーやトリニティ大学などの図書館が所蔵している。

三　アイルランドの民間伝承とダグラス・ハイド

文字文化は次第にアイルランド人の社会に普及していったが、それは社会の上層部の人々の間においてで、農民たちは文字とは無縁の暮らしを続けていた。驚くことに、二〇世紀に入って、農民たちの話を収集するようになると、各地に存在する偉大な語り手の多くが、文字を知らないことが判明したのである。しかし、彼らは驚くべき数の物語を保持し、それを語り伝えることに誇りと、喜びを感じていたのである。

アイルランドの農民たちが夜な夜な集まって語りを楽しんでいた様子は、一七世紀にアイルランドを訪れた旅行者よって報告されているが、一八世紀の後半ごろから、彼らの話を集めようという動きがみられるようになる。これに先鞭をつけたのが、イギリスの陸軍将校の息子として、父の任地のアイルランド南部で生まれ育ったクロフトン・クローカーで、ロンドンで本屋を営むようになると、生まれ育ったアイルランドの農民たちが語っていた物語を集めて出版しようとアイルランド南部を旅し、一八二八年に『アイルランド南部の妖精物語と伝説』（*Fairy Legends and Traditions of the South of Irekand*）を出版した。クローカーはこの本をグリム兄弟に送ったことから、当時注目されたが、クローカーは集めた物語に、手を加えて面白くしたりした点などから、科学的な民話の保護、収集からは逸脱していると言わなければならない。それでも、クローカーの集めた物語は、イエイツの初期の民話集に多く収められているので、今でも人びとによく読まれている。一九世紀後半には、クローカーの他にも農民の語り継ぐ物語に注目した作家や民話研究者がいたが、クローカーのように物語に手を加えたり、自らの創作の題材として利用するものが多かった。

アイルランド民間伝承の収集は、ダグラス・ハイドの出現によって、今日の科学的な収集法に方向転換することになる。ダグラス・ハイドは一八六〇年スライゴーに生まれる。父は英国国教会の牧師だった。六歳の時、父が教区の牧師として赴任したロスコモン県で、農民たちがゲール語で話す物語やアイルランドの詩や歌を聞き感動し、ゲール語を習うようになる。ダグラスは父の後を継いで、英国国教会の牧師になることが望まれていたが、トリニティ大学でゲール語関係の研究をする道を選ぶ。彼が一八九〇年に発表した『炉辺にて』（*Beside the Fire, A Collection of Irish Gaelic Folk Stories* アイルランドの物語集）は、話者が語ったそのままの美しいゲール語で書かれている。また巻末にはそれぞれの話の話者の名前も記されている。一八九三年、ハイドは「ゲール語連盟」（The Gaelic League）を設立し、アイルランドの文化、音楽、ダンス、言語を維持保存するための研究機関としたが、この連盟が次第にアイルランド独立のための政治的な団体になっていったため、連盟を辞し、初心を貫いた。ハイドによってアイルランドの民話研究は単なる趣味の段階から、敬意を表すべき、重要な研究分野へと高められたのである。そしてハイドの志は、弟子のジェームス・デラージーによって引き継がれ、アイルランド民間伝承委員会として結実することになる。

四　ジェームス・デラージーとアイルランド民間伝承委員会（The Irish Folklore Commission）

アイルランドは一九二一年に自治を獲得したが、北の六県がイギリスに残留したことをめぐって、二二年に起きた内戦によって、アイルランド各地、特にダブリンは大きな痛手を被ったが、新政府はがれきの中から意気揚々と発足したのである。ちなみに破壊された一八、九世紀のジョージ王朝様式の美しい街並みは、二〇世紀の中ごろにはすべて修復され、現在のダブリンは美しい当時の姿を再現している。

一九二二年に発足した新政府は、新しい国家を形成していく中で、民間伝承をその礎の一つとし、民間伝承の収集を国家的な事業とすることをもくろんでいたが、国家の事業に先んじてその一歩を踏み出したのは、ジェームス・デラージーとダグラス・ハイドだった。彼らは一九二七年に「アイルランド伝承協会」（The Folklore of Ireland Society）を発足させ、その機関紙『ベアロジャス』（*Bealoideas*、口承文芸）を通して、アイルランド全土にいる有志に「身近に残る民間伝承をそのままの形で収集し、ダブリンの本部に送るように」と要請した。デラージーは収集に際し、必要な事柄を簡単に書いたリストを作って各地の収集者に渡した。協力を表明した収集者の数は一九二七年の一二月にすでに四五〇人になっている。こうして集められた資料はユニヴァーシティ・コレッジ・ダブリン（以下、UCD）によって提供された部屋に収められ、丁寧に分類され保存されていった。

しかし、アイルランド伝承協会はデラージーたち個人の熱意と願望から始めた集団であったから、常に資金難に悩まされ、国家的な事業にすることは困難であった。一方、新政府も伝承協会の機関誌に報告された民間伝承の収集の成果を見て、独自の成果を上げるようになっていた。こうした中にあって、デラージーが新政府に経済的支援を、後の首相になるエアモン・デヴァレラを通して求めたのをよい機会ととらえ、民間伝承を収集及び保存する国家的なプロジェクトとして、「アイルランド民間伝承委員会」（The Irish Folklore Commission）が一九三五年に設立されたのである。新政府は植民地時代にイギリスのアイルランド総督が住んでいたフェニックス・パークの中の邸宅を委員会の建物として提供しようとしたが、デラージーやハイドはそのような権威的な建造物の使用を固く断り、引き続きUCDの一部をその本部として使用した。新しい委員会は伝承協会の会長デラージーを長とし、引き続きUCDの構内に本部を持ったが、国家のプロジェクトして新政府の後ろ盾を得たのである。

委員会の目的は更に多くの民間伝承を収集、保存することだった。そのために各地に専任の収集者が選ばれた。彼らは自らが住む各地域の伝承、方言に精通している者たちだった。ダブリンのUCDの本部のアーカイブは次第に資料で埋められていく一方、各地に埋もれていた偉大な語り手が発掘されていったのである。委員会はこれらの語り手の口から流れ出る物語をつききりで聞き取り、その結果、語り手の名を冠した多くの物語集が生まれることになった。その一部を紹介すると、アイベラ半島に二〇世紀初頭まで住んでいたショーン・オコーネル、二〇世紀中ごろまでクレア県に住んでいたスティファン・イー・エアリー、やはり同時代にコネマラに住んでいて、長い英雄物語を

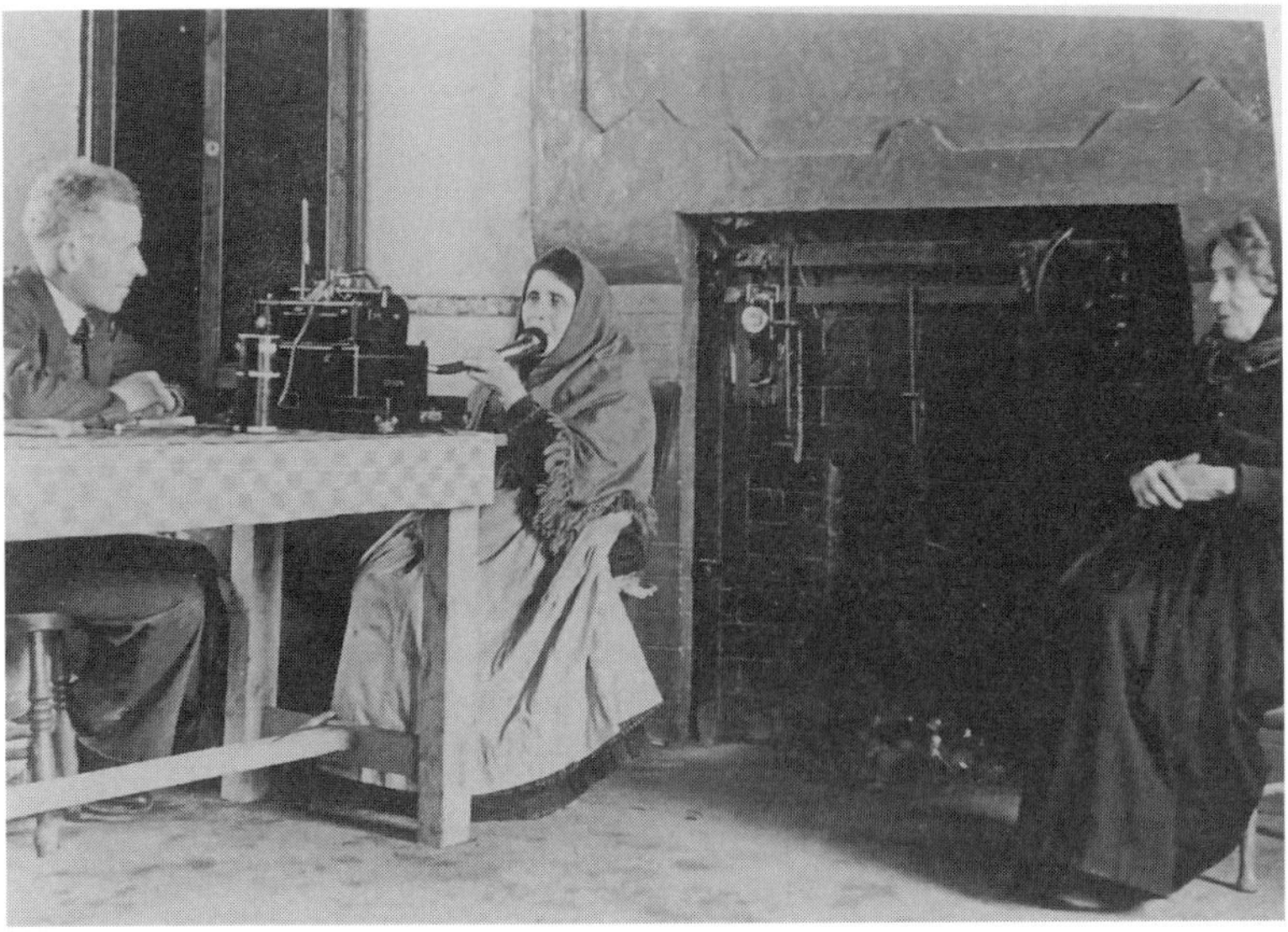

1942年、ケリー県ダンキンでショーサブ・オー・ダリーがコーチとモイラ・ルシェルから歌と物語をきく（NFC アーカイブ）

語ったエアモン・ア・バーク、そしてやはり同時代にディングル半島に住んでいた語りの女王と言われるペイグ・セイヤーの物語集などがある。これらの語り手たちは、委員会が設立された時にはすでに高齢だったから、何とか間に合って、彼らの物語の全容を今日手に取って読むことができるのは実に幸せなことと言わなければならない。物語の収集家たちは長い話はエディフォンという録音機を使い、短い話は手書きで写し取った。

委員会はアーカイブに送られる資料の分類方法すなわち、カタログシステムを学ぶために、創設の年一九三五年にアーキヴィスト・ショーン・オー・サリバンをスウェーデンのウプサラに派遣した。三か月間勉強して帰国したオー・サリバンによって、これまで年代別に分類していた資料は、これ以後テーマごとに分類されることになる。オー・サリバンは以後、アーキヴィストとしてだけでなく、優れた民話学者として多くの民話集を出すなど、伝承委員会に貢献することになる。

一九二七年にダグラス・ハイドとジェームス・デラージーが立ち上げた「アイルランド伝承協会」の機関誌『ベ

アロジャス』は、彼らの伝承への思いを国中の有志に語り掛ける手段として発行されたが、それは「アイルランド民間伝承委員会」に継承され、今日に至るまで、途絶えることなく毎年発行されている。内容は研究者の論文、フィールドワークの報告、新刊のレヴュウ、弔辞など、盛り沢山である。今回この文章を書くにあたって、『ベアロジャス』(八八～八九、二〇二〇～二〇二一年)に掲載されているアーキヴィスト、ジョン・ディロン氏の論文を参考にした。

アイルランド民間伝承委員会の会長に任命されたジェームス・デラージーは、ダグラス・ハイドの元で長年アイルランドの民間伝承の仕事をサポートしてきたが、ハイドから受け継いだアイルランドの伝承に対する深い愛情と、彼の持ち前の創意工夫、実行力をもって会長の職務を全うし、次々にいろいろなプロジェクトを行ったが、その中でもスクール・コレクションは後々まで注目される一つであると言える。アイルランド民間伝承委員会は一九三七年から一九三八年にかけて、教育機関と協力して、全国の小学校の高学年の生徒全員に、宿題を書く代わりに、身近にいる大人から、アイルランドの伝承を聞き書きするという課題を出した。一人一人の子供に同じノートが渡され、そこに物語、なぞなぞ、古い風習が書き留められた。そのノートは今もすべて保管されている。更にその中で特に興味深い内容のものは清書され、緑色の布表紙に製本された。これがNFCS(National Folklore Collection School Manuscripts)で、一一三〇巻あり、Main Manuscriptsと同等に資料として役立っている。私もアイルランドの昔話を翻訳する際に、スクール・コレクションの話を度々採用した。

五　ナショナル・フォークロア・コレクション(the National Folklore Collection)

一九七一年にアイルランド民間伝承委員会は国の施設から、UCDの傘下に移り、名称も「ナショナル・フォークロア・コレクション」(the National Folklore Collection。以下、NFC)になった。これを機に会長のジェームス・デラージーはその職を辞し、以後UCDの伝承文学部の教授が務めることになった。

2023年、クリストール・マッカーシー博士と筆者（NFC アーカイブにて）

ナショナル・フォークロア・コレクションはアイルランド民間伝承委員会の仕事をそのまま引き継ぎ、本部も今まで通りUCDのニューマン・ビルディングに置かれたから、それまでと外見上は変わりなかったが、運営費その他金銭的な面が大きく変わったのである。すなわち年間の運営資金は、高等教育機関のための資金として、UCDの予算に年間二万ポンド（当時）が振り込まれることになり、その他寄付や、コレクションが出版する図書や『ベアロジャス』の販売費による収入で賄うことになった。

私が初めてアーカイブを訪れたのは、一九九〇年代だったが、その時アーカイブにはおよそ二百万枚の資料、数千時間に及ぶテープが保管されていて、資料は整理番号をつけて製本されているが、未整理のものも多いと聞かされた。その後デジタル化の時代になり、アーカイブは全資料をデジタル化するために今なお奮闘している。二〇一二年のコレクション発行の報告書によれば、コレクションにはすでにデジタル・ライブラリーがあり、映像、音による様々な資料の一部がすでにデジタル化されていて、それを使う人たちをヘルプするデジタル・ライブラリアンも常駐している、とある。その後NFCのデジタル化が更に進んだことは、現在NFCでアーキヴィストとして働くジョン・ディロン氏の『ベアロジャス』（八八〜八九、二〇二〇〜二〇二一年）への投稿からうかがい知ることができる。最後にその一部を紹介したいと思う。

「私がフォークロアのアーカイブで働き始めた頃は、研究者に提供できるアーカイブの資料は、マイクロフィルムの機械にプリントされている限られたページだった。しかし、現在はNFCのコレクションはデジタル・オンライン・プラットフォームのサイトwww.dúchas.ieを通して、世界中どこからでもアクセスすることができる。二〇二〇年には八百万のアクセスを数えた。更にボランティアによるアーカイブの資料を文書化する「クラウドソーシングプロジェクト（crowdsourcing project, Meitheal Dúchas.ie）」によって三八五〇〇〇ページのテキストを読むことも可能になった。このようにコレクションのデジタル化によって、今までアクセスが不可能だった多くの人々も、コレクションの資料を活用することができ、コレクションは活況を呈するようになったが、一方デジタル化はアーカイブに働く者たちに、新しい問題を呈することにもなった。アーカイブは正確な記録を提供しているか?、倫理的見地から見て公にできる内容か?　資料を無差別に公にすることによって、その記録を集めた地域、あるいは現在集めている地域に対してどのような責任をもつべきか?　問題は山積みである。我々はこのような問題を解決しながら、同時にアーカイブに保存されている資料、フィールドワークによって得た生きた伝承を、慎重に照査しながら、資料を要求するすべての人々、学者、研究者、学生、家系研究者、歴史家、作家、詩人、画家、音楽家、歌手、映画製作者、資料提供者の親族などあるゆる分野の人々の要求に、誠実に応えようとしている。我々は常にアーカイブの資料とその前後にある事柄との関係性に目を光らせ、アーカイブの資料、資料を提供した人びとの芸術性、智恵、希望、祖先から受け継いだ記憶を見出そうとしている。その際我々が常に心がけ、伝えていることは、伝承のアーカイブの資料は、凍結した過去の遺物ではなく、時と共に移り変わるもので、人びとの生きた証、彼らを取り巻く地域社会などによって支えられているということである」（一〇四〜一〇六ページを要約）

＊参考文献＊

・edited & translated by Sean O Sullivan : *Folktales of Ireland*, The University of Chicago Press, 1966

・Report of the Director of the National Folklore Collection, University College Dublin, 1 September 2011–31 August 2012
・Jonny Dillon, "Archival Traditions, Tradition Archives", *Béaloideas* 88–89 2020–2021
・渡辺洋子・岩倉千春編訳『アイルランド　民話の旅』三弥井書店、二〇〇五年

スウェーデン民間伝承の水の精ネッケン

中丸禎子

人魚姫にウンディーネ、セイレーン、メリュジーヌ……。現在の日本で紹介される「水の精」には、圧倒的に女性が多い。しかし、世界の昔話を紐解くと、バビロニア神話にはダゴン、ギリシア神話にはネレウスにトリトン、動物図鑑には僧侶魚、『人魚姫』には主人公の父など、男性の水の精が無数に登場する。北欧の民間伝承も同様だ。ここでは、水のごとく自在に姿を変え、美しい音楽で人を惑わせる男性の水の精「ネッケン」を紹介する【図1】。

北欧をはじめとする「ゲルマン語圏」の民間伝承における男性の水の精の名称は、言語によって少しずつ異なる。「ネッケン」（Näcken）はスウェーデン語で、アイスランド語ではニックル（Nykur）、デンマーク語ではヌゥケン（Nøkken）、ノルウェー語ではノック（Nøkk）、ドイツ語ではニクセ（Nixe）、英語ではニクシー（Nixie）という。同じ言語の中に地域差もある。たとえば、スウェーデンでは地域により、ストレームカール（流れの男）、クヴァルンロー（製粉所の小人）、ベッカヘスト（小川の馬）、オーヘスト（せせらぎの馬）などの名称がある。「水」を表す部分は、その地にどのような形態の水があるかで異なり、姿を連想させる後半の単語も様々だ。

一般的にネッケンは、流れる水の中にある石に腰掛け、ヴァイオリンを弾く姿でイメージされる。緑や白の長い髪の毛と髭を持つ、赤い帽子をかぶった老人の姿が多いが、馬の蹄《ひづめ》や、額に第三の目や角を持つ異形の姿で描かれるこ

【図１】アーンシュト・ヨーセフソン「水の精」ストックホルム国立美術館所蔵。https：//sv.wikipedia.org/wiki/Ernst_Josephson#/media/Fil：Ernst_Josephson-Näcken.jpg

ともある。ネッケンには変身能力があり、知り合いの男性——たとえば婚約者に化けて、人間の女性をだますことができる。犬、馬、猫、カワカマス、豚、牛などの動物や、薪や首飾りのような物に化けることもある。

　ネッケンは音楽が得意である。滝や水車小屋の側に座り、ヴァイオリンのほか、アコーディオン、ハープ、フルートを奏でるという伝承もある。その腕前は、日の出まで人間を踊り続けさせられるほどで、踊りながら死ぬ者さえいる。テーブルや椅子を踊らせることもできる。音楽が得意な人間は、ネッケンに習ったと噂される。その人間は、三週間にわたり木曜日の夜に川へ行き、最後に黒猫か三滴の血を捧げる。ネッケンに習った人間は、上手にヴァイオリンが弾けるが、自分自身が魔法にかかり、弾き続けてしまうという言い伝えもある。やめさせるには、ヴァイオリンの弦を切断するしかない。

　一方で、ネッケン自身が奏でるのは、悲しい音楽である。演奏しながら泣くこともある。ネッケンは魂がないために、天国に行けないからだ。一人ぼっちのネッケンは、仲間を求めて人間を水に引き込むが、人間は水底にあるネッケンの国に辿り着くまでに溺れてしまう。だからネッケンはずっと孤独なままで、音楽はいつも悲しい。

このように、ネッケンは、人間の命を奪う危険な存在だ。スウェーデン語でスイレンのことを「ネッケンのバラ」（Näckros／ネックロース）と呼ぶ。この花が満開になると、近くにネッケンがいて、泳ぐと茎に絡まって溺れてしまう。夜や黄昏時《たそがれどき》、明け方に水辺に行くときには気を付けなくてはならない。ネッケンは橋の下や水車小屋のほとりや岸辺にいて、人間を水の中に引き込んだり、「ネッケンのベッド」という完治しない病気を引き起こしたりする。これを防ぐためには、水に入る前に、唾《つば》を吐く、石を投げる、岸辺にナイフを刺すなどして、ネッケンをあらかじめ縛る必要がある。言葉でネッケンを縛ることもできる。紳士の装いで現れたら、「こんにちは、ネックさん」と言えばいい。名前を呼ばれるとネッケンは姿を消すのだ。小さい子が「だっこして（Räck mig upp）」が上手く言えず、「ねっくして（Näck mig upp）」と言ったらネッケンが姿を消したという言い伝えもある。トロルや他の精霊と同じく、ネッケンもキリスト教を恐れており、「イエスの十字架」という言葉によって力を失うとも言われている。「ベッカヘスト（小川の馬）」という馬の姿でイメージされることもある。子どもが乗ると、その背は子どもの数が増えるほど長く伸びていく。十分な数の子どもを乗せると馬は水に飛び込む。しかし、もし捕まえて御すことができれば、ベッカヘストは餌《えさ》も休息も必要としない有能な作業馬となる。

ネッケンは、芸術作品の題材としても好まれた。右頁に挙げたアーンシュト・ヨーセフソン「水の精」（原題はNäcken、一八八二年）は、二〇二四年に日本で開催された「北欧の神秘展」出品作である。画家の代表作であり、ネッケンのもっとも有名な絵画でもある。ヨーセフソンは後半生、梅毒による幻覚症状に悩まされながら幻想的な絵や詩を書いた。特にネッケンを題材として好み、この絵と同じ構図の二枚を含め、複数枚を描いている。「ネッケンは自分自身だ」という言葉も残している。「ネッケン」という詩も書いている。「石の上深く、松の色がある／松と石は影

【図2】ブロール・ヨット「ネッケンのポルカ」。ウップサラにて中丸が撮影。

を投げかける／泡立つ銀と金の中に／／影の豊かな抱擁の中、石に座るのは／黒い巻き毛の少年、幽霊のように青白く／弓を弦にのせる／／ネッケンの金のハープがダンスの演奏を始める／フィドルが続き、誰もが理性をなくす／銀の髭のエルフ王のために／／少年は、ただの私のファンタジー――／ネッケンはざわめきながら過ぎ行く急流／私の頬に泡を弾き飛ばしたのだ」。この詩に、フィンランドの作曲家ジャン・シベリウスが曲をつけたのが、『八つの歌』第八曲（Op. 五七―八）である。日本語では「水の精」というタイトルで知られる。

北欧最古の大学がある街ウップサラの玄関口「ウップサラ中央駅」の前には、地元出身の芸術家ブロール・ヨットの手になる彫刻「ネッケンのポルカ」（一九六七年）がある。てっぺんで手を取り合って踊るかわいらしい男女……ではなく、その下でヴァイオリンを弾く癖の強い男性がネッケンだ【図2】。「ネッケンのポルカ」（Näckens polska）は、文学や音楽、舞台でも好まれる題材で、アルヴィド・アフセリウスの詩が特に有名だ。民間伝承には登場しない北欧神話の美と愛の女神フレイヤが、この詩ではネッケンと心を通わせる。長いが全文を引用する。各連の最終行はリフレインになっている。「海の深く、ダイヤモンドの岩盤の上／ネッケンは緑の広間に憩う／夜の乙女たちは暗いヴェールを広げる／森の上に、山の上に、谷の上に／夕暮れは荘厳に立つ、黒染めの結婚装束を纏って／近くにも遠くにも、一言の囁《ささや》きも音もなく／静寂が境界まで満ちる／そのとき海の王が黄金の城から現れる／／エーギルの娘たち（中丸註：北欧神話の波の乙女たち）は彼を穏やかに、澄んだ湖上で揺り動かす／ハープの音色が悲しく渡り／波は遠くに死を求める／彼の眼は暗い天を見つめる／星たちは未だ夜の女王の到来を告げない／フレイヤは黄金の髪に飾りをつけ／ネッケンはハープの爪弾きに悲しみを載せる／／「おお、あなたはどこにいる、星たちの中で最も明るい者よ、この青い黄昏時に？　かつてあなたは大地の乙女の一人であり、海の底の僕の花嫁だった！　痛みに満ちた僕の爪弾きに心を燃やした時／美しくもおずおずと優美な魅力が忍び寄った／冷たい河のなかにある僕の胸へと／だが黄金のハープは波の上で黙ったままだった／／だがオーディンはあなたに地上の高みで命じた／広いギムレーから永遠に輝けと／ハープだけを伴にする孤独な歌い手に／残るのは、あなたの姿とあなたの名前だけ／だがいつか、ミズガルズウルムが立ち上がり／神々は武装してすべてが贖《あがな》われる〔中丸註：北欧神話の最後に、神々が巨人や大蛇ミズガルズウルムと戦い、双方が全滅する〕。その時あなたのいる場所で／僕はふたたび青い波の上／新しい世界のために黄金のハープを奏でる／／いとも悲しく、しかし天の縁から／フレイヤは夜通し微笑《ほほえ》みかける／黄金を散らした砂浜で永遠に／その涙が輝くのを彼女は見る／彼女は海で友を迎える、たおやかに／揺らめく波に映えるは慈しみ深き姿／ネッケンの歌が青い波の上で聞こえる／喜びに満ちて黄金のハープを弾いている／／夜の乙女たち、澄んだ星たちはすべて／静かな夕暮れにダンスに向かう／清らかな銀の音が響く／海辺を渡り、岩盤から岩盤へと／しかし、血に染まった朝の王が東に立つと／小さな星は色あせ恐れて去っていく／悲しい別れの視線を下ろし／黄金のハープはもう響かない」〔アフセリウス『スウェーデン民族の物語冊子』／訳：中丸〕。

アフセリウスの詩のように、ハープを弾くネッケンは、ヨーハン・ペーター・モーリンの彫刻「泉」（一八七三年）や、カール・ラーション「ネッケンのスケッチ」（一八八九年）で図像化されている。妖精や妖怪の絵で知られるヨン・バウエルがアンナ・ヴァーレンベルイ『少年とネッケン』（一九〇三年）に着けた挿絵は、楽器を持たず、カエルのような姿をしている【図3】。アストリッド・リンドグレーン『やかまし村』シリーズには、いたずら好きで知恵のまわる少年ラッセが、粉引き職人ユーハンから水の精（ネッケン）の話を聞いた後、ネッケンのふりをして他の子ど

【図3】ヨン・バウエル『少年とネッケン』。https://litteraturbanken.se/författare/WahlenbergA/titlar/LängeLängeSedan/sida/57/faksimil

もたちをからかう話がある（第二巻『やかまし村の春・夏・秋・冬』より「水の精を見にいきました」）。

他国の例も見てみよう。『大どろぼうホッツェンプロッツ』で知られるドイツの作家オトフリート・プロイスラーの児童書第一作『小さい水の精』（一九五六年）は、水車小屋の池の底に住む、水かきのついた男の子の物語だ。「水の精」の原語はネッケンと同語源の「ニクセ」ではなく、「水の男（Wassermann）」だが、ウィニー・ガイラーによる挿絵の緑の髪と緑の目、赤い帽子はネッケンのものだ。プロイスラーは幼少期に、月の明るい夜に岸辺に来てハープを奏でる水の精の伝承を聞き、それを自分の子どもだけでなく、小学校の教員として教え子にも話した。「いたずらをしても怒られないの？」といった児童とのやり取りを経て、水の精は少しずつ、生き生きとした男の子の像を結んでいったという。

ノルウェーでは、やはり「北欧の神秘展」に出展された画家テオドール・キッテルセンが伝承上の人物を繰り返し描いている。キッテルセンは、水から半分顔を出した人のような「ノック」のほか、背中に子どもを乗せた白く美しい馬も描いている【図4】。ノルウェーの伝承では、ノックは、「ニック（Nyk）！　ニック！　水の中の針。聖母マリアが水に鉄を入れた！　お前は沈み、わたしは浮かぶ」と言うと消える。ノックが嘶《いなな》くと、それは人間が溺れる前兆で、特に日没後が危険である。『のっけて（Nyk mig op）』という伝承では、何人かの子どもが川辺で遊んでいると、美しく白い馬がいる。大きい子どもたちはその馬に乗ったが、一番小さい子は手が届かなかった。当地の方言では、「引き上げて（Ryk mig op）」を、「のっけて（Nyk mig op）」という。一番小さい子が「のっけて」と言ったとたん、馬は、大きい子どもたちを乗せたまま水に沈んだ。一番小さい子は、一人だけ取り残された。

　馬としてのネッケンは、『アナと雪の女王2』の水の精ノック（Nøkk）に引き継がれている。ノック（Nøkk）のノルウェー語特殊文字øを、英語の文字oに置き換えた名を持つこの馬は、当初はエルサを水に引き込もうとするが、手綱をかけて御されると、エルサの忠実な脚となり、美しく力強く、エルサを乗せてどこまでも駆けていく。

　水の危険と美しさ、力強さ、不思議な魅力、そして、水辺で起こる様々な悲しい別れを体現する水の精ネッケン。今後どのように書かれていくのか、楽しみに待ちたいと思う。

【図4】テオドール・キッテルセン「白馬に乗った少年」。
https://no.wikipedia.org/wiki/Nøkk#/media/Fil:Gutt_på_hvit_hest.jpg

＊参考文献＊
・アストリッド・リンドグレーン作、大塚勇三訳『やかまし村の春・夏・秋・冬』岩波書店、二〇〇五年
・オトフリート・プロイスラー作、はたさわしょうこ訳『小さい水の精』徳間書店、二〇〇三年
・『北欧の神秘展』（ＳＯＭＰＯ美術館、二〇二四年三月二三日～六月九日）図録、二〇二四年
・このほか、ヨハン・エーゲルクランス『北欧伝承の人物』（Egerkrans: Nordiska väsen. B. Wahlströms. 2023）、言語・民俗研究所（ＩＳＯＦ）ウェブサイトの「ネッケン」の項目など、スウェーデン語文献・ウェブサイトを使用。

Ⅱ　世界をつなぐ昔話

「猿の生肝」を描いた浮世絵『むかしばなし』（幕末か）

「赤ずきん」と「カテリネッラ」

剣持弘子

読む昔話として定着している「赤ずきん」には二種ある。ドイツのグリムの「赤ずきん」とフランスのペローの「赤ずきんちゃん」である。世界中にひろまった「赤ずきん」は、多くがグリムの「赤ずきん」から出たものと思われる。その「赤ずきん」は、ペローの「赤ずきんちゃん」が元になったもののようだ。ペローの話につく「ちゃん」は、「愛称辞」である。

フランス民話の研究者新倉朗子氏によると、フランスには民間で語られた話もかなり存在するようだが、ペローの話との関係は明らかではない。

グリムの「赤ずきん」とペローの「赤ずきんちゃん」に共通するのは主人公が赤いずきんをかぶった女の子だというだけではない。「赤いずきんをかぶった女の子が、おばあちゃんのお見舞いに出かけ、狼にそそのかされて道草を食って狼に先回りされ、その狼との、遊戯的対話の後、食われてしまう」という話の筋もほぼ同じである。だが、ペローは「狼とは男のことだ」という教訓をつけていて、とても子どもに向けた話とはいえない。

一方、グリムの女の子は狼に食べられてしまうが、最後に通りかかった猟師に助け出される。ハッピーエンドになっていることが、広く子どもに支持される理由になっているのだろうが、それは、昔話としては本来の姿ではないだろう。

別の視点から見てみよう。

ペローとグリムの「赤ずきん」には、話の筋ではない共通点がある。狼と赤ずきんのやり取りが、「遊び」になっている点である。そのやり取りを見てみよう。

◎「赤ずきん」の場合。

「わあ、おばあさん、大きな耳ね！」

「そりゃおまえ、おまえの声がしっかり聞こえるようにさ」

「わあ、おばあさん、大きな目ね！」

「おまえがしっかり見えるようにさ」

「わあ、おばあさん、大きな手ね！」

「おまえをしっかりつかまえられるようにさ」

「でもおばあさん、そのすごく大きなお口は？」

「おまえをしっかりいただけるようにな」
◎「赤ずきんちゃん」の場合。
「おばあちゃん、なんて大きな腕をしてるの？」

「お前を上手に抱けるようにだよ」

「おばあちゃん、なんて大きな脚をしてるの？」

「早く走れるようにだよ」

「おばあちゃん、なんて大きな耳をしてるの？」

「よく聞こえるようにだよ」

「おばあちゃん、なんて大きな目をしてるの？」

「よく見えるようにだよ」

「おばあちゃん、なんて大きな歯をしてるの？」

「お前を食べるためさ」

「赤ずきん」のこの場面が「赤ずきん」を、昔話ではなく、遊戯にしている。


ここで、イタリアの「カテリネッラ」と比べてみよう。どちらも、国際カタログではATU333に分類されている話である。これらの共通点は、話の構造にある。子どもがちょっとした悪いことをしたあげく、敵に、遊戯的問答の末に食べられてしまうところである。さらに、「赤ずきん」の場合と同様、最後に助けられる場合もあるが、これは、明らかに、グリムの影響であろう。なお、敵は狼だけでなく、その土地の妖怪などである。

つぎに、イタリアの「カテリネッラ」の比較的短い話を一話選び、さらに簡単にして紹介する。

◎ドーナツ

昔、母さんと女の子がいた。女の子が母さんにねだった。

「母さん、ドーナツを作って」

「それじゃ、名付け親のおばさんのところへフライパンを借りに行っておいで」

女の子はおばさんのところに行った。おばさんは、

「私にもドーナツをもってきておくれ」

といって、フライパンを貸してくれた。だが、女の子は、道々ドーナツをみんな食べてしまって、からっぽのフライパンを置いて逃げてきた。怒ったおばさんは追いかける。母さんは、家中の穴という穴を全部塞いだが、流しの排水口を忘れた。おばさんの声がしてきた。

「気をつけろ、家の中に入ったぞ」

「さあ、一段目だ」

「母さん、隠して」

「さあ、二段目だ」

「母さん、隠して」

こうして、おばさんは最後の段まできた。

「さあ、ベッドのそばだ」

「母さん、隠して」

　とうとうおばさんは毛布をはがし、アム、と女の子を食べちゃった。


共通するのは、話の前半で主人公の悪い子ぶりを示し、最後に、遊戯的な脅しで締めることである。

　なお、半数ほどは食べられた後、助け出される話になっているが、その助けられ方は不自然で、助けられる話が本来的でないことを示している。明らかにグリムの「赤ずきん」の影響だろう。

　以上をまとめれば、「赤ずきん」も「カテリネッラ」も、昔話というより遊戯だといえよう。

＊参考文献＊
・池田香代子『完訳クラシック グリム童話』全五巻、講談社、二〇〇〇年
・剣持弘子「イタリアから見た「赤ずきん」」『昔話と子育て』三弥井書店、二〇〇二年
・新倉朗子『ペロー童話集』岩波文庫、一九八二年

「ラプンツェル」と「ペトロシネッラ」

剣持弘子

『グリム童話集』の「ラプンツェル」は次のような話である。

妊娠した女が魔女の畑のサラダ菜（ラプンツェル）を食べたくて我慢できなくなる。見かねた夫が盗みに行って魔女につかまるが、自分の代わりに生まれてきた子どもを魔女にわたすことを約束させられる。生まれてきた子は女の子で、ラプンツェルと名付けられるが、魔女に連れて行かれ、一二歳になると塔の中に閉じこめられる。通りかかった王子に見初められ、愛しあうようになり、二人は魔女から逃げる。途中、離れ離れになってしまうが、再会して結婚し、子が二人生まれる。

よく知られている話ではあるが、ドイツの民間に流布していた話ではない。フランスの作家の作品が元になった、半ば創作とも言える話であることがわかっている。

さらに、この作家が参考にしたのはイタリアの民話だということも知られている。イタリアにはこのタイプの民話が多いが、この作家が取り入れたのは、おそらく、『ペンタメローネ』の中の二日目、第一話「ペトロシネッラ」であろう。もちろん、その話の元はイタリアの民間に流布していた話に違いない。

その「ペトロシネッラ」は次のような話である。

身ごもった女が鬼女の畑のパセリを盗み、鬼女に捕まるが、生まれてくる子を差し出す約束で解放される。生まれた子は女の子で、七歳になると約束通り鬼女に連れて行かれ、塔の中に閉じこめられる。美しく成長した娘は通りかかった王子に見初められ、助け出されて二人は逃げ出す。召使い女に告げ口され、魔女に追いかけられるが、呪物を投げて逃げきる。二人は結ばれる。

『ペンタメローネ』は一七世紀にナポリの宮廷に仕え

ていた、ジャン・バッティスタ・バジーレによってナポリ方言で書かれ、のちに二〇世紀になって、ベネデット・クローチェによって、イタリア語に訳された昔話集である。その一世紀前に世に出た、やはりイタリアのストラパローラの『楽しい夜』とともに、昔話の源流とも言われている。この二集は当時民間に流布していた昔話を取り入れているというだけでなく、その後のイタリアにおける昔話の広がりにも寄与し、さらに国境を越えて、世界中にも広がったというところに意味があるだろう。

『ペンタメローネ』とは日本語にすれば『五日物語』のことであり、当時流行した枠物語である。枠物語とは、一つの物語を枠として、その中に、いくつかの話を入れ込んで、大きな話に仕上げたものである。昔話集ではないが、よく知られた、イタリアの一四世紀の『デカメロン』を受けての命名であろう。『デカメロン』とは十日物語のことである。当時流行していた疫病を避けて、別荘地に集った男女が一〇日間に語りあった話が集められている。

『ペンタメローネ』も、五日間、王宮に一〇人ずつ集められた女たちが、一人一話ずつ話を語り、最初と最後の話を合わせて一つの枠にした、全五〇話からなる昔話集になっている。文章は、当時流行の、こてこてに飾り立てたバロック様式で、素朴な昔話とは言えないが、話の内容はまさに昔話である。その五〇話には、後々までよく知られるようになった話も多い。

最もよく知られた話は、五日目、第九話「三つのシトロン」である。ただ、民間の話では、一般的なオレンジに入れ替わって、「三つのオレンジ」として、流布している。かつて、この話はイタリアが源流のように考えられたこともあったが、その後の研究で、近東を源流とする話であることがわかってきた。だが世界の民話がすべて明らかになったとはまだ言い難く、ここで断定することは避けたい。ただ、イタリアの話のおかげで、「三つのオレンジ」が広く知られるようになったとは言えるだろう。

ところで、ラプンツェルとは、チシャのことであるが、イタリアでは、この野菜はパセリの地方語、ペトロセッロまたはプレッツェーモロと呼ばれることが多い。その野菜を元にした女の子の名前は、ペトロシネッラ、あるいはプレッツェモリーナである。この二つの違いはパセリの地域的な呼び名の違いであるという。民間にはどちらも同じくらい流布しているが、『ペンタメローネ』ではペトロシネッラになっている。因みに、福音館書店から出ている絵本は「プレッツェモリーナ」である（剣持弘子再話『プレッツェモリーナ　イタリアの昔話』福音館書店、二〇一九年）。

パセリがチシャに変えられて、『グリム童話集』で「ラプンツェル」として定着したが、元はイタリアの話であることを強調したい。

グリムの「ラプンツェル」では、女の子の垂らした髪を伝って王子が塔にのぼってくる場面がよく知られている。『ペンタメローネ』の話にもこの場面は見られるが、イタリアの口承の昔話では、必ずしもこのような場面があるわけではない。グリムのおかげで最も印象的な場面となったと言えよう。

「ペトロシネッラ」とグリムの「ラプンツェル」の違いの一つは、魔女からの逃走場面にある。「ペトロシネッラ」の最後の見どころであるこの逃走場面は、他の昔話とも共通する場面でもあるが、グリムの「ラプンツェル」の逃走場面は、どうやら創作部分らしく、イタリアの話には見られない。

日本の昔話にも見られる逃走譚は、「三つの呪物を投げて、障害物を作って逃げる呪物投擲《とうてき》型」が一般的であるが、世界全体を見れば、他に、「変身して、追っ手の目を眩《くら》まして逃げる変身型」や、往路で出会った者に親切にした返礼として、復路に逃走の助けをしてもらう「親切と返礼型」ともいえる逃走譚もある。つまり「ペトロシネッラ」と「プレッツェモリーナ」は逃走譚ともいえる。この観点から見れば、逃走場面のないグリムの「ラプンツェル」は、口伝えの昔話ではなく、作家の創作だとあらためて言いたい。

「鼠の嫁入り」

内藤浩誉

まず、沼尻順之助氏（昭和八年、東京本郷生まれ）の語り「ご祝儀―鼠の嫁入り―」（『ふるさとお話の旅④東京　東京江戸語り』所収）を紹介する。

むかし。むかし。鼠の家に赤ん坊が生まれました。それは、きれいな鼠でした。年頃になりますっていうと、それはかわいらしい娘鼠でした。

ある日、親鼠は相談しました。

「おっかあ。うちの子にゃ世界一の婿をさがしてやりてぇな。そう、思っていろいろ考えたんだが、やっぱりお日さまだな。お日さまはいつも世界中を明るく照らしていなさるから、お日さまが世界一だな」

鼠は夫婦そろって、お日さまのところへ行ってたのみました。

「お日さま。お日さま。あなたは世界中でいちばんえらい方です。どうぞ、うちの娘を嫁にもらってくださいまし」

するとお日さまは笑って言いました。

「鼠さん、世界で一番えらいのは雲さんですよ。ほら、雲さんが出てきたら、わたしなんぞ、すぐかくされてしまうでしょ」

そこで鼠の夫婦は雲のところに行ってたのみました。

「いやいや、世界一は風さんだよ。わたしがいくらがんばったって、風さんのひと吹きで吹っ飛んでしまう」

鼠の夫婦は、風さんのところへ行ってたのみました。すると風さんは、

「ちがう、ちがう。いちばんえらいのは築地塀さんだよ。おれがいくらビュウビュウビュウビュウ吹いても築地塀さんはびくともしないからね」

鼠の夫婦は築地塀さんのところへ行ってたのみました。すると築地塀さんは、

「残念ながら、世界でいちばんえらいのはあなたたち鼠だよ。わがはいが、いくらどっしり立っていても鼠さんにはかなわない。ほら見てごらん。鼠さんの強い歯でガリガリかじられたら、すぐに穴があいてしまうからね」

鼠の夫婦は、立派な鼠の若者を娘の婿にむかえました。そしてたくさんたくさんの鼠の子どもが鼠算ほど生まれて、一族栄えてめでてぇ。というめでてぇお話。

これは、「土竜《もぐら》の嫁入り」（AT二〇三一C）とも呼ばれる、動物が主人公の昔話。天下一の者を求め辿った結果、循環式に元に戻る言葉遊びが面白味として語られる。「最強の者」あるいは「なぜか」について問答を繰り返す展開で、それぞれ最後にはふさわしいところに収まる。型としては三つ。①一番偉いものに辿り着く。②飼育している動物により強い名前を付けようとして最後にその動物に辿り着く。③仕事に不満を持つ者がより良いものを求めるが最終的に元の仕事に辿り着く。日本では沖縄からアイヌまで全国的に、世界に目を向けると、韓国、中国、モンゴル、ベトナム、ミャンマーなど東アジア一帯を中心に分布が見られるなど、簡潔な展開ながら様々な受容と定着、派生が見られる。韓国では最後に石の弥勒《みろく》が登場し、足元を掘り倒す鼠がより強いと諭す。ちなみに中国では猫の名づけを主題とした話が「鼠の嫁入り」を素材にした笑話として捉えられ、日本では落語でも親しまれている。

この話の登場については多数の研究者が古典文学の資料を挙げながら紹介しているが、古代インドのサンスクリット説話集『パンチャタントラ』第四巻「獲得したものの喪失」第八話「鼠の嫁入り」および第九話「地に堕ちた白衣」に見られる例が古い。内容は、隠者が鷹に襲われている子鼠を助けた上、少女の姿にして自分の娘として養育する。適齢期を迎えたので婿を探すことにし、太陽、雲、風、山を経て鼠が良いとなり、娘は元の姿に

戻り嫁いでいく。娘自身にも賛同を得るやりとりに娘の意志が尊重されつつ、本書が王子教育のためにまとめられたという性格上、寓話に託した教訓として、この話の末尾「自分の生まれは乗り越えがたし」にはインド社会の身分制度の掟が窺える、という指摘がされている。

日本では、鎌倉時代後期に唱導の教本として編まれた仏教説話集『沙石集』（無住編）巻七「二二　貧窮ヲ追タル事」（略本系諸本の拾遺）で取り上げられる中で、鼠を婿にとる結末に「是モサダマレル果報ニコソ」と因果応報、輪廻転生の考えに基づく身分不相応の戒めを説く。また、江戸時代中期の草双紙の一種、子供や女性、庶民が読んだ絵入り本「赤本」にも「鼠の嫁入り」と題する物語が含まれているが、内容は婚姻相手を見つける口承と異なり、鼠の婚礼当日から出産までを描く。

鼠の俗信を背景に世界で広く物語が生じたと南方熊楠が指摘しているように、鼠に対する信仰習俗の反映が窺える。鼠（子《ね》）は根の国（地底、黄泉国《よみのくに》）の住人であり、この世と異郷を往来する存在として畏敬の対象となる動物であった。主人公の婿候補が天上の太陽から始まり、最終的には地中の動物に辿り着く筋なのも、鼠や土竜の夜行性で土中の動物である側面の反映と見なせよう。また大黒天／大国主命の使いとして、さらに多産であることから子孫繁栄の象徴になるなど、富や豊穣をもたらすという信仰が窺える。暦では正月三が日限定で「ねずみ」と呼ぶことを忌む習慣により、「嫁が君」と言い換え、季語にもなる。鼠は夜目《よめ》が利くことから「嫁」に通じるのである。日本でも「鼠の年取り」と言って、人間と同様、食物を供し慰労感謝する習俗が行われた地域があり、さらに中国では正月一六日の晩には鼠の嫁入りがあるので邪魔せず早く寝る、鼠の嫁入りを助けるなど、この昔話が年中行事と結びつく形で、鼠害を免れようとする祈念や財宝神として鼠を祀る心意が読み取れる。他にも、正月を迎える際に貼る年画や切絵では鼠の婚礼行列を描く「老鼠娶親／老鼠嫁女」の画題が流布され、大晦日から正月にかけて祝儀の物語として重宝されている様子が窺える。

『中國民間圖形藝術』所収「山西省剪紙」
（顔鴻蜀・王珠珍編著、上海書店出版、1992年）

何かを齧《かじ》るという鼠の習性は、物語でも壁に風穴を開け、条件突破、自己肯定へとつながる内容になっているが、一方で実生活では鼠は作物や蚕《かいこ》に甚大な被害を与えるため、害獣として見なされることがある。故に中国では結末に、猫が鼠の嫁入り行列を襲ったり、鼠が猫に嫁ぐが喰われてしまうなど、猫の登場で鼠のめでたさを破綻させる話がある。日本でも、掲げられた猫絵の俗信は増えすぎる鼠に対する抑止として猫の呪力に期待した養蚕農家の鼠除け祈願であり、「鼠の嫁入り」の話を見据えているとする意見もある。これらから、相違はありながらも日本と海外の昔話の繋がりと信仰、そして生活の傍で生きるこの小動物に対する人間のまなざしが垣間見えてくる。

＊参考文献＊

・渡邊綱也校注『日本古典文学大系85　沙石集』岩波書店、一九六六年
・関敬吾・荒木博之・山下欣一監修、田中於菟弥・上村勝彦訳『アジアの民話12　パンチャタントラ―五巻の書―』大日本絵画、一九八〇年
・百田弥栄子「俗信の所産としての『鼠の嫁入り』」『民話と文学』18、民話と文学の会、一九八七年
・立石展大「日中『鼠の嫁入り』の比較研究」『説話・伝承学』7、説話・伝承学会、一九九九年

・野村純一監修、野村敬子編著『ふるさとお話の旅④東京　東京江戸語り』星の環会、二〇〇五年
・野村純一「老鼠娶親（ねずみの嫁入り）の道」野村純一著作集編集委員会編『野村純一著作集　第五巻　昔話の来た道・アジアの口承文芸』清文堂、二〇一一年
・鵜野祐介「『鼠の嫁入り』の起源と構造―伝承文学にみる『子どものコスモロジー』」『梅花女子大学現代人間学部紀要7・心理こども学部紀要1』梅花女子大学現代人間学部・心理こども学部、二〇一一年
・崔仁鶴・厳鎔姫編著、樋口淳日本語版編者、辻井一美翻訳『韓国昔話集成　第一巻』悠書館、二〇一三年
・立石展大「昔話の研究2　『鼠の嫁入り』の広がり」『子どもと昔話』74、小澤昔ばなし研究所、二〇一八年

「シンデレラ」

立石展大

ディズニー映画で有名なので、とかくヨーロッパのイメージが強いが、世界中で語られる昔話である。継母《ままはは》に虐《いじ》められる主人公の娘が、援助者に助けられ、落とした靴が手がかりとなり、身分が高い男と結ばれる。このモチーフが揃った話なら、ヨーロッパでは、イタリアのG・バジーレ『ペンタメローネ』の「猫のシンデレラ」（一六三四年）、フランスのC・ペローの「サンドリヨン」（一六九七年）、ドイツのグリム兄弟の「灰かぶり」（初版一八一二年　七版一八五七年）などが早くに挙げられる。

世界各国で語られるシンデレラを概観する場合、山室静『世界のシンデレラ物語』（新潮社、一九七九年）やアラン・ダンダス編、池上嘉彦・山崎《やまざき》和恕《かずひろ》・三宮《さんのみや》郁子《いくこ》訳

『シンデレラ　九世紀の中国から現代のディズニーまで』（紀伊國屋書店、一九九一年）が便利である。

東アジアでも古くから語られ、中国では唐代（八〇〇年代）、段成式が著した『酉陽雑俎《ゆうようざっそ》』の「葉限」に類話がみえる。

秦から漢にかけての話で、呉洞主と呼ばれる男に妻が二人いたが、一人は葉限という娘を残して死んでしまう。父は娘を可愛がったが、継母は難しい家事を言い渡してこき使った。ある日、葉限は赤いひれに金の目の魚を見つけ、大切に飼い始める。どんどん大きくなり、池に魚を放すが、葉限にだけ姿を見せて餌をもらう。これを妬んだ継母は、葉限をだまして遠くにやり、彼女の服を着て魚を呼ぶ。そして魚を捕まえ、料理してしまう。泣く娘に、天から降りてきた男が、魚の骨のありかを教え、その骨に願い事をすれば叶うことを教えた。祭りが行われることになり、継母は庭の木の見張りを言い渡して、葉限を家に残して、実子の娘と出かける。継母が遠くへ行ったのを見て、葉限も、晴れ着を身につけ、金の靴を履いて出かける。継母と姉が葉限によく似ていると思って見ていると、葉限はすぐに家に帰ったが、靴を片方落としてしまった。その靴は拾われ、王の手に渡り、誰が履こうとしても履けなかった。靴について調べさせた王は、葉限のものと分かる。晴れ着を着て靴を履いた葉限を見て、王は結婚する。継母たちは、どこからともなく飛んできた石に当たって死に、王は魚の骨に宝石類を欲張って求めたため、願いは叶えられなくなる。

この話の舞台は、中国の南部である。現在でも中国の広い地域で語られるが、特に南部での伝承が多い。現在の伝承を、金榮華『民間故事類型索引』（上巻）（中國口傳文學學會、二〇〇七年）の説明（「灰かぶり」一八四頁）から日本語訳して紹介する。

娘が継母とその娘の妹から虐められ、粗末な服に食事を与えられ、嫌がらせを受け苦しめられる。ただし、様々な難題に遭うたび意外な助けを得て解決する。これらの助けは、亡き母であったり、神仙であったり、鳥であったり、牛などの動物である。思いもよらない助けにより、彼女はついに着飾って、例えば縁日や舞踏会など、その土地の大きな集まりに参加する。その場で、彼女は身分の高い若者と会う。この若者は、娘に惚れ込むが、その集まりでは娘を引き留めることができず、あるいは誰だかもわからない。しかし、最後に娘が慌てて去ったときに残した片方の靴によって、彼女を見つけ、夫婦となる。時に、この話には続きがある。娘が結婚した後、嫉妬をした妹が彼女を井戸に落とし、彼女に成り代わって夫の家に行く。娘が鳥となって妹をあざけると、また妹に殺される。そこで娘は花やその他の植物に姿を変え、夫に尽くす。このような姿を変えた争いの後に、娘は人の姿に戻り、夫に向かって経緯を説明する。妹は相応の罰を受け、夫婦は再び幸せに暮らす。

継母が娘に出す難題は、例えば多く次のようである。

①水の漏れる桶で水をくませて、瓶に水をいっぱいにさせる（小魚やカエルが塞いでくれる）

②大量の穀物を搗《つ》かせる（鳥がついばんで脱穀してくれる）

③大量の布を織る（仙女が助けてくれる）

主人公の娘と若者の結婚までの流れは、世界的なシンデレラ譚《たん》と共通している。中国の場合、結婚後に姉妹の葛藤譚と転生譚が多く語られる特徴があり、これは、中国の「蛇婿入《へびむこいり》」（蛇が若者に化けて人間の娘と結婚して幸福な結末を迎える異類婚姻譚）の後半でも語られる。昔話のモチーフが複数の話で共通して語られるケースである。

日本でも「米福粟福《こめふくあわふく》」というシンデレラ譚が語られる。特に、水沢謙一はこの話について新潟県での調査を精力的に行い、『越後のシンデレラ　ぬかふく、こめふく昔話』（野島出版、一九六四年）という一冊丸々シンデレラ譚を収めた昔話集まで出版している。

継母が継子《まま こ》（姉）には破れ袋を、実子（妹）には良い袋を与え、山に栗を拾いにやる。実子は栗を拾って家に帰るが、継子は拾えないので家に帰れない。継子は山姥《やまんば》の家に泊まり、山姥の頭の蚤《のみ》を取って、お礼に呪宝を貰って帰る（もしくは亡き母に会い、呪宝を貰う）。継母は実子と芝居（祭り）見物に行くが、継子には鍋の煤取《すすと》りなどの家事をさせる（または藁・粟・米を混ぜて選り分けさせる）。友達（僧、尼さん）または雀が来て援助し、呪宝で着物を出して、見物に行く。継母は、継子が綺麗なので気づけず、継子は祭りで若者に見初められる。継子は継母たちより早く家に帰るが、後日、若者が嫁探しをする。継母は実子をやろうとするが（歌比べ、靴合わせなどの嫁比べがあることも）、若者は姉と結婚する（妹は嫁に行きたがるが、川に落ちて田螺《たにし》になることも）。

このように世界中で語られる話だが、援助者はヨーロッパでは「魔法使い」、中国では「仙女」、日本では「山姥」で語られ、各国の文化を反映させる場合がある。超自然的な能力を発揮する存在が文化によって違うことが鮮明である。一方で共通して「亡き母」が援助者として登場する場合もある。母性愛は文化を越えて共感される証拠であろう。このように文化の相違や人類の普遍的な感情をよく反映している昔話である。

＊参考文献＊

・立石展大「シンデレラ型昔話の比較―中国を中心に―」『国際化時代を視野に入れた説話と教科書に関する歴史的研究　平成二五年度広域科学教科教育学研究経費報告書』東京学芸大学、二〇一四年

小鳥前生譚

立石展大

小鳥前生譚《ことりぜんしょうたん》とは、小鳥がなぜ今の姿や鳴き声になったかの由来を説明する昔話である。

例えば、日本各地で語られる「時鳥《ほととぎす》と兄弟」は、およそ、次のような話だ。

弟が病人（もしくは盲人）の兄に芋を毎日取ってくる。そして、兄には芋の美味しいところをあげていた。しかし、兄は、弟が自分より更においしい部分を食べていると疑い、弟の腹を包丁で割《さ》く。そこには、いもの屑《くず》しかなかった。兄は後悔して悲しみのあまりホトトギスとなり「弟恋しい」と鳴くようになる。弟はカッコウになり「がんこ（頭、いもの筋だらけの部分）」と鳴く。

この昔話からは、人々が日々の営みの中で鳥の声に耳を傾け、その声に意味を求めてきたことがよく分かる。ちなみに「弟恋しい」のように、鳥の声を意味あるものとして聞くのを「聞きなし」という。日本でこのように語られる鳥は、ホトトギスやモズ、カッコウ、ヒバリ、ハト等々、その他幾種類もある。ただ、総じて人の生活圏の内や、その近いところにいて、体の大きくない鳥である。そして、なぜ現在のような鳥になったかという由来譚では、何らかの自責や後悔の念に駆られた結果であると説いたり、深く悲しんだ結果であると説いたり、何かの罰を受けた結果であると説いたりすることが多い。小鳥前生譚の話は様々あるが、全体的に悲しい色調の話である。

『日本昔話大成』で分類されている話を、鳥になる原因から分類すると、冒頭に紹介した「時鳥と兄弟」の「兄弟葛藤」以外では、「親子の葛藤」「継母《ままはは》、主人との葛藤」「愛《いと》しい者を捜した結果」などがある。

例えば「親子の葛藤」が語られる「郭公《かっこう》と母子《ぼし》」。この話では、母が背中を掻いてくれと子どもに頼むが、掻いてやらず、そのまま母は死ぬ。子は後悔のあまり「掻こうか、掻こうか」と言い、カッコウになる。

「継母、主人との葛藤」では、「馬追鳥《うまおいどり》」の話において、継子や下男が馬もしくは牛を放牧に行き、見失ってしまう。継母や主人に叱責を受け探しているうちに、馬追鳥（アオバト）になる。だから、アオバトは「まーおー」と鳴き、鞭《むち》の痕のような模様がある。

「愛しい者を捜した結果」では、「よしとく鳥」において、子どもが波にさらわれ、親が捜すうちに千鳥《ちどり》になり、「こわー（子は）」と鳴くようになる。

こうして、様々な鳥の声に耳を傾けているが、そもそも農耕民族にとって、鳥は天気や季節の目安となっていた。谷本亀次郎『農業に関する金言俚諺集』（養鶏園藝社、一九一九年）から、いくつか挙げる。「百舌鳥《もず》の早く鳴く年は霜早し」「鳩《はと》の雌を呼ぶは晴れ」「朝鳶《とび》鳴けば其日に雨あり、夕に啼《な》くは晴れ」「鶏高きに上り鳴く時は晴れ」「雲雀《ひばり》高く上がるは晴天」、こうした諺からでも、日本人が日頃から鳥の鳴き声や行動に注意を払っていたことが分かる。

これは、日本だけでなく他国も同様である。例えば、中国も鳥の鳴き声や行動を季節や天気の目安にしている。そして、やはり小鳥前生譚を語る。中国の小鳥前生譚についての解説ならば、繁原央『日中説話の比較研究』（汲古書院、二〇〇四年）「小鳥前生説話」がある。また、拙著『日中民間説話の比較研究』（汲古書院、二〇一三年）「『小鳥前生譚』の比較研究」でも分析をした。

中国には、漢字文化圏の特徴が現れた小鳥前生譚がある。例えば、中国でも広い地域で語られる「鶏の伝説」である。『中国民間故事集成・浙江巻』（中国民間文学集成浙江巻編輯委員会、中国ISBN中心、一九九七年）「鶏的伝説」の梗概を紹介する。

奚《けい》という姓の家に娘が嫁ぐ。ある昼、一家は餃子を食べ、餃子が余る。その午後、夫の妹の餃子の盗み食いを、嫁は目撃する。夕方、餃子が減っているので、姑が嫁を罵《ののし》る。夫の妹は、嫁に「食べてないなら、私と天に誓いをたてろ」と言う。嫁は「餃子を食べたなら、私は今日死ぬ」と言い、それを見た夫の妹は自分も誓いをたてざるを得なくなり、「餃子を食べたなら、私は人でない」と言う。すると、夫の妹は倒れ、姿が見えなくなり、服の中から、まん丸ではなく細長くもないものが現れた。両親は悲しみ、姑がそれを抱いて、二十数日後、それの中から黄色くて、尖った嘴《くちばし》で、とても細い脚のものが出てきた。舅はそれが鳥のようなので、名字の奚と鳥をくっつけて「鶏」と呼ぶようにした。数年後、嫁の息子が鶏に餌をやる時、「鶏鶏鶏（チーチーチー）、早く食べな」と言うと、姑は「こんな小さなものでも、おばさんだから姑姑（おばさん）と呼びなさい」と怒る。以来鶏を「姑姑姑（クークークー）」と呼ぶようになる。また、鶏は卵を生んだ後、恥じて鳴かなかったが、ある日飼葉桶《かいばおけ》の下で卵を生んでいる時、兄が飼葉をかき混ぜにきた。兄は鶏が偉そうに動かないので、棒で打った。以来、鶏は卵を生むと、打たれたのを思い出し、「哥哥打、哥哥打（クークター、クークター、兄が打つ、兄が打つ）」と鳴くようになった。

「鶏」の漢字の由来を語る中国ならではの前生譚であり、同時に鳴き声や呼びかけの由来も語っている。また、嫁ぎ先で夫の姉妹との葛藤を語るのも、中国では珍しくない。ここでは、罰を受けて鶏になったが、日本同様に悲しみから鳥になる話も多い。また、日本の「時鳥と兄弟」の類話もある。『中国民間故事集成・海南巻』「哥喂鳥」（中国民間文学集成海南巻編輯委員会、中国ISBN中心、二〇〇二年）の梗概を紹介する。

親のいない兄弟がいた。兄は一二歳、弟は九歳。貧しかったが兄は弟を大事にして、山でアマナを掘って食べていた。兄は実の部分を弟にやり、自分は硬い皮と茎の部分を食べていた。しかし隣の悪い巫女が、兄弟の家の財産を巻き上げようとする。巫女は弟に、アマナは皮と茎がうまく、兄が独り占めしているから、山に行った時、穴に落としてしまえと唆《そそのか》す。弟は騙され、兄を落として殺してしまう。

弟がアマナの皮と茎を食べると、まずく、騙されたことに気づく。弟は泣き、また誰も弟にアマナを掘ってくれないので、まもなく死んだ。弟は黒くて小さい鳥になり、「哥喂哥喂（クーウェイ、クーウェイお兄さん、お兄さん）」と鳴いて飛ぶ。旧暦の三月のことで、今もこの時期、この鳴き声を聞く。

　このように、言語は違えど、小鳥の鳴き声に悲しみを感じ、その背後に哀切な話を伝える文化は国をまたいで共有されている。

＊参考文献＊
・立石展大『日中民間説話の比較研究』汲古書院、二〇一三年

「天人女房」

馬場英子

天人

　天人は、天上に住み、空中を飛翔するもので、飛ぶ時は鳥の姿だったり、翼を持つと考えられている。仏教では、飛天とも呼ばれ、音楽を奏で天華を撒《ま》き、香を燻《くゆ》らし、仏を称え、羽衣をまとい天空を飛翔する女性像として表される。中国の敦煌莫高窟《とんこうばっこうくつ》には、この飛天の像が多数残されている。このような天人像は、仏教の伝来とともに日本にも入ってきて、法隆寺金堂内陣壁画、薬師寺東塔の水煙、宇治平等院鳳凰堂の本尊光背などに見られる。日本の謡曲「羽衣」で、舞を舞いながら天に去っていく天女の姿も、このような飛天像に由来するのだろう。

天人女房譚

地上に飛来した天人が、人間の男と夫婦になる話で、世界的には「白鳥乙女（ATU400）」として知られる。特にアジアに広く分布し、次のようにまとめられる。

［⓪ 男は、親切にした動物などから返礼に、天女が水浴する場所を教えてもらう。］

① 男が水浴している天女の衣を盗む。

② 天女は男と夫婦になり、子どもが何人か生まれる。

③ 天女は羽衣を見つけて天に去る。

④ 男は妻を追って天に行く。

⑤ 男は天上で難題を出されるが、妻の援助で克服し、幸せに暮す、あるいは男がタブーを犯し、夫婦は別離する。中国の漢族には、牽牛星、織女星の七夕の由来として語られる話も多い。

日本の天人女房「羽衣伝説」

日本の「羽衣伝説」の最も古い記録に、八世紀初の『近江国風土記』逸文がある。「八人の天女が白鳥となって余胡《よご》の津で水浴するのを見て、伊香刀美《いかとみ》は白犬に衣を盗ませる。衣を盗まれて天に帰れなくなった末娘は伊香刀美と夫婦になる。男女二人ずつの子を産み、彼らは伊香連の祖先となる。後に天女は羽衣を見つけて天に去り、夫は寂しく暮らす」。この話の舞台である余呉湖《よごこ》のあたりは、琵琶湖の北に位置し、近世まで焼き畑耕作が行われていた。謡曲「羽衣」の印象から、天女が降り立つ場所は、三保《みほ》の松原のような広々とした海辺を思い描きがちだが、実際は、河原や池などむしろ山間の小さな空間が舞台になっている話が多い。羽衣を見つけるのも狩人や炭焼きなど山仕事をする男が多く、この話の故郷が、山間地にあったことをうかがわせる。

羽衣は、天人にとって空を飛ぶのに欠かせない道具で、羽衣を失くしてはもはや天人とは言えず、逆に羽衣をまとえば一瞬にして天人に戻る。男は羽衣を天井、大黒柱の中、長持、竹やぶ、稲束の下などに隠すが、子どもをあやす道具に使ったり、隠し場所を歌い込んだ子守唄がヒントになるなどして天女に見つけられる。天はこの世の真上にあると考えられており、④⑤で、男は夕顔、キュウリ、竹などを育てて天に上り、妻と再会する。⑤で、山を開墾し、粟や豆の播種収穫等の難題を克服するが、瓜に関するタブーを犯すと洪水が起きて、夫婦別れ別れになった、という七夕の起源話が、沖縄奄美を始め西日本に広く分布する。

朝鮮の天人女房

朝鮮には、「樵《きこり》が、猟師の追跡から鹿を匿《かくま》う。鹿はお礼に、山頂の池で天女が水浴することを教える。樵は一人の天女の衣を隠して、妻にする。子どもが三人生まれた後で、樵が衣を出すと、天女は三人の子を抱えて天に去る。樵は再び池に行き、降りて来た釣瓶《つるべ》で天に行く。樵は、妻子と再会して幸せに暮すが、地上に残した母に会いたくなり、天馬を借りて地上に戻る。地面に足をつけてはいけない、と言われていたが、母に勧められた熱い粥を馬の背にこぼして落馬し、天に帰れなくなり、雄鶏になった」という話が広く知られている。鹿が援助者となる⓪の部分があること、特に結末部⑤でタブーを犯した男が雄鶏になるというのは、朝鮮の話に特有である。天女が子どもを抱えて家の屋根を突き破って天に帰るのは、この世の真上に天上の国を想定するモンゴル等北方遊牧民の話と共通する、と孫晋泰《ソンジンテ》は指摘する。

中国の天人女房譚

天人女房譚の最古の記録は、四世紀晋の『玄中記』や『捜神記』の、「予章（江西省）の男子が、田中に六、七人の娘を見かけ、毛衣を一枚盗む。他の娘は鳥になって飛び去るが、一人だけ帰れない。夫婦になって娘が三人生まれるが、稲束の下に隠した毛衣を見つけると、三人の娘も共に飛び去る」といわれる。

揚子江以南の漢民族には、稲作と結びついたこのタイプの話が、今も広く伝わる。一方、揚子江以北の漢民族には、「貧しい若者が、飼牛に教えられて天女の水浴びを見て、天女と夫婦になる。子どもも二人生まれるが、天女は西王母に見つかって天に連れ戻される。夫は牛の助言で、牛の皮にくるまって後を追うが、西王母が出現させた天の川に阻《はば》まれる」という七夕由来譚になるものが多い。

また、漢民族の南下以前に揚子江流域に暮し、現在は貴州、雲南から東南アジアに暮すミヤオ、ヤオ、タイ民族などには、「男は、鳥の姿で飛来した天人の翼を隠して夫婦になる、後、妻は翼を見つけて去る、男は妻を追って天に行き、舅に（焼畑耕作にかかわる）火攻めなど難題を課される」という話がある。ここでは天は、はるか遠方ではあるが、鳥が飛び去っていく水平線の彼方（西方）にイメージされている。雲南のタイ族に伝わる叙事詩「召樹屯（ストン王子）」は、すなわちタイの「孔雀姫」である。

タイの「孔雀姫」と『アラビアンナイト』の「バッソーラのハサンの冒険」

昔、タイの北、パンチャーン国は龍王のお蔭で豊かな実りに恵まれていた。隣国のバラモンが妬んで龍王の暗殺を謀るが、龍王は、猟師のブンタリックに救われる。その後、七人のキンナリー（半鳥半人）の王女が水浴するのを見たブンタリックは、龍王の援助で、末のマノーラー姫の羽と尾を隠して捉まえ、ストン王子に献上する。ストン王子の出征中に、邪悪な占い師の進言で姫は殺されることになるが、羽と尾をつけて死にたいと願い、身に着けると、姫はヒマラヤの彼方の故国スワンナコーンに飛び去る。凱旋したストン王子は苦難の末、姫の故国に行き、姫の父王の難題を解いてマノーラー姫と再会し、二人でパンチャーン国に帰った。

『アラビアンナイト』第七七九―八三一夜の「バッソーラのハサンの冒険」は、複雑なストーリーだが、天人女房譚が基本モチーフになっている。

＊参考文献＊

・君島久子「中国の羽衣説話―その分布と系譜」福田晃編『日本昔話研究集成』第二巻、名著出版、一九八四年
・孫晋泰『朝鮮民族説話の研究』風響社、二〇二二年
・吉川利治「タイの異郷訪問説話の構造―天人女房と浦島太郎―」君島久子編『日本民間伝承の源流』小学館、一九八九年
・『召樹屯』（傣族民間叙事長詩）中国・雲南人民出版社、一九七九年

「猿蟹合戦」

斧原孝守

日本で一般的に「猿蟹合戦」と呼ばれている話は、次のようである。柿の種を拾った猿と握り飯を拾った蟹が、お互いの拾い物を交換する。蟹が植えた柿の種は芽を出し、成長して実をつける。木に登れない蟹が猿に実を取ってくれと頼んだところ、猿は木に登って熟れた実を食べ、蟹には青い実を投げつける。実が当たった蟹は死ぬ。蟹の子どもが泣いていると、栗や蜂、臼などの助っ人が現れ、みんなで猿の家に敵討ちに行くことになる。一行は猿の留守に家の中に入り、栗は囲炉裏、蜂は水がめ、臼は屋根の上などに隠れる。猿が帰ってくると助っ人たちがそれぞれの場所から攻撃を加え、猿を退治する。

この話は、猿と蟹が柿の実をめぐって争う前半の部分

と、蟹の子と助っ人たちが猿を懲らしめる後半の部分に分かれる。前半と後半は、それぞれ独立した昔話としても知られており、「猿蟹合戦」はこの二つが結びついた話ということになる。

このうち前半部分だけが独立した話は、九州を中心に伝わる「猿蟹柿合戦」である。この話は、猿が蟹の柿の実を独占するところまでは「猿蟹合戦」と同じだが、そこからの展開が異なっている。蟹は猿をだまして柿の実を落とさせ、その実を持って穴に逃げこむ。怒った猿が尻を穴に向けて汚いことをしようとしたところ、蟹は猿の尻をハサミで挟んで懲らしめる。このため猿の尻には毛がなく、蟹のハサミには毛が生えているという。この話の興味は蟹のハサミの毛の由来を説いているところである。ハサミに毛のある蟹といえばモクズガニしかなく、この話は猿とモクズガニの話だったのである。

ただ「猿蟹柿合戦」と似た話には、柿ではなく餅を争う「猿蟹餅争い」、蟹ではなくヒキガエルと猿が餅を争う「猿と蟇《ひき》の餅争い」などがあり、日本では餅を争う話の方が一般的である。柳田国男は、蟹が柿に執着するのは不審であるとし、「柿争い」よりも「餅争い」の方が古いとみた。

しかし小動物が果実をめぐって争う物語は、アジア大陸の東部から島嶼《とうしょ》部にかけて、南北に広く伝わっている。たとえばサハリンにはシマリスと蛙がチェリョームハという木の実を争う話があり、台湾のパイワン族にはトカゲと蟹がカルギ樹の実を争う話がある。さらに中国のミャオ（苗）族には、鼠とスッポンが桃の実を争う話があり、フィリピンには亀と猿がバナナを争う話がある。そしてバヌアツのバンクス諸島には鼠とクイナがガリガという木の実を争う話がある、という具合である。

つまり木に登ることのできる動物と登ることのできない動物が果実を争うという物語は、日本列島を挟んで南北に広がっており、それぞれの地域の動植物相によって、対立する動物と果樹が変換しているのである。日本で猿と蟹が柿を争うことになっているのは、このような南北に連なる物語の連鎖の日本的な展開に他ならない。

「餅争い」は日本で生じた二次的な変化であろう。

次に「猿蟹合戦」の後半部分を見よう。これは動物やモノが次々に助っ人として加勢し、敵の家に隠れて攻撃するという、「旅の雄鶏、雌鶏、鴨、留め針、縫い針」（ATU210）という昔話である（以下「助っ人の敵討ち」と表記する）。この話は世界的に流布していることが知られており、『グリム童話集』の「ブレーメンの音楽隊」もその一つである。

「猿蟹合戦」の成立については、従来以下のように考えられてきた。南方から「動物の食物争い譚」（「猿蟹柿合戦」）が北上し、一方大陸から朝鮮半島を通って「助っ人の敵討ち」が南下してきた。この二つの話が日本で結びつき、「猿蟹合戦」が生まれたというのである。しかし中国大陸の昔話の実態が明らかになるにつれ、中国内陸部にも「動物の食物争い譚」に「助っ人の敵討ち」が結合した話があることが明らかになってきている。

たとえば華南に住むムーラオ（仫佬）族には、次のような話がある。兎が自分が育てた桃の木から実を採ってくれるよう猿に頼む。しかし猿は実を食べ、兎に小便をかけて逃げる。兎が泣いていると、亀、蜜蜂、リス、センザンコウが次々にやってきて、助っ人になる。皆で猿の来るのを待ち受け、それぞれの方法で猿を懲らしめる。これは日本の「猿蟹合戦」同様、「兎と猿の桃争い」に「助っ人の敵討ち」が結びついた例である。

また浙江省嵊州《じょうしゅう》市の漢民族にも類話がある。ここでは桃を育てているのは動物ではなく老婦である。猿が老婦の家の桃を欲しがる。老婦が桃をやると、猿は毎日ねだりにくる。困った老婦が桃をやるのを拒むと、猿はお前の肝を取ってやると脅して帰る。老婦が泣いていると、通りがかった読書人（知識人）が爆竹をくれる。次いでやってきた猟師が毛蟹、雑貨商が針、農夫が豆、石屋が臼をくれ、それぞれの置き場所を指示してくれる。老婦はもらった物を教わったとおりに置いておく。夜中にやってきた猿は、爆竹に驚かされ、毛蟹に挟まれ、針に刺され、豆にすべって梯子から落ち、最後は石臼に押しつぶされる。桃の実を猿に奪われた老婦を、いろいろな人間がくれたモノが援助し、猿を懲らしめるという話である。モノが自らの意思で動かないなど合理的になっているが、この話が「助っ人の敵討ち」であることは間違いない。敵役が猿になっているなど、これらの話は日本の「猿蟹合戦」を考えるうえで重要な例である。

おそらく大陸には、動物が果実を争う物語と助っ人たちが敵討ちに加勢する物語が結びついた話が広く伝わっていたと思われる。「猿蟹合戦」は、日本で前半と後半が結びついたのではなく、結合した形のまま日本に伝わったと考えるべきであろう。

＊参考文献＊

・柳田国男「猿と蟹」（初出は一九三九年）『昔話覚書』修道社、一九五七年

・外国民話研究会編『猿蟹合戦とブレーメンの音楽隊』日本民話の会、二〇一二年

・斧原孝守『猿蟹合戦の源流、桃太郎の真実』三弥井書店、二〇二二年

「花咲か爺」

斧原孝守

いわゆる「五大昔話」の一つとして有名な話である。近世には赤本に採録され、読み物として流布したが、その成立については不明である。

「隣の爺型」とよばれる隣人葛藤譚の典型である。善い爺の飼っている犬が、土の中にある宝の在りかを爺に教える。これを知った隣の悪い爺が、犬を借りて宝を探そうとする。しかし土の中からは汚いものしか出ないので、悪い爺は犬を殺す。善い爺は殺された犬を引き取って埋めてやり、そこに松の木を植える。松の木は大きく成長する。善い爺がその木で臼を作って餅をつくと、小判が出る。悪い爺がその臼を借りて餅をつくと、汚いものが出る。悪い爺は怒って臼を燃やす。善い爺が灰をもらって帰り、それを枯れ木にまくと花が咲く。善い爺は

殿さまから褒美をもらう。これを知った悪い爺も同じように灰をまくが、灰は殿さまの目に入り、爺は罰せられる。

犬が転生を繰り返し、善い爺には福を、悪い爺には禍を与えるという話である。これとほとんど同じ形式をもつ話に、「雁取り爺《がんとじい》」がある。やはり犬が善い爺と悪い爺に禍福を与える話で、殺されて転生するのも「花咲か爺」と同じである。ただ「雁取り爺」では、犬は宝の在りかを教えるのではなく、獣を呼び寄せる力をもっている。結末では、善い爺がまいた灰は雁の目に入って爺は雁を得、悪い爺のまいた灰は爺自身の目に入る。この二つの話が、歴史的に近い関係にあることは間違いあるまい。「雁取り爺」は、「花咲か爺」を挟んで日本の南北に分かれて分布しており、「花咲か爺」よりも古い形式であったらしい。

中国大陸には、「花咲か爺」「雁取り爺」の祖型にあたる昔話が広く伝わっている。それが「狗耕田《くこうでん》」（畑を耕す犬）である。「狗耕田」の一般的な形式は、次のようである。

兄から犬だけをもらって分家させられた貧しい弟がいる。犬は犂《すき》を引いて畑を耕し、弟を助ける。これを信用しない商人が、自分の商品を賭けて、弟の犬に犂を引かせてみる。犬はみごとに犂を引き、商品は弟のものになる。これを知った兄が犬を借りるが、犬は言うことを聞かない。兄は怒って犬を殺す。後は「花咲か爺」と同じで、殺された犬は樹木、さらに籠に転生し、弟には福を、兄には禍をもたらす。結末にはいくつかの説き方があるが、兄が籠を燃やすと灰の中に豆があり、これを食べた弟はよい香りのする屁をして喜ばれる。兄が真似をすると臭い屁が出て失敗する、というのが一般的である。

「狗耕田」は「花咲か爺」や「雁取り爺」同様、奇跡の犬が転生を繰り返し、飼い主である善い主人公には福を与え、悪い主人公には禍を与えることを主題とした物語である。物語の外枠（兄弟葛藤譚）や犬の能力（畑を耕す）に違いはあるが、「花咲か爺」「雁取り爺」と同一類型の物語であることは間違いない。「狗耕田」の類話は韓国にも知られている。「兄弟と犬」がそれで、やはり畑を耕す犬の話になっている。これも日本の「花咲か爺」「雁取り爺」同様、中国の「狗耕田」から分化した話だと思われる。しかし韓国の話が「狗耕田」とほとんど同じであるのに対し、日本の二つの話は日本的な変化が大きい。

いま、東アジアの昔話の展開の中から「花咲か爺」の成立について述べると、以下のようになる。

東アジアには、奇跡の動物が転生を繰り返し、善と悪、二人の主人公に、それぞれ禍と福を与えるという物語が伝わっている。地域によって転生する動物に違いがあり、韓国と日本には亀の転生譚があり（「物言う亀」「大歳の亀」）、西南中国の少数民族では猫の物語になっている。さらに蛙や鰻《うなぎ》などが転生する話もある。そのなかで最も広範囲に流行したものが、犬の転生をいう「狗耕田」である。おそらく犬が犂を引くという趣向が面白かったためであろう。

中国大陸で流行した「狗耕田」は、朝鮮半島や日本列島にも伝わった。しかし犂を用いる農耕が不振であった日本では、犬が犂を引くという趣向はそのままの形では受容されず、狩猟に異常な能力を発揮する犬として受容された。それが「雁取り爺」である。中国大陸北方に伝わる「狗耕田」には、弟が犬の転生した籠を木にかけ、「東の雁、西の雁、この籠に卵を産んでくれ」と唱えごとをとなえると、東西から鳥が飛んできて卵を産んでくれるという、特徴的なモチーフをもった話が多い。一方、日本の「雁取り爺」などにも、良い爺が「東の谷、はーきはきー、西の谷、はーきはきー」と言うと、犬は東の谷に行って雉《きじ》を捕えて来、西の谷に行って山鳥を捕らえてくるという「唱えごと」のモチーフが見え（島根県の例）、「狗耕田」と「雁取り爺」とのつながりを見ることができる。

「花咲か爺」の成立を考えるためには、「花咲かせモチーフ」が重要である。つとに高橋盛孝は、中国にも「花咲かせモチーフ」をもつ類話があることを指摘していた。中国に「花咲かせモチーフ」をもった犬の転生譚があるとなると、「花咲か爺」が中国で成立したという可能性も考慮に入れなければならない。しかし、今のところ中国の「狗耕田」のなかには、「花咲かせモチーフ」をもつ事例は見いだせず、高橋が指摘した類話も、日本の「花咲か爺」の再話であった可能性が強い。

　日本人の美意識に叶う「花咲かせモチーフ」は、おそらく日本で生み出されたものであろう。「雁取り爺」に「花咲かせモチーフ」が採用され、新たな類型として生まれたものが、「花咲か爺」であったと思われる。

＊参考文献＊

・高橋盛孝「日支民譚の比較」『昔話研究』第九号、三元社、一九三六年
・伊藤清司『〈花咲爺〉の源流』ジャパン・パブリッシャーズ、一九七八年
・伊藤清司『昔話　伝説の系譜』第一書房、一九九一年
・斧原孝守『猿蟹合戦の源流、桃太郎の真実』三弥井書店、二〇二一年

「猿の生肝」

趙　恩馤

「猿の生肝」と「兎の肝」

「猿《さる》の生肝《いきぎも》」は、妙薬といわれる猿の生肝をとるべく、龍王の使いである亀（またはクラゲ）が猿をだまして龍宮に連れてくるものの、肝を陸においてきたと言う猿にだまされて逃した話である。だましくらべの話であり、クラゲが猿に策略を漏らして失敗したことで、骨が無くなるほど殴られたというクラゲの由来譚（クラゲ骨無し）、猿が投げた石にあたって亀の甲羅にひびが入ったという由来譚にも展開する。この昔話は、ブッタの前生譚としてインドの『ジャータカ』や『パンチャタントラ』が、中国の『生経』『六度集経』『仏本行集経』などに漢訳され、日本では『注好選』『今昔物語集』のような説話集に

収められるなど、アジアの各地に広まり伝わっている。

各地に伝わるこの昔話について、猿が知恵をしぼり死の危機を逃れる展開はほぼ同じであるが、登場する動物の変異や肝（心臓）を欲する原因などの比較研究がなされている。ブッダ（猿）を殺そうとするデーヴァダッタ（鰐《わに》）の前世の出来事として、妊娠した鰐の妻が猿の心臓を食べたいという『ジャータカ』の話は、『パンチャタントラ』では、猿と鰐の仲を嫉妬した鰐の妻が仮病をつかい、友情と愛情を計る話になる。中国においては、鰐が虬《みつち》（龍の一種）やスッポン（鼈）の夫妻となっている。漢訳仏典をもとにした日本の『注好選』『今昔物語集』では亀の夫妻となるが、「妻の嫉妬」の要素はなく、これは『六度集経』に、スッポンの妻が仮病ではなく、病のために猿の肝を必要とすることによる。注目したいのは、昔話にみられる使者の登場であり、鰐の夫妻と猿の関係性から、仮病が本当の病となり、昔話にみる薬としての「肝」の必要性が増すこと、そして、龍への変異から龍王信仰を背景に、龍王または、その娘が病になったり、亀やクラゲの使者が登場したりするなど、ブッタの前生譚からはなれていく様相がみられることである。

亀が使者として登場する話は、韓国の『三国史記』（一二世紀に編纂された歴史書）第四一巻・列伝「金庾信《きむゆしん》」に「亀兎之説」として収められている。百済と対立していた新羅の金春秋が援兵を要請するために高句麗に行くが、間者と疑われ投獄されてしまう。金春秋は高句麗官吏の先道解に賄賂をおくって助けを求めたところ、脱出を暗示して聞かせた話が「亀兎之説」である。ここでは、東海龍王の娘が病になり、兎の肝が薬であるというので、亀が使わされる。以後、朝鮮時代に『兎生伝』『鼈主簿伝』『水宮歌』など漢文とハングルの小説や芸能のパンソリとして広く流布し、現在でも韓国の代表的な昔話（「兎の肝」）として伝わる。『三国史記』では、すでに仏教説話としての要素はなく、海の生物の中で陸に上がることができる亀が使者を名乗り出たものの、さらに兎にだまされ、途方に暮れる忠誠なる臣下としての亀を哀れみ、仙人（華佗《かだ》）が現れ、仙薬を与えるという展開もある。鰐の妻の嫉妬から猿と鰐が対立するのではなく、本当の病のために必要となった薬の必然性と鰐が龍王に変わることから、龍王が自ら動かず、使者の亀を使わすことへと変容した。

インド・中国、そして日本の話では「猿」が登場するのに対し、なぜ韓国では「兎」であるかは常に疑問視されてきた。もっとも分かりやすいのは、韓半島には猿が生息しておらず、それゆえに弱いけれども知恵のある動物として馴染みの兎に変わったのだろうという説明である。本来、日本の猿は大陸から韓半島を経て日本に定着したが、韓半島の猿は気候変動に適応できず、氷河期に絶滅したという。兎の肝が薬になることについては、「月の兎」に因んで、兎は餅つきではなく、仙薬つきをしている（『太平御覧』）との伝承があり、十二支の卯（兎）の方向が正東で、太陽の「陽」と月の「陰」とで陰陽の気が調和し、その肝は妙薬になるとも伝わる。また、十二支は、薬師信仰に伴って、薬師如来の十二の大願に応じ、十二神将の守護神となり、それぞれ本地仏（四如来・八菩薩）が配置される。ここで、兎は、摩休羅《まきら》神将の名で、本地は薬師如来になる。兎は東の方位を守ることから、東方瑠璃光浄土の主である薬師如来があてられたと考えられる。猿の代わりとして兎が選ばれたことには、たんに馴染みの知恵ある動物であっただけではなく、病を治す薬を作ったり、薬師如来と関係の深い動物であったりしたことなどが関わっていると思われる。

亀の背に乗る兎の表象

一方、韓国では、亀の背に乗っている兎の図像や彫刻を目にすることがある。昔話に因んでいえば、その行先は龍宮であろう。慶尚北道《けいしょうほくどう》尚州市《さんじゅし》南長寺《なむじゃんさ》の極楽宝殿の壁画には、龍と亀が合体しているようなものの背に乗っている兎の図があり、『鼈主簿伝』の絵であると伝える（次頁参照）。亀の背に乗る図像は、慶尚南道《けいしょうなんどう》梁山《やんさん》の通度《とんど》寺《さ》冥府殿にもあり、全羅南道《ぜんらなんどう》求禮《くれ》の華厳寺《ふぁおむさ》千仏宝殿には彫刻としてみることができる。『三国史記』で、亀は兎を説得するために、龍宮について「海の上に一つの島があり、きれいな泉と石、茂る林と果実、寒さと暑さもなく、鷹も隼《はやぶさ》もいないので、悩み事のないところだ」と述べている。いわゆる理想郷である。寺院における亀と兎の図は、仏教の理想郷である浄土行きを意図したものであり、地蔵菩薩の率いる般若の世界へ向かう龍船の図と重なり、亀とも龍ともみえる図は、般若龍船を意識したものである。

南長寺極楽宝殿の壁画

また、全羅《ぜんら》北道南原《ほくどうなむうぉん》の広寒楼苑《こうかんろうえん》は、朝鮮時代の古小説『春香伝』の舞台となり、女主人公を讃えるための春香祠堂があり、「烈女春香祠《れつじょしゅんこうし》」と書かれた正面懸板の下には、亀の上に乗った兎の彫刻がある。広寒楼は、不老不死の仙薬を飲んだ嫦《じょう》娥《が》の住む月宮にある広寒清虚府《こうかんせいきょふ》

広寒楼苑・春香祠堂の彫刻

（写真は上下ともに韓国民芸美術研究所所長許鈞提供）

から名付けたもので、広寒楼の前にある池には、秦の始皇帝が求めた長生不老の霊薬があるという三神山（蓬萊山・方丈山・瀛洲《えいしゅう》山）を象徴する人工島がある。広寒楼苑は、神仙思想を背景にした理想郷を盛り込んだ庭園であった。韓国各地の寺院や広寒楼にいる亀と兎は、昔話での騙し合う関係から離れ、浄土や仙界のような理想郷に向かって、人々を導く表象として伝わっているのである。

＊参考文献＊

・印權煥「「兎伝（トキジョン）」根源説話研究―印度説話の韓国的展開―」『亜細亜研究』一〇―一、高麗大学校亜細亜問題研究所、一九六七年（韓国語）
・岩本裕「わが国の民話とインドの説話―「猿の生肝」から「くらげ骨なし」へ」『仏教説話の源流と展開』開明書店、一九七八年
・金富軾撰、井上秀雄・鄭早苗訳注『三国史記4　東洋文庫』平凡社、一九八八年
・本田義央「説話集編纂者の説話理解：猿の生肝の説話を題材として」『比較論理学研究』九号、広島大学比較論理学プロジェクト研究センター、二〇一一年
・李市埈「「猿の生肝」説話の根源説話と漢訳経典の関連話に関する考察」『日語日本学研究』一二四、韓国日語日本学会、二〇二三年（韓国語）

謡曲「羽衣」

杉山和也

琵琶湖の水面を左手に打ち眺めつつ、北へと向かうと余呉湖《よごこ》という小さな湖にたどり着く。漫々とした琵琶湖に慣れた目には、拍子抜けしてしまうくらいに小さく、可愛らしい湖だ。そして、その湖の北辺には、大きな柳の木がそびえていた。あいにく、二〇一七年の台風によって倒れてしまったため、今では切り株だけになってしまったようだが、そんなことが起こる前に私が訪れたときには、「天女の衣掛柳」という看板が、その木の傍らに立てられていて、次のような話が紹介されていた。

往古　天の八乙女が白鳥となって此《こ》の所に舞い降り柳の木に羽衣《はごろも》をかけて水浴中伊香刀美《いかとみ》と云う人が白犬を使って末女の羽衣をかくした。天女は羽衣が無くては天に帰れず仕方なく伊香刀美の妻となって二男二女を生んだ。その子孫が伊香地方を開発した祖と伝えられる。

湖畔の柳の大木とともに地域に根ざした話として、最近まで言い伝えられているわけだが、鎌倉時代の歌学書『袖中抄《しゅうちゅうしょう》』や、一四世紀中頃に成立したとされる『帝王編年紀《ていおうへんねんき》』という年代記の養老七年条にも「古老伝」として、同様の話が記されているので、かなり古い時代からあるのだろう。そして、実はこの話は「羽衣伝説」、または「天人女房譚《てんにんにょうぼうたん》」として知られるもので、これによく似た話は余呉湖だけではなく、日本各地で古くから語られている。

例えば、一九一八年に文部省が発行した小学三年生向けの国定教科書『尋常小学校国語読本』巻三には、静岡県の三保松原《みほのまつばら》を舞台とした「はごろも」という題の話が載っていた。

昔、一人の漁師が三保松原を通った。良い陽気だったので、ぼんやりと海を眺めていたところ、良い匂いが立ちこめてきた。見上げると松にかかった美しい衣があった。家宝にしようと持ち帰ろうとすると、美しい女が呼びかけ、それは天人の羽衣であり、人間の持つべきものではないので返すようにと頼むが、漁師はこれを返さなかった。天人は羽衣がなくては天に帰ることができないと嘆いた。漁師は気の毒に思って、羽衣を返す代わりに天人の舞を見せて欲しいと言った。羽衣を返してもらった天人は、舞を舞いつつ天に昇り、富士山よりも高く舞い上がっていった。

異なる点もいくつかあるが、話の筋は余呉湖の話とおおよそ同じであると言って良いだろう。実は、この教科書の話は、室町時代に成立していたとみられる謡曲「羽衣」に基づいたものであり、現代でもこのあらすじの通りに舞台上演されている。そして、その謡曲「羽衣」もまた、当時、昔話として言い伝えられていた話を基にしていたらしく、鎌倉時代前期の紀行文『海道記』や、江戸時代初期の儒学者・林《はやし》羅《ら》山《ざん》の『本朝神社考』で引用される『風土記』の逸文といった古い文献にもこの話が見える。『竹取物語』もこうした話に影響を受けていると考えられる。なお、日本の各地に類話が見られるが、結末については、男が天女を追って天に昇る話もあれば、子供がその地域の偉い人の祖先とされている例もあり、さまざまに語られている。

そして、興味深いことに、この羽衣伝説の類話が世界各地で報告されている。文献では、中国の志怪小説集『捜神《そうじん》記《き》』、古代インドの聖典『リグ・ヴェーダ賛歌』、原始仏典の『ディヴヤ・アヴァダーナ』、中世ドイツの英雄叙事詩『ニーベルンゲンの歌』、アラビア地方を中心とした民間説話集『アラビアン・ナイト』など、世界の著名な古典作品に認められる。また昔話としても、ユーラシア大陸のヨーロッパ、北・中央アジア、西アジア、東アジア、東南アジア、インドのみならず、アメリカ大陸の先住民にまで、類話が分布している。例えば、南ドイツに伝わる話には次のようなものがある（水野祐『羽衣伝説の探求』産報、一九七七年）。

猟師が妻を失って、悲嘆に暮れていたところ、隠者が現れて「池の畔へ行くと良い。そこには美女がいて、お前の妻を得られるだろう」という。これを受けて猟師は池に行ってみると、三羽の白鳥がいて、白い羽衣を脱いで美女となり、裸の美女三人が水浴びをしていた。猟師は羽衣を一つ奪って隠してしまう。羽衣を盗まれた美女は飛び立てず、猟師に口説《くど》かれて妻にされてしまう。十五年間の夫婦生活を送ったが、夫の留守に妻は羽衣を見つけ出し、どこかへ飛び去ってしまった。

驚くほど日本に伝わる話と似通っていることが見て取れるだろう。ヨーロッパでは「白鳥処女伝説」と呼ばれているが、このように白鳥が乙女の姿で登場する例が一定程度認められることによる。奇《く》しくもこの特徴は、冒頭で紹介した余呉湖の羽衣伝説と重なるが、必ずしも白鳥であるとは限らず、鳩や鷹や他の鳥であったりもする。また、アイルランドに伝わる話では、鳥ではなくアザラシとなっている例があり、ジョン・セイルズ監督の一九九四年のアメリカ映画「フィオナの海（The Secret of Roan Inish）」は、こうした話をモチーフにした作品である（『EQUIPE DE CINEMA』一一九号、一九九六年）。

他方で、一神教であり、多神教や自然信仰を排除していったキリスト教世界では、キリスト教が広まる前から伝わっていた羽衣伝説に対して、時に変容を加える必要があったと思《おぼ》しい。白鳥が乙女に変身する場面について、悪魔的な力が働いていたという説明が必要になったのだろう。次のような話も見られる（水野、前掲書）。

ドイツのヘッセ地方に若い男がいた。ある日、湖に浮かぶ白鳥を見かけて、弓矢で射ようとした。すると、白鳥はこれを咎《とが》め、美しい女の姿になって「私は悪魔の呪いで白鳥の姿になっている。あなたには好意を持っている。もし一年間、私のために祈ることを続け、なおかつ、この秘密を口外しないと誓ってくれるなら、私は永遠にあなたのものになろう。」と語った。若い男は約束を守ることを誓って、女と夫婦になったが、やがて誓約を破ったために女は白鳥の姿になって飛び去った。

連想されるのはチャイコフスキー作曲のバレエ「白鳥の湖」であろう。領主の王子ジークフリートは、魔法使いロットバルトにより白鳥の女王の姿に変えられたオデッタを愛し、その愛が魔法を解くという筋書きである。舞台はドイツとされる作品なので、こうした話の影響があるのかも知れない。いずれにせよ、類話として位置付けることはできるだろう。

以上、簡単に世界の羽衣伝説を辿ってみたが、振り返ってみると、この昔話は舞台や映画といった視覚に訴える媒体の作品に昇華されている例が多いようだ。沖縄には、琉球の古典芸能で玉城朝薫《たまぐすくちょうくん》の手になる組踊「銘《め》苅子《かるし》」もある。見比べてみるのも面白そうだ。そして、考えてみれば、シェークスピアの「ロミオとジュリエット」や「ハムレット」にしても、昔話というものがなくしては創作され得なかった。昔話は東西の優れた創作家達のアイディアの源泉としての重要な役割を担っているということになるだろう。また、こういった作品が、世界で傑作として受け止められ得ているのは、言語、宗教、文化、国、そして時代さえ超えて伝わることのできる昔話に宿る普遍性ゆえのことあるのかも知れない。

狂言「附子」

杉山和也

狂言「附子《ぶす》」は、国語の教科書にも取り上げられているため、日本ではよく知られた作品だ。太郎冠者《たろうかじゃ》・次郎冠者は、主人から猛毒だとして預けられた附子が、実は砂糖であったと知って全部食べてしまう。そして、わざと主人の秘蔵の掛物や茶碗を壊し、戻って来た主人に、大事なものを壊した償いに死のうとして附子を食べたが死ねなかった、という頓知で主人をやりこめる内容となっている。この作品は、古くは室町時代の狂言の台本『天正本狂言集』に載っているため、この時期には既に成立していたようだ。作者は未詳だが、当時知られていた昔話を元にして創られたのだろう。

実はこれに似た話は、近現代に至るまで「飴《あめ》は毒」型の「坊主と小僧譚」という昔話として言い伝えられているのである（稲田浩二編『日本昔話通観　研究編2』同朋舎、一九九八年）。古くは、鎌倉時代後期の臨済宗の僧、無住が著わした説話集『沙石集《しゃせきしゅう》』に「児《ちご》の飴食ひたる事」として類話が載っており、『法師物語絵巻』（一四、五世紀成立）にも、こうした話に基づいた場面の絵が描かれる（『別冊太陽　やまと絵　日本絵画の原点』平凡社、二〇一二年）。さらに、一七世紀成立の『一休諸国物語《いっきゅうしょこくものがたり》』（巻三・第一三話）では、一休の頓知話として類話が収められる。中世以来、ある程度のバリエーションをもって語られ、広く知られていたことが想像されるが、いずれもケチな僧侶が失敗する話となっており、寺院が舞台となっている。これに対して「附子」は、江戸時代初期以降、現在に至るまで武家という設定になっている（『祝本狂言集』）。しかし、先に紹介した『天正本狂言集』の段階では、登場人物が「坊主」であるため、もともとは寺院が舞台として設定されていたようだ。

ところで、実は「附子」によく似た話は、世界各地で確認できる（岩崎雅彦「狂言「附子」の題材――笑話と教訓譚」

『伝承文学研究』第六六号、二〇一七年八月）。まず注目されるのは、中国の敦煌《とんこう》に残されていた笑話集『啓顔録《けいがんろく》』の次の話である（『啓顔録箋注』中華書局、二〇一四年）。

　ある僧が数十個の蒸餅を作り、蜜を手に入れてコッソリと食べていた。僧は出掛ける際、食べ残った蒸餅をよく見張るようにと弟子に指示し、蜜のことは毒だと言い含めた。ところが、弟子は僧が去った後、即座に蒸餅に蜜をかけて食べてしまい、二個だけの蒸餅が残った。

　帰って来た僧は怒って問い正した。弟子は「蒸餅を食べてしまった後で、叱られるのを恐れて死のうと思い、毒を飲んだが、何の効果もない」と言い訳した。僧は「どうしたら、あれだけの数の蒸餅を食べ尽くせるのか」と怒ったところ、弟子は残りの蒸餅を続けざまに口に入れて「このように食べたら、すぐになくなってしまった」と答えた。僧が大声で怒鳴《どな》ると、弟子は走って逃げた。

作品の成立は六三六年～七二三年と考えられるので、かなり古い。日本の話は、中国から伝来したものと理解するのが妥当であろう（武藤禎夫『江戸小話の比較研究』東京堂出版、一九七〇年）。

　続いて、注目されるのは朝鮮半島の話だ。これも中国に由来するものであろう。古い時期の類話としては、朝鮮一四八三年以前に成立した姜《カン》希《ヒ》孟《メン》編『村《チョン》談《ダム》解《ヘ》頤《イ》』第三話「蕒父毒果」が挙げられる（小峯和明監修、琴栄辰著『東アジア笑話比較研究』勉誠出版、二〇一二年）。この話もまた、僧と小僧の話となっているが、僧が毒だと言うのは柿である。朝鮮半島では、古典籍だけではなく、「毒の串柿」という昔話としても言い伝えられている（柳田国男監修『日本昔話名彙』日本放送出版協会、一九四八年）。小僧が壊すのは硯である。

　また、ベトナムの昔話では、金持ちが酒を毒だと言って出掛ける。下男は鶏やブタを食べて酒を飲んでしまい、帰った主人には「犬猫に家畜を取られたので、毒を飲んで死のうとしたがまだ死ねない」と言ったという。寺での話とはなっておらず、嗜好品をめぐる話でもないが、身分の低い者が目上の人の秘蔵品を壊さずに、見張りを命じられた対象を食べてしまったために死のうと考えたと述べる点は『啓顔録』と近い。

ところで、この話が、中国で初めて出来上がったのかというと、必ずしもそうではないだろう。右に見た話のいずれもが、基本的に寺院での話として伝えられているわけだが、仏教の故郷であるインドにその淵源が求められる可能性は十分にありそうである。けれども、インドについてはまだ、その原型と言えそうな話は指摘されていない。インド北西部のパンジャブには類話が伝わるが、寺院の話ではない。働き者の妻が、怠け者の夫に鶏と子供の世話を頼み、リンゴのジャムのことは毒だと伝えて留守をさせるが、子供に瘤を作らせ鶏を逃がす。夫は妻を恐れて死のうと思い、ジャムを食べるが、死ねずに妻に叱られたというものである。頓知話になっていない点、これまで見てきた話とは異なる。

中国や日本の話と近いのは、インドよりも西方に当たるトルコの『ナスレッディン・ホジャ物語』の類話である（護雅夫訳『ナスレッディン・ホジャ物語』平凡社、一九六五年）。ナスレッディン・ホジャは頓知が得意とされる伝説的な人物で、トルコを始めアラブ世界で親しまれている。この話では、学校でホジャがバクラヴァという菓子を生徒たちに食べられないように毒だと言い含める。生徒たちはホジャの留守に菓子を食べてしまい、ホジャの筆削りを壊す。帰ってきたホジャには、誤って筆削りを壊したために怒られるのを恐れて毒を食べたが死ななかったと言い、頓知で切り抜ける。生徒たちの中でも、物怖じせずに毒と言われた菓子を率先して食べる生徒と、菓子は毒ではないかと思って恐る恐る追従する生徒が登場しており、そのやりとりはちょうど「附子」の太郎冠者と次郎冠者の掛け合いと似ている。

そして、最後に言及しておきたいのは『グリム童話集』の「お墓へ入った可哀想な小僧」（ＫＨＭ１８５）という話である。ある孤児がケチな金持ちの家に預けられ、虐げられる。犯した失敗の罰を恐れて、毒を飲んで死のうと考える。しかし、毒が入っているとされていた容器の中身は、蜜とハンガリーの葡萄酒であった。孤児はそれとは知らずに飲んで、酩酊して自ら墓穴の中に入り、本当に死んでしまう。金持ち夫婦はその後、大火事のために家を失い、貧乏暮らしを強いられる。頓知話となっていないことは、右のパンジャブの昔話と共通する。「附子」や『啓顔録』とは違う点も多いが、目上の存在がケチで、嗜好品を毒と偽る点や、低い立場のものがその毒を飲んで死のうと思うと述べる点は重なる。

「附子」は、舞台解説でも、学校の国語の授業でも、「日本ならではの伝統」ということが、しばしば強調される。確かに日本の伝統には違いなく、独自性もある訳だが、全球的《グローバル》な視座の下に、この作品を問い直すならば、言語も民族も宗教も国家も超えて伝えられてきた「人類全体にとっての伝統」としての価値も見えてくることだろう。

Ⅲ　世界の昔話は、今（2）

佐藤正彰訳『ペローおとぎばなし』（国立書院、1947年）

南米アンデス高地アイマラ語の物語世界

藤田　護

一　南米に住むアイマラの人々の物語を聞く

日本語で「南米」と言う際にそれが指す範囲は曖昧である。言葉上は「南アメリカ」(コロンビアやベネズエラ以南)を指しているようだが、日本の従来からの言葉の文脈では中米やメキシコを含めて「南米」とされることもあり、そもそもメキシコが北米に入るのかメソアメリカに入るのかも文脈によって異なる。その範囲は広大であり、私が専門とするボリビアやペルーのアンデスの国々も、一国で日本の何倍もの面積をもち、地理的にも多様である。それぞれの国に複数の先住民族と先住民言語が存在し、多様な口承文芸の世界が広がっている。

北はコロンビアから南はチリとアルゼンチンまで南米大陸の西側に展開するアンデス山脈において、ペルー南部からボリビア西部を経てチリの北部に至る領域に「高原(アルティプラノ)」と呼ばれる標高約三千八百メートルに広がる高地平原が存在し、アイマラの人々はこのアルティプラノを中心に周辺の渓谷部にも居住している。アイマラ語の話者数は約二百万人ほどで、ケチュア語やグアラニー語に続き、アメリカ大陸で第三位の話者数をもつ先住民言語である。ただし、これらの話者数の多い先住民言語は、近年それ自体が複数の言語によって構成されていると考えることが、言語学においては一般的になってきている。

スペインによる侵略と植民地化以前に、インカが広域を統一する国家を形成したが、アイマラの人々はその結束と軍事力等によってインカによる強制移住の対象とならず、集団としての一体性を維持することができた。この「民族」としての一体性は、スペイン植民地期においても独立後においても維持され、現代においてもアメリカ大陸で最も活発な先住民運動を展開する集団の一つである。

私は二〇〇九年ごろから継続的にアイマラ語の口承文芸やオーラルヒストリーの記録調査に携わり、また過去の他の研究者や組織による調査記録を回復する取り組みに関わってきている。ここでは、ボリビアの行政上の首都があるラパス市の街から、街を縦断して流れるチョケヤプ川に沿って下っていった渓谷部であるリオ・アバホ渓谷のユーパンパ村と隣接するメカパカの町、および隣の谷の筋を流れ下るパルカ川渓谷に位置するキリワヤ村において記録してきた語りをとりあげる。語り手は、アスンタ・タピア・デ・アルバレス（ユーパンパ村）、フリアン・タピア（キリワヤ村）、ペドロ・サラビア・パロミーノ（メカパカ町）であり、この三名は家族・親族の関係によって互いにつながっている。

アイマラ語の口承文芸においては、広域で（場合によってはケチュア語圏も含めて）知られている物語と、その地域の具体的な場所にもとづく伝承がある。また、物語に登場する存在としては、人間と動物が（動物が人間に姿を変えて出てくるかたちで）相互作用をする物語、動物ではない何か異形の存在に人間が遭遇する物語、そして人間同士の関係によって展開する物語とがある。ちなみにこれ以外にも、山が人間の姿をして登場する物語もあるが、これは私が記録している中にはごく僅かにしか出てこない。また、放牧や農作業の途中で動物や植物たちに向かって歌いかける歌や短い詩の形式が存在することも知られている。また、スペインによる植民地化以来キリスト教の影響を強く受けてきたアンデス先住民社会では、キリスト教の内容に近い語りも記録されている。

二「チョケル・カミル・ウィルニータの物語」

アイマラ語圏で広く知られている物語には、人間と動物が相互作用するものが多い。その中でも最もよく知られているのは、「チョケル・カミル・ウィルニータ」と題される、蛇の男性とのあいだに子をもうけ、蛇の力を得る人間の女性の物語であろう。アイマラ語でチョケラは「金」、カミリは「裕福な」、ウィルニータはスペイン語の女性の名前であるベルナに縮小辞がついて、アイマラ語化したものである。アイマラ語では語末の母音が頻繁に脱落するため、それにより単語の読み方が若干変わる。

【物語一】チョケル・カミル・ウィルニータ

豊かな領主の一人娘ウィルニータが、七つの鍵で閉じ込められて大切に育てられている。しかし扉に空いた小さな穴から蛇が入り込み、見た目の良い若い男に姿を変えて娘に語らい、娘は男と恋に落ちる。朝になるとその若い男は帰っていく。彼女はこのことを母親に知らせる。その若い男は自分の正体を知らせるために、娘に糸玉を買わせ、その端を自分の上着に縫いつけさせる。父親の配下の者たちが糸の先をたどっていくと、他の村を抜けた先の石だらけの場所で、尻尾に糸が縫い付けられた蛇がとぐろを巻いて寝ているのを見つける。この者たちは父親に知らせに戻り、この蛇を殺せと指示を受け、武器を持って同じ場所に戻るが、蛇はもういない。

しばらくして娘は子どもを産むが、その子どもたちは蛇が三匹で、娘は薄手の鍋に自分の鼻血を流し込み、子どもたちにそれを舐めさせて育てている。それを見た娘の父親は怒り、薪を集めさせ、子蛇たちを焼き殺してしまう。すると蛇の若い男が再び現れ、子どもたちを引き取ったら、富を与え、豊かにさせるつもりであったと述べ、子どもを引き渡すよう要求し、引き渡し期限を告げる。村ではこれに対抗してミサを開こうとするが、蛇によって村が呪いにかけられてしまう。

この呪いは、教会の鐘をつくことで解けるというが、鐘の周りには蛇がたくさんいて鳴らしようがない。ウィルニータは今でも生きていて、その辺りを歩き回っていると言う。

（アスンタ・タピア・デ・アルバレス、二〇〇九年一〇月一一日録音）

この語りには、糸や土器などのアンデス文明の伝統的な事物、スペイン植民地以降に導入されたと思われるキリスト教とカトリック教会などが、人間と動物の関係に複雑に絡み合って登場する。この蛇の力を得た女性が、ボリビアの行政上の首都ラパスの街にたどり着くと天変地異（アンデスでは「パチャクティ」と呼ばれる）が起きると考えられており、事実、大雨による土砂崩れが街で起きると蛇娘が歩き回っているという話が人々のあいだで語られだす。

三 「コンドルが若い女性を誘拐する物語」と「コリャーナ村に実在する蛇娘の話」

この「チョケル・カミル・ウィルニータの物語」は記録がアイマラ語圏に限られているようだが、次の「コンドルが若い女性を誘拐する物語」はケチュア語圏にも記録が見られる。

【物語二】コンドルが若い娘を誘惑・誘拐し、ハチドリがそれを救うが、そのために姿が小さくさせられる話

ロレンソ（ハチドリ）は、昔はコンドルのように大きかったのだと言う。昔はコンドルが若い男によく姿を変えたものであり、羊を放牧していた娘を誘惑した。娘はこの男に「おんぶ遊び」をしてもらいながら、男のことを気に入っていく。そして何度もおぶわれているうちに、高い山の岩だらけの場所に飛んで連れていかれてしまう。

娘の両親の家には花がたくさん咲いていて、ロレンソ（ハチドリ）はその花の蜜を吸いによく訪れていた。その娘

の両親に問われて何が起きたかを告げ、両親から娘を乗せて連れ帰ってほしいと依頼される。

娘はコンドルとの間に、コンドルの形をした子どもを二人儲けていた。ロレンソ（ハチドリ）は母親に頼まれてきたと言い、娘は子どもたちのことを心配するが、ロレンソ（ハチドリ）は子ども二人の首を絞め［実際には子どもたちは死んでいない］、娘を乗せて、コンドルのように飛んで娘の家まで連れてきて、両親に大いに感謝される。

コンドルは戻って来ると、首を絞められた痛みで苦しんでいる子どもたちから何が起きたかを教えられ、ロレンソ（ハチドリ）の所へと赴く。ロレンソ（ハチドリ）は返事をするが出ていかず、コンドルが待っていると別の場所から逃げてしまう。しかし、ロレンソ（ハチドリ）が娘の両親の家の花の蜜を吸いにやって来るのをコンドルは待ち構えて、相手を殴り、ロレンソ（ハチドリ）は何とか小さな穴を通って脱出したので、かたちが今のように小さくなってしまった。

（フリアン・タピア、二〇一二年三月二四日録音）


最初に掲げた蛇の物語と考え併せても、ここでは人間が動物の意向を把握できず、動物の側から自らの正体を明かされて初めて、人間は事態を理解することとなる。これは隣接するアマゾニアの口承文芸とのあいだの大きな違いであると私は考えている。

地域が特定された物語においても、蛇の女性のモチーフは再び登場する。

【物語二】コリャーナ村に実在する蛇娘の話
コリャーナ村に夫婦が暮らしている。夫はタカチヤ村に農作業の手伝いに行くが、その晩に夫に瓜二つの不思議な男が現れる。女は不審に思いつつも、その男を夫だと思い、迎え入れて食事をし、一緒に寝る。翌朝起きてみると男はいなくなっており、しばらくして本物の夫が帰ってきて、愛人を引き入れているだろうと妻のことをなじる。その後、妻は妊娠して子どもを産むが、子どもを見てすぐに死んでしまう。
その生まれた子どもは、おばによって育てられていたが、よくこの［アスンタの］家にも遊びに来ていて、ナシをもらって食べていた。肌が真っ白で、蛇のような丸い目をしていて、人が彼女を眺めていると腹を立てた。ある日、おばがコカ葉を入れる布を忘れて出かけ、取りに帰ると、留守番をしていたはずの娘がおらず、蛇がとぐろを巻いて寝ていたのだという。不審に思いつつもう一度出かけ、戻ってくると、また娘が普通に出迎えてくれたのだそうだ。

（アスンタ・タピア・デ・アルバレス、二〇〇九年七月二六日録音）

四　「タケシ山の金を採掘しようとして呪われそうになる話」と「ペドロ・ウルティマラ」

具体的な家族・親族の体験談と関係して語られる伝承には、異形の存在や得体の知れない存在と遭遇するものがある。

【物語四】タケシ山の金を採掘しようとして呪われそうになる話

［語り手のフリアンの］祖母の兄弟にマヌエルという者がいて、独身であちこちを歩き回っていた。タケシに行き、そこに金がたくさんあるのを見て、［祖母の姉妹の結婚相手の］大佐に知らせる。大佐は関心をもち、［フリアンとアスンタの］父親にも来るように命じ、機材を一式もって出かける。出かけるにあたって、呪術師（チャマカニ——暗がりの中で魂を呼び寄せてしゃべらせる能力をもつ呪術師）を一人呼び、山々を呼び出させて、金を採掘する許しを乞う。すると暗がりの中で、タケシやサハマやイリマニなどの山々のおじいさんらが現れ、「来るがよい、金を与えよう、その代わりに捧げ物を十分にするように」と人間のように話して告げる。タケシ山は特に、「自分はロレンソ（ハチドリ）に姿を変えて、そこを通ろう。たくさん捧げ物をするように」と告げる。そして、皆でタケシ山へと出かけ、マヌエ

ルは先行して聖なる場所（アパチェタ）に登って行く。皆がそこに着いたところ、ハチドリが姿を現したので捧げ物をすると、日中だったのに急にあたりがさっと暗くなり、そこにあった湖には大波が立つ。「これは呪われるぞ」というので、金も何もとらずに皆で転がるように逃げ帰ってきた。
（フリアン・タピア、二〇一二年三月二四日録音）

ここでは超常現象が起きているが、同じような文脈で、半身人間で半身コンドルの異形の存在と出会う物語も記録されている。

人間同士の関係の話としては、植民地的（コロニアルな）関係の下でアイマラの主人公が支配社会の人間の鼻を明かすトリックスター的な物語も好んで語られる。

【物語五】ペドロ・ウルティマラ

ペドロ・ウルティマラは、裕福な者たちを騙してまわるやつだ。アシエンダ領主（パトロン）が馬に乗って息子とともに歩いてくる。ウルティマラは泥の鍋で薪で煮炊きをして、その鍋をもって道端に座っている。火も何もないのに料理などできるのかとパトロンが尋ねると、鍋の中はぐつぐつと煮立っている。感心したパトロンは息子と相談して、どこでその鍋を買ったのかと尋ねると、ウルティマラは大金を支払って買ったので、もうこれ以外にはないと答える。パトロンは金を支払ってその鍋を手に入れる。パトロンたちは鍋を運んでいき、道中で休憩の際に料理をしようとして干し肉を煮ようとしたが、いくら待っても鍋は煮立たない。パトロンたちは戻ってウルティマラを探したが、もう誰もいなかった。
（ペドロ・サラビア・パロミーノ、二〇一三年三月三日録音）

これらの話はそれぞれの語り手ごとに語りの特徴が見られる。アスンタ・タピアは関連する物語をペアにして二つごとに語る傾向があり、フリアン・タピアは家族の身近な物語から動物の物語へ移行しつつ語る傾向があり、ペドロ・サラビアは人間の物語を好んで語る傾向がある。それぞれの語り手ごとに口承文芸の思考が展開していく動態を見てとることができるように思う。

＊参考文献＊

・藤田護「口承の物語に現れる人間と動物の関係を読み直す――南米アンデス高地のアイマラ語と北東アジアのアイヌ語の物語テクストから」宮代康丈・山本薫編『言語文化と政策（シリーズ総合政策学をひらく）』慶應義塾大学出版会、二〇二三年

・Arnold, Denise Y. y Juan de Dios Yapita（2022）*Lengua, cultura y mundos entre los aymaras. Reflexiones sobre algunos nexos vitales.* La Paz: Instituto de Lengua y Cultura Aymara（ILCA）y Plural Editores.

・Arnold, Denise Y. y Juan de Dios Yapita（1998）. *Río de vellón, río de canto. Cantar a los animales, una poética andina de la creación.* La Paz: hisbol e Instituto de Lengua y Cultura Aymara（ILCA）.

・Nina Huarcacho, Filomena, Silvia Rivera Cusicanqui, Álvaro Linares, y Mamoru Fujita eds.（2012）*Historia oral. Boletín de Taller de Historia Oral Andina, no.2.* La Paz: Aruwiyiri.

・Jemio González, Lucy Esperanza（2009）*Relatos de montaña como articuladores del pensamiento del pueblo de Sajama y del pueblo de San José de Cala del departamento de Oruro.* La Paz: Instituto de Estudios Bolivianos de la Universidad Mayor de San Andrés.

・Spedding, Alison（2011）*Sueños, kharisiris y curanderos. Dinámicas sociales de las creencias en los Andes contemporáneos*（*segunda edición*）. La Paz: Editorial Mama Huaco.

北方民族・ニヴフの昔話の現状と課題

丹菊逸治

日本列島の北方に広がる地域は、主としてロシア連邦の北部で「北方少数民族」と呼称される先住諸民族の地域でもある。彼らの社会は旧ソビエト連邦時代から続く急激な近代化により生活形態が大きく変わり、伝統文化の衰退とともに口承文芸も大きな打撃を受けた。北方少数民族の口承文芸は日本やヨーロッパとはややジャンル構成が異なり、昔話と伝説の連続性が強い。またいわゆる英雄叙事詩が語られる地域でもある。サハリン島（樺太）のニヴフ民族を例にしつつ、これらの諸ジャンルの現状と課題をみていきたい。

一　全体的な傾向

北方少数民族は、海の近くではサケ・マス類を夏季の遡上時に大量捕獲して干し魚として備蓄し、冬季の食料とした定住民である。海獣猟や山間部のクロテン猟で得た毛皮は重要な交易品となった。内陸部ではトナカイ牧畜が広く行われてきた。ロシア系移民が多数派となり、北方少数民族の生活が近代化するとともに、こうした伝統的生活は失われ、第二次世界大戦後には言語もほぼロシア語に移行した。バイリンガル話者が主となった時代は一種の猶予期間ともいえたが、ロシア語に移行（民族語はほぼ消滅）するとともに、口承文芸も急速に衰退した。

二　英雄叙事詩の衰退

サハリン島北半とアムール地方はニヴフ民族の伝統的居住地域である。サハリン島南半はアイヌ民族（樺太アイヌ、エンチウとも。第二次世界大戦後は、大半が北海道以南に半ば強制的に移住）の居住地域であり、また島の中部を中心に、平地ではウイルタ民族、エヴェンク民族がトナカイ牧畜をしてきた。これら四民族の叙事詩は、ユーラシア大陸東西に連なる「英雄叙事詩ベルト」の最東端にあたり、これより東のチュコト・カムチャツカ地域に英雄叙事詩はない。

だがユーラシア東部北方域では、比較的人口の大きなサハ民族の「オロンホ」を除いて、英雄叙事詩はいずれも衰退している。中央アジアやモンゴルとは状況がかなり異なり、危機的な状況である。ニヴフ民族の場合も、記録も十分に録《と》られないまま二〇〇〇年代にほぼ語り手（歌い手）がいなくなり、完全な録音は数本しかないと思われる。

中央アジアの歴史的な英雄を主人公とする英雄叙事詩とは異なり、ニヴフ英雄叙事詩「ンガストゥシュ」の主人公は少年であり、「我らが友」「湾の住人」と呼ばれ、聞き手が共感しやすい存在である（ニヴフの村の多くは湾の岸辺にあった）。少年主人公は魔女と戦い、熊を狩り、化け物を退治して、美少女と結ばれる。主人公が少年少女の二人きょうだいのこともあり、力を合わせて難敵と戦い、苦難を乗り越えていく。朗唱される際には物語の起伏に合わせて散文と韻文が入れ替わり、また物語の開始時と盛り上がる部分では聞き手が「ホーイ」と合いの手を入れる。私自身はニヴフ英雄叙事詩の朗唱を直接聞く機会には恵まれなかったが、録音からだけでも語り手と聞き手の双方が楽しんでいたことがよくわかる。

ニヴフ社会で英雄叙事詩が語られなくなった原因の一つは、ニヴフ語の衰退であろう。英雄叙事詩は難しい語彙や表現が多用される韻文で語られ、聞き手にも伝統文学の教養が必要である。民族人口五〇〇〇人のうちニヴフ語話者は現在では数十人程度と思われるが、韻文を聞いて理解できる人はさらに少ないであろう。かつては娯楽の王様だった英雄叙事詩も、今では聞き手すらいないのである。

もう一つの原因は、ある長老（ご本人は昔話の語り手であり、叙事詩を聞いて育った世代でもある）によれば、「映画やテレビに負けた」ことであるという。英雄叙事詩のリズム・旋律・押韻・韻律などは物語内容とは直接関係ないが、物語を盛り上げるために同時に伝えられる追加の情報である。英雄叙事詩は、いわば「詩法・朗唱法」と「言語内容」の二つのチャンネルで提供される総合芸術だった。そして、近代化とともに入ってきた映画・テレビもまた、「映像」と「音声」の二つのチャンネルで提供される総合芸術である。叙事詩は映画・テレビと競合した結果負けたのだ、というニヴフ人自身の分析はなかなか鋭い。

英雄叙事詩と同時に、悲恋物語歌謡も衰退した。これは実在の諸事件を題材にしたもので、英雄叙事詩よりも短い。外婚制に違反した恋人たちの悲恋、恋人に死なれた女性の自死などを語る。クレイノヴィチら民族学者の報告などによると、かつてはかなり人気があるジャンルだったらしい。だが英雄叙事詩同様、今では聞かれることはない。それに対して、短い伝統歌謡は比較的残っている。短いから覚えやすいのは当然だが、民族音楽グループの演目として各種イベントで耳にする機会が多いせいもあるだろう。

三　散文の語り、昔話と伝説の現状

散文による語りも、全般的に衰退した。韻文で朗唱される英雄叙事詩と異なり、散文語りの昔話はロシア語でも容易に語れるが、以前ほど盛んではなくなった。筆者の限定的な観察ではあるが、衰退傾向には話の内容によって違いがあるようである。語りに数十分かかるような複雑なストーリーの、本格的かつ娯楽的な昔話はほとんど語られなくなった。しかし、氏族の起源や地名の由来の伝承、怪談、伝説などは残っている。これらもニヴフ口承文芸においては昔話と合わせて一括して「トゥルグシュ」と呼ばれ、同一のジャンルとみなされている。つまりニヴフ的な観点では、散文による伝承全体が消滅したのではなく、内容によって取捨選択されているのである。

これら氏族伝承などは、現代でも折にふれロシア語で語られている。地域の民族イベント、例えば、現代化した季節祭礼（マス祭りなど）、民族組合（かつてのコルホーズ）設立記念行事、民族博物館の展示替え記念イベントなどでは、長老たちが集まって思い出話に花を咲かせる。そのうちに氏族の伝承、その土地の地名伝承や伝説、地域の人々が実際に巻き込まれた怪事件、不思議な体験談などがロシア語で語られはじめる。筆者も何度かそういう場面に同席する機会を得た。その場は録音するような雰囲気ではなく、ただ人々は自らの耳で聞いて記憶していく。そういう場では、例えば、伝統的な「彼岸訪問譚」の現代版などが語られる。「ある男が浜辺を歩いていた。しばらく歩いていると、遠くに見たこともない大きな小屋が見えた。不審に思って近づくと、昔風のニヴフの家である。中に入ると、亡くなった親戚一同がいた……」。こうして彼は懐かしい故人たちと語り合って帰宅するが、その後再びこの家を見つけることはできなかったという。この話には古典的な話とは細部に異なる部分があるが、大枠は同じである。数十年前に記録された話では、あの世に迷い込んだ生者の姿は死者の目には見えないため、あの世に行っても死者と語り合うことはできない。だが、あの世がこの世と地続きで存在する、という宇宙観自体は守られているのである。

ニヴフ社会では現在でも父系氏族外婚制は守られる傾向にあり、子供たちはある程度の年齢になると親族回りをして、誰が同じ氏族か、すなわち誰が結婚できない相手かを知らされることになる。その頃に氏族伝承も少しずつ教わり始める。氏族の故地に関する伝説、氏族の由来譚としての異類婚譚、氏族の偉大なシャマンが村を救った話、などはこうして従来同様に口頭で伝承されている。

一方、娯楽的な昔話は口承ではなく、姿を変えて生き残っている。例えば「カエルとネズミ」は一九九〇年代の学校用ニヴフ語教科書など、さまざまな書籍に掲載されている。「カエルとネズミがウワミズザクラの実を採集しに舟で出かける。ネズミは自分だけ木に登って実を採り、木登りができないカエルに分けようとしない。それどころか落ちた実をカエルが食べると、意地悪なネズミはカエルの腹を踏んづけて吐き出させる……」。ここから先はいくつかのバリエーションがあるが、たいていはカエルによる仕返しになっている。ネズミが川に落ちたり、あるいはカエルがトナカイを狩るが、ネズミには分けてやらない、などなど。物語としてはやや殺伐とした話だが、カエルとネズミが交代で舟を漕ぐ場面の歌の調子が良く、カエルとネズミのやり取りが大げさに身振りを付けて再現される。語りの楽しい話である。これら娯楽的な昔話は英雄叙事詩と違い、朗唱しない代わりに身振りが加えられた物語であり、やはり映画やテレビと競合してしまう。そのためか、氏族伝承などと異なり、今では家庭内で語られることはないが、ニヴフ語教科書に原文で掲載されているため、民族音楽グループの子供メンバーが暗記してステージで披露しやすい。あるいは演劇に仕立てられて、学校の学芸会の「ニヴフ語劇」の演目となっている。絵本やネット動画用のアニメになったりもしている。表向きの「ニヴフの伝承」といえばむしろこちらである。

四　昔話の再活性化の試み

最近では、これら娯楽的な昔話も家庭内に取り戻そうと、いくつかの方法が模索されている。学校演劇は楽しいが家庭内では上演できない。そこで石油会社などがスポンサーとなり、家庭でも遊べる簡単な「人形劇セット」を作って配布したりしている。配布イベントでは民族音楽グループがその物語をダンス付きで上演し、舞台照明で演出してイメージ作りをする。そのイメージを元に、家庭内では人形劇として再現してもらおう、というわけである。昔からある絵本の活用も進められている。現在ではニヴフ語を知らないニヴフ人が多いため、せっかくニヴフ語の絵本があっても、手本となる音声CDが添付されていなければ、親が子供に読み聞かせることもできない。そこで今では、動画サイトに昔の絵本の朗読動画がアップロードされたりしている。

こういった昔話の活性化運動の基本になるのは過去の採録資料である。幸いなことに、ニヴフを含め、ロシア連邦の北方少数民族の昔話集は現在でも刊行され続けている。過去に刊行された有名な口承文芸資料集から再話したアンソロジー、あるいは絵本仕立てにしたものが大半だが、未公開資料を整理して刊行する作業も続けられている。ニヴフの昔話の場合、二〇一〇年にG・オタイナーによる採録資料が『ニヴフの神話と昔話』、B・ピウスツキによる採録資料が『サハリン・ニヴフのフォークロア集』として刊行されている。一九七〇年代にニヴフ人作家のV・サンギが録音した有名な語り手フトクク氏による英雄叙事詩も、二〇一三年に『サハリン・ニヴフの叙事詩』として音声CD付きで刊行されている。

ニヴフ人居住地域で「伝承の場」を再建する試みも行われている。ニヴフ民族が多く住むサハリン北部のノグリキ町などでは、博物館などが場所を提供し、定期的に長老たちによる「雑談の会」を開催している。雑談するうちに、伝統文化や口承文芸を思い出していく。ニヴフ語による会話も試みる。長老たちには言語と伝統文化を思い出す練習の場となり、聴いている若い世代には記憶の継承の場となる。

ニヴフ語学習運動とのかかわりも特徴的である。短い伝統歌謡はニヴフ語のまま継承されているが、娯楽性の高い昔話を家庭内に取り戻し、将来的にはニヴフ語で語ることが構想されている。氏族伝承や個人に関わる伝説などは外部と共有しにくいが、動物寓話など娯楽性の高い昔話は広く共有しやすい。

口承文芸復興と言語学習を組み合わせる、というのは、ニヴフ民族の場合には相性がよさそうである。昔話には疑義を挟まず、合いの手を入れる以外は黙って聞くのが礼儀とされるが、他に厳格なタブーがあるわけではない。娯楽的な昔話を子供たちが覚えて語ることは自由である。また、悲恋物語歌謡にせよ、他のジャンルの歌謡や昔話にせよ、冬季はもちろん、夏季の労働の後のひとときに歌われ語られるものでもあった。今でもそういった時間を有効活用できるかもしれない。

だが、いくら相性がよいといっても、絶対的な時間が少なければ言語学習は困難である。一言もわからない言語の語りを子供が楽しむのも無理というものである。現在の世界的な流れとして、「言語のゆりかご」と呼ばれる民族語による保育園が各地で導入されているが、ニヴフ語では実施されていない。民族語習得の最終手段ともいうべき「一対一法」（いわゆる「導き手と弟子」法）は合衆国やカナダで主流となっているが、この方法では「毎週一〇～二〇時間を話者とともにその言語で過ごす」という必要がある。ニヴフ語はまだ話者がいる段階ではあるが、一対一法が学習プログラムとして実施されたことはない。ロシア連邦の北方少数民族の間ではおおよそ一九九〇年代には民族語の継承を目的とした教育が始まっているのだが、エヴェンキ語を除くと、成果はあまりあがっていないようである。少なくともニヴフ語の新たな話者は一人も育っていない。このままニヴフ語学習運動が進展しないならば、ニヴフの昔話の再活性化運動は、今後のある時点で、ロシア語による語りに完全に移行するかどうか迫られることになるかもしれない。だが、ニヴフ語はまだ数十人の話者がいる言語であり、次世代への言語と文化の継承がぎりぎり可能な段階である。聞くところでは、子供たちと一緒にニヴフ語を使いながら遊ぶ活動が取り入れられるなど、「言語のゆりかご」に近い方法も部分的に試みられているらしい。弱点となっているニヴフ語学習も、今後は強化されていくのではないかと思われる。

＊参考文献＊

・Ｅ・Ａ・クレイノヴィチ著　枡本哲訳『サハリン・アムール民族誌』法政大学出版局、一九九三年
・中村チヨ口述　村崎恭子編　ロバート・アウステリッツ採録・著『ギリヤークの昔話』北海道出版企画センター、一九九二年
・В. М. Санги, Л. Б. Гашилова, "Урла К'эн", 1991, Москва
・Г. А. Отаина, "Нивхские Мифы и Скаски" 2010, Москва
・Б. Пилсудский, "Фольклор Сахалинских Нивхов", 2000, Южно-Сахалинск
・В. Санги, "Эпос Сахалинских Нивхов", 2013, Москва

イランの昔話の日常風景

竹原　新

「オレの脳天をかち割ってくれないか」

怒ったライオンがこっちを見て、凄みながら言ってくる……。イランの昔話のワンシーンである。「オマエの脳天をかち割ってやろうか」と凄まれるのなら、まだわかるのだが、なんでこちらがライオンの頭を殴らないといけないのか。これには事情がある。

一　「ライオンと人間」

一頭のライオンと一人の人間の男が森の中でしばらく暮らしていた。ある時、大雨が降ってきた。ライオンのたてがみが濡れてしまった。濡れてライオンの頭から、においが出た。ライオンと友達だった男は、こう言った。

「君のたてがみはなんてくさいんだ。もう、一緒にはいられないよ。私が病気になってしまうよ。」

すると、ライオンは斧《おの》を持ってきて、こう言った。

「私の頭をこの斧で殴ってくれ、そして、どこかへ行ってくれ。じっとしているとおまえを食べてしまうぞ。」

男は言った。

「君は私の友達だ。冗談だよ。」

ライオンは言った。

「どうしても、殴るんだ。」

男は斧でライオンの頭を殴った。すると、ライオンは言った。

「さあ逃げろ、じっとしていると食べるぞ。」

男は、殴った後、逃げて行った。そして、数年がたち、男は森の中でライオンに会った。男は恐れて、木の上に登った。ライオンは言った。

「下りてこい、用がある。」

男が下りてくると、ライオンは人間に言った。

「私の頭を見ろ。怪我の痕《あと》があるだろう。」

男がライオンの頭をのぞき込んで見たが、痕はなかった。そして言った。

「怪我の痕などないよ。」

すると、ライオンは言った。

「斧で殴られた痕はない。おまえが頭につけた痕はもうない。しかし、おまえが言葉で与えた傷はまだ私の心に残っているのだ。」


（一九九八年九月一一日にテヘラン州でM・マジュヌーニー氏（一五歳）から筆者が採録）

この話はイランに伝わる昔話で、動物寓話に分類できる。イランだけに存在する話ではなく、ウターによる『国際

昔話話型カタログ　分類と文献目録』では、ATU159B「ライオンと男の敵対」に分類され、ヨーロッパやアフリカなどでも採録例があるとされる。イランでも伝承されていることから、イラン人の感性にも合った話なのであろう。

筆者の好きな昔話の一つで、講義などでもよく取り上げる。読者の皆様は、この話をお読みになってどのように感じられただろうか。教訓としては、心の傷は簡単には消えないから、親しい間柄であっても言葉には気をつけないといけない、といったところであろうか。しかし、このライオンさん……、結構、人間よりも人間くさい奴である。

さて、この文章では、イランに伝わる昔話を紹介しつつ、イラン人の感性に触れてみたいと思う。続けて、「少なすぎず、多すぎず」という話を紹介する。

二「少なすぎず、多すぎず」

あったことか、なかったことか。慈悲深き神の他に誰もいなかった頃。ある日、田舎者の男が町に行った。仕事をして、村に帰るとき、土鍋を買って持って帰ることにした。男は言った。

「これを持って帰ったら、料理を作ろうとしたときに、アーブグーシュト（料理の名前）でも作ろうとしたときに、この鍋で作りたくなるだろうなあ。」

家に着くと、男の妻が言った。

「この土鍋を買ったとき、土鍋売りが、どれくらいのエンドウ豆とインゲン豆が必要で、どれくらいの肉が必要で、塩がどれくらいいるとか教えてくれなかったのかい。」

男は言った。

「どれくらい材料を入れるのかは尋ねなかったよ。」

妻は言った。

「じゃあ、行って聞いてきてよ。」

男は、どんどん歩いて町に行った。買った土鍋売りに言った。

「土鍋売りさん、この鍋を買ったのだが、どれだけエンドウ豆やインゲン豆や肉を入れて、どれだけ塩を入れるのか教えてくれませんか。」

土鍋売りは言った。

「簡単なことだよ。このくらいだよ。」

手をこのように丸めて、示した（筆者注：話者はここで手を丸める動作をした）。男はこれを忘れないために、道の途中で言った。

「一握りぐらい、多すぎず、少なすぎず」

途中で、農作業をしている男に出会った。農夫は農作業や種まきをしながら、「一つが千に」と言う習慣があった。つまり、一粒の種から千の実がなるように、という意味である。農夫が「一つが千に」と言っていると、そこへ男がやってきて言った。

「このくらい、少なすぎず、多すぎず」

男に出くわした農夫は、

「俺は、一つが千に、一粒から千の収穫を、と言いながら植えているのに、こいつは、このくらい、少なすぎず、多すぎず、と言いやがる。」

と言った。そして、男を殴り始めた。

「おまえは何を言うんだ。このくらい、少なすぎず、多すぎず、とはいったい何だ。一つが千に、一つが千に、と言え。」

男は、このくらい、というはじめの言葉を忘れてしまった。そして、「一つが千に、一つが千に、一つが千に。」と言いながらさらに進んでいくと、ある村にたどり着いた。その村の端で死人が出たところだった。皆泣いているところだった。自分たちの頭を叩いて、泣き叫んでいるところだった。そこへ男がやってきて、「一つが千に、一つが千に、一つが千に」と言った。すると、皆、怒った。一人が死んだところで、「一つが千に」と言ったので、千人死ねという意味に聞こえたので、怒って、皆で叩き始めて、こう言った。

「どうして、一つが千に、と言うのか。もう十分、もういらない、と言え。」

男は前の言葉を忘れてしまった。男は、「もう十分、もういらない。もう十分、もういらない。」と言いながら、今度は、結婚式をしているところにやってきた。皆が上へ下へと飛び跳ねて、踊っているところにやってきて、「もう十分、もういらない。」と言ったものだから、男は棒で叩かれた。皆で叩き始めて、こう言った。

「上へ飛び、下へ跳ね、喜べ、笑え、跳ねろ、手をたたけ、踊れ、と言い変えろ。もう十分、もういらない、とは何事だ、結婚式に文句をつけるのか。」

この忠実な神の僕《しもべ》はそれまで言っていた言葉を忘れ、「上へ飛び、下へ跳ね、跳ねろ、手をたたけ、踊れ。」と言って踊りながら歩き続けた。このように上へ下へと飛び跳ねて（筆者注：話者は飛び跳ねるような動作をした）、手を叩いて踊りながら行くと、鳩を狩ろうとしている人がいた。そこへ、上へ下へと飛び跳ねながら男がやって来たので、鳩は逃げてしまった。鳩を狩っていた人は、銃床でこの男を殴り始めて言った。

「何をしてくれるんだ。私が腰をかがめて歩いているのに、同じように歩かないか。上へ下へ飛び跳ねるから、鳩が逃げたではないか。腰をかがめて歩け。」

男は腰をかがめて歩いて行くと、ある村に着き、村人たちはちょうど泥棒が入って、泥棒を捜しているところだった。男が腰をかがめて歩いていたので、村人はこの男を泥棒だと思って、殴り始めた。そして、男は言った。

「神に誓って私は泥棒ではありません。この先の村で鳩を狩っている男に、腰をかがめて歩くように言われたんだ。」

村人たちは言った。

「泥棒でないなら、普通に頭を上げて歩けばいいじゃないか。どうして、腰をかがめて歩くのだ。」

男は、人々がコーランや本を読んでいるところを通った。上を向いて歩いていたので気づかずに、コーランなどの本を踏んでしまった。本を読んでいた人々は男を殴り始めて言った。

「ちゃんと地面を見て、歩きなさい。コーランを見つけたら口づけをしなさい。そして、コーランを踏まないように壁の隙間に入れるんだ。そのようにして、歩きなさい。」

男はどんどん進み、落ちている物を見つけるたびに手にとって口づけをして、壁の隙間に入れておいた。わけのわからない行動であった。そして、最後に村に帰ってきた。自分の村に帰ってきたのだ。男の家の鴨居は低かったのだが、頭を上げていると、妻が言った。

「腰をかがめて入ればいいじゃない。」

男は言った。いいや、腰をかがめて入らない。鴨居を壊して下さい。それから入ります。

私たちの話は終わりです。カラスは家には帰らなかった。

（一九九八年九月二五日にテヘラン州でM・ケシャーヴァルズィー氏（四七歳）から筆者が採録）

このイランの昔話は笑い話と小話に分類でき、前出の『国際昔話話型カタログ　分類と文献目録』では、ATU

1696「何て言うべきだったの（何をすべきだったの）？」という話型に該当し、ヨーロッパ、アフリカ、アジアなどでも採録例があるとされる。イランだけで伝承されるわけではないが、アーブグーシュトというイランの料理やイスラム教の聖典であるコーランが出てくるなど、イラン文化やイスラム文化が反映されたものである。ただ、アーブグーシュトを別の料理の名前に変えても、あるいは、コーランを別の宗教の聖典に変えても、物語の構造に大きく影響を与えるようなものではないため、他の地域で同じ話が伝承されていたとしても不自然ではない。

なお、最後の「カラスは家には帰らなかった」というのはイランの昔話に独特の結句で、本文とはなんの関係もない。唐突に出てくるので、知らないと面食らうのであるが、この結句により、聞き手は架空のお話が終わったことを認識し、頭の中を現実に戻すことができるのであろう。

三「そのとおり」

続けて、「そのとおり」という話をご紹介する。

ペテンや詐欺《さぎ》も生業の一つとする隊商民たちがいた。隊商民たちは熊を飼っていた。熊に人間の服を着せて、きれいなターバンを頭に巻いて、顔も隠して、決して熊だとはわからないようにしていた。隊商民たちは、その熊をある店に連れていき、店の主人に言った。

「この方は、私たちの頭領です。この地の言葉が話せないのだが、私たちが買う物は彼がお金を支払ってくれます。私たちはとりあえず（商品を）運び出します。」

店主は、全て商品が売れたので喜んだ。そして言った。

「どうぞ、どうぞ。あなた方の頭領がここにいるのですから、あなた方は商品を運んで下さい。ゆっくり勘定を済ませます。」

隊商民たちは、店を空っぽにして、持っていってしまった。それから、店主は勘定をしようとした。隊商民たちは行ってしまっていた。熊を置いて行ってしまった。店主は、正午になったので、お祈りをするために店を閉めようとした。食事もしようとした。そして、言った。

「さあ、頭領さん、払ってもらいましょう。」

熊は、ある言葉を一つ覚えていた。

「そのとおり、そのとおり。そのとおり。」

店主は頭領には言葉がわからないと思ったので、

「今はいいです。」

と言って、しばらく、待つことにした。隊商民たちが戻ってくると言っていたので、しばらく待つことにした。ところが、隊商民たちが戻ってこないので、困ってしまってこう言った。

「あなたの部下たちはいつ戻ってくるのですか。」

熊は言った。

「そのとおり。」

また、しばらく待つことにした。昼の礼拝もできず、モスクにも行けなかった。食事もできなかった。隊商民たちがやってくるのを待つしかなかった。しかし、どんなに待っても、夕方になっても、夜になっても来ず、どこも閉まってしまい、どうしようもなくなった。店主は、頭領の襟を摑《つか》んで言った。

「やつらはどこへ行ったのだ。殴るぞ。」

店主が熊につかみかかると、熊は声を上げて、立ち向かってきた。店主に襲い掛かった。突然、爪を立てて、店主を摑んで、ガガガガオーと熊の声で吠えた。熊の声であった。そこで、はじめて店主は騙《だま》されたことに気がついた。頭領ではなく、熊であったことがわかったのである。

（一九九九年一月一一日にホルモズガーン州でF・ピーシュダード氏（五〇歳）から筆者が採録）

この話は、笑話と小話に分類できると判断できる。舞台がイランである必要もなく、決して宗教的な話でもないが、隊商民や昼の礼拝がキーになっており、そのまま世界中で伝承が広がる類の話ではない。隊商民の概念が一般に通用し、イスラム教の文化が根付くイランならではの昔話と言える。

紹介した三話は筆者がイランで採録した話のなかでも、お気に入りである。あまりイランを感じていただけなかったとしたら、実はそれは筆者の意図するところでもある。イランの昔話には、現地の習慣などがストーリーの理解の鍵になるようなものもある一方で、世界中どこでも受け入れられるようなものもある。その中くらいで、その地域でしか通用しないものや概念が出てきたとしても、他の地域でそれらに対応するものに置き換えると、話の筋が通ることもあるだろう。

今回のような原稿依頼があると、張り切ってイランにしかないようなディープな事例ばかりを選びたくなるものであるが、それは刺激的な一面だけを抜き取った報道写真のようなもので、決してイランの昔話の全体像や一般の姿を示すものではない。イラン人の昔話の感性は決して特殊なものではなく、世界中の多くの人達に通じる感性と共通していると思う。敢えて、そのことを主張しておきたい。

他にも面白いお話しはいくらでもあるのだが、割り当てられた文字数の都合上、お話は終わりとする。そして、カラスは家には帰らなかったこととしたい。

＊出典＊

・竹原新『イランの口承文芸―現地調査と研究―』（溪水社、二〇〇一年）の「ライオンと人間」九四～九七頁、「少なすぎず、多すぎず」四一一～四一九頁、「そのとおり」五一七～五二〇頁。なお、本稿に掲載するにあたって修正を施した箇所がある。

＊参考文献＊

・ハンス＝イェルク・ウター著、加藤耕義訳、小澤俊夫日本語版監修『国際昔話話型カタログ　分類と文献目録』小澤昔ばなし研究所、二〇一六年

『ペロー童話集』から『玄徳童話集』へ

新倉朗子

一 『ペロー童話集』の成立と理解

二年前に『ノマと愉快な仲間たち――玄徳童話集』（作品社、二〇二二年）を出版したところ、これまでペローの童話やフランスの民話を翻訳してきたのになぜ韓国の童話なのか、という問いかけが何通か寄せられた。自分としては、心のおもむくまま、昔話とのつながりの魅力に惹《ひ》かれてとしか答えようがなかった。それではあまりに漠然としているので、思い出すまま過去数十年間の来し方を振り返ってみようと思う。

フランスの子どもの本の歴史を辿ってみるとペローの童話集に行き着く。現在読まれているのは一六九七年に発行された『過ぎし昔の物語ならびに教訓』の版を原本としているが、これ先立つ一六九五年の手書き本があり、ニューヨークのモルガン・ライブラリーが所蔵しており、美しい彩色挿絵入りのこの貴重書は一般に公開されている。白手袋をはめた司書の手で一頁ずつめくり出されるのを拝見したときは、三百年近くの歳月を経て今なお鮮やかな色遣いの挿絵に息をのむ思いであった。この手書き本のタイトルは『がちょうおばさん（マザーグース）のお話』で、一六九七年版の口絵にも「コント・ドゥ・マ・メール・ロワ」（がちょうおばさんのお話）の文字版が描かれている。

1697年版の口絵

「がちょうおばさんの話」または「ロバの皮の話」とは、かつて民間伝承の昔話を指す言葉として用いられたもので、『ペロー童話集』が世に出た背景には、当時の文芸サロンで伝承の昔話に材源を得た妖精物語を披露し合う流行があった。後に四一巻の『妖精の部屋』に収められた四〇人の作者のうち、今も児童文学の古典として版を重ねて読みつがれているのは、ガランの『千一夜物語』を別にすると、ペローのほかにオーノワ夫人と「美女と野獣」で知られるボーモン夫人がある。いずれも口承の昔話に材を得ていることが魅力の支えとなっている。とりわけペローの作品とオーノワ夫人の作品からはいくつかのタイトルがフランスの昔話目録の話型名に選ばれている（ちなみにオーノワ夫人の場合は、国際話型四〇二番「白い猫」、四三二番「青い鳥」、五三一番「金髪の美女」の三話である）。

ペロー童話を読むにあたり口承の昔話の理解が不可欠のものとわかったとき、出会ったのがパリ第七大学で講座をもつマルク・ソリアーノの『ペロー童話集——学識文化と民間伝承』であった。文庫編集者の提案を受けて、『完訳ペロー童話集』の解説にはソリアーノのこの研究書を参考に注釈をつけることになった。

二　ジェデオン・ユエの『民間説話論』の翻訳の見直し

ちょうどこの翻訳に着手する直前、一九七〇年代の終わり頃にジェデオン・ユエ『民間説話論』（同朋舎出版、一九八一年）の翻訳見直しの依頼を受けて担当した。一九二三年にパリのフラマリオンから出版された本書は、関敬吾「一冊の本――まえがきに代えて」によると柳田国男が一九二九年、一九三一年、一九三四年と三回にわたって読了し、書き込みや下線を付した原本が残されていたが、最初の訳者会田由《あいだゆう》が一部分を訳して発表したのち出征して中断、原本も行方不明になっていたのが戦後古書店で発見されたという数奇な運命を辿ったそうである。

ジェデオン・ユエ（一八六〇～一九二二）は、古今東西の民間伝承とそのテーマを含む文学作品についてひじょうに博識であった。フランス中世文学の泰斗ジョゼフ・ベディエは、長文の個人追悼文の中で「……彼は同世代の中でもっとも博学な民俗学者であった」と述べた。またポール・ドラリュは、『フランスの民話』（話型目録）第一巻の序文で「民間説話研究のすぐれた入門書であり、二度の大戦の間に外国で刊行された昔話研究の大著に先立つ、スティス・トンプソンの『民話のタイプインデックス』が出る以前の、最良の書であり、昔話と文学作品との興味深い比較研究の書である」と書いている。

翻訳の見直しは元の原稿を生かしながらであるから新たに訳すより苦労であったが、この仕事をしたことはその後の昔話研究にとって得がたい力となった。とりわけ第三章の「昔話と文学」はフランス文学だけではなく、ギリシャ・ローマの古典から近代に至るまで、インドの説話集やシェイクスピアの作品などにみられる昔話のモチーフを検証しており、刺激に満ちている。一つだけ例を挙げてみよう。

ホメロスの『オデュッセイア』の挿話「ポリュペーモス」と昔話の「盲目の人喰い巨人」（ＡＴＵ１１３７）について、ユエは「よく保存された昔話の類話を文学作品の話と比較するとその相対的本当らしさに感動させられる」として、昔話では牡羊《おひつじ》の腹にかじりついて脱出するのは主人公一人であり、この点はホメロスの、三頭の羊の腹に主人公と仲間が一人ずつくくりつけられて脱出するのと比べると、より真実味があり受け入れやすいと言う。さらに、ガスコーニュのブラデが採集した類話のように、牡羊の腹にしがみついて脱走する主人公に、大人ではなく子どもを登場させるほうがずっと荒唐無稽でなくなるとコメントして（一五四頁）、「なんらかの方法により首尾よく人喰いを騙す子どものテーマ」としてペローの「親指小僧」につなげ、単に類似の指摘に留まることなく一歩踏み込んでいる。

三　パリへの留学から外国民話研究会へ

一九八〇年代の前半は多忙な日々であった。八一年にパリに二度目の留学、高等研究院のクロード・ブレモンのゼミに通った。桜井由美子さんと樋口淳さんが一緒だったから、数名の受講生のうち日本人が三人と目立った。テーマは「プラシド・ユースタッシュ」（ATU938）の構造分析で、記号学は自分に向いてないと感じたので、受講は長続きしなかった。その方面に関心がある桜井さんは、ブレモン教授に嘱望されて論文を書いて送るようにと勧められ、私にもサポートしてあげるようにと言われたが、実現しなかったのは残念だった。

このときのパリ滞在は主として資料蒐集に費やされた。児童文学関係の図書を蒐集し、昔話関係では古書でも入手できない絶版本を、ブーローニュの森の入り口にある「国立民芸民間伝承博物館」（MNATP）およびソルボンヌの文学部図書室に通ってコピーさせてもらった。

八二年に帰国後しばらくして日本民話の会に誘われて入会し、部会の外国民話研究会に所属して毎月の研究会に参加することになった。その頃の論稿の主なものを挙げる。

「シンデレラのガラスの靴論争」『児童文学研究』一五号、一九八四年

「オーノワ夫人の妖精物語について」『東京家政大研究紀要』二八集、一九八八年

「青本叢書の物語と「手なし娘」の伝承」『文学』七号、一九八九年

ポール・ドラリュは、フランス昔話の型目録『フランスの民話』第一巻と平行して、「フランス諸地方の魔法昔話」というシリーズを企画し、第一巻にニヴェルネの詩人アシル・ミリアンの遺した手稿を整理し、自ら収集した話も加えて、『ニヴェルネ・モルヴァンの昔話』を著した。この翻訳は『フランスの昔話』と題し一九八八年、大修館書店

から刊行した。当初全一八巻の予定で、ドラリュの周りに集まった若い研究者たちが採訪して収集した昔話によって構成される企画であったが、一九五六年のドラリュの死によって六巻で中断し、その後の三〇年間に発行所も体裁もそれぞれ異なる四巻が出版されるに留まった。岩波文庫の『フランス民話集』（一九九三年）はこのシリーズから五〇話を選んで訳出したものである。

外国民話研究会での最初の共同作業は各自担当の項目の原稿を出して検討し合い、『ガイドブック世界の民話』（一九八八年）と『ガイドブック日本の民話』（一九九一年）と題して講談社から出版され、平行して講談社文庫『世界昔ばなし　上・下』が企画、出版された。ガイドブックはそれぞれ二〇〇二年に『決定版　世界の民話事典』、『決定版　日本の民話事典』と改題して文庫化されている。

その後メンバーの持っている資料を合わせて資料集をつくることになり、三弥井書店から「テーマ別世界の民話シリーズ」として左記の一〇巻が出版され、七巻までの編集とフランスの話の翻訳を一〇巻まで担当した。

『世界の愚か村話』（一九九五年）
『世界の太陽と月と星の民話』（一九九八年、改訂版二〇一三年）
『世界の妖怪たち』（一九九九年）
『世界の魔女と幽霊』（一九九九年）
『世界の運命と予言の民話』（二〇〇二年）
『世界の鳥の民話』（二〇〇四年）
『世界の花と草木の民話』（二〇〇六年）
『世界の犬の民話』（二〇〇九年、改訂版ちくま文庫二〇一七年）
『世界の猫の民話』（二〇一〇年、改訂版ちくま文庫二〇一七年）

『世界の水の民話』（二〇一八年）

さらに共同研究としての話型研究二種を民話の会の機関誌『聴く 語る 創る』に発表した。

『三つの質問をあずかる旅』（一三号、二〇〇六年）

『猿蟹合戦とブレーメンの音楽隊―弱小連合、強きをくだく』（二〇号、二〇一二年）

この機関誌への単独執筆としては『日本と外国の艶笑譚』（五号、一九九八年）にフランスの話を紹介している。

定年退職した二〇〇二年三月に闘病中の夫を見送って、しばらくはうつけたように茫然として過ごしていた。そのうち束縛のない自由時間に新しいことを始めようと思い立ったのが、一〇年前に訪れた韓国の文化を知るために言葉を学ぶことだった。「晩学の泥棒、夜の明けるのを知らず」とは五〇歳で韓国語を学び始めた茨木のり子の訳による韓国の諺だが、まったくその通りで、はじめのうちは一つ分かるごとにおもしろくて楽しく進んだ。しかし楽しい時期は瞬く間に過ぎて、文学作品を読む段になると道は険しく、フランス語なら一〇年も学べば分かるようになるのに、と、フランス語の教師をしながら韓国語を学んでいる友人と話し合ったりすることもあった。

四　韓国語教室で学んだ玄徳童話の魅力

周知のように昔話は同型の話が世界各地でさまざまに語られている。フランスの「サンドリヨン」（シンデレラ）は中国の「葉限」であり、日本の「米福粟福」であるが、サンドリヨンのガラスの靴と越後の米福の下駄とではイメージが離れ過ぎる。靴合わせのモチーフは一番近い外国の「コンジ・パッジ」を介してみるほうがよいのではないか。韓国語を学ぼうとしたきっかけの一つには隣の国の昔話を読んでみたいという思いがあった。

韓国語教室で読んだ児童文学のうち、玄徳（ヒョン・ドク）の「コムシン」（ゴム靴）があった。主人公のノマはぼろ靴を履いているので仲間はずれになり、中庭で一人遊びをしている。火搔き棒で犬を叩くふりをしながら「くねくねキャンキャン」と中庭を回り、「腰の曲がったおばあさん」になって、昔話の「お日さまとお月さま」の由来話を演じながら遊ぶ。なぜか「腰の曲がった男」で始まるマザーグースのうたを連想させる「くねくねキャンキャン」は、原語では「コブラン　コブラン　ケン　ケン」で、金素雲が『諺文朝鮮口伝民謡集』（第一書房、一九三三年）にコブランで始まる伝承の遊び歌を三篇採集して載せている。方定煥（パン・ジョンファン）が雑誌『オリニ』（一九二九年）に童話として発表し、権正生（クォン・ジョンセン）の絵本（二〇〇八年）でもよく知られ今に生きる伝承である。最近見た『ユン・ステイ』というCSテレビの番組で、求礼《くれ》の竹林の曲がった坂道をコブラン、コブランと口ずさみながら『パラサイト』に出演した二人の俳優が駆け下りてくる場面があった。

さらに他の話を読むと昔話の語り口やモチーフが織り込まれていることに気づき、玄徳童話にすっかり魅せられた。果てなし話の語り口がみられる「いかけ屋のおじいさん」は小さな戸のついた小さな家で小さな鳥かごに小さな山鳥を飼っている。小さな小さなの繰り返しは、ハリウェルの採集したイギリスの炉端の話「ティーニイタイニイ」（Teeny Tiny ちいちゃいおばちゃん）と響き合うところがあるようだ。このイギリスの昔話は「私の骨を返せ」という国際話型三六六番の、怖いけれど子どもに人気のある話で、フランスの昔話目録第一巻の類話リストに詩人シャルル・ペギーの話が典型話として載っている。これを知ったときは本当に驚いた。なぜならまだ昔話とは何かについてなんの知識もないまま学部の卒論にペギーの作品を選んでいたからで、心のおもむくままに歩んできた道が知らず知らずのうちに細い糸でつながっていると思えたからであった。

＊参考文献＊

・Paul Delarue : Le Conte Populaire Français Tome premier Nouvelle édition, 1976
・James Orchard Halliwell : Popular Rhymes and Nursery Tales a Sequel to the Nursery Rhymes of England　Forgotten Books, 2012

韓国動物報恩譚の世界

権　赫來

一　動物報恩譚

人間と動物が互いに友好的な関係を結ぶ話の始まりは、「人間と動物の結合譚」である。人と動物が情を通わして結婚するというのは、人間と動物の「対称的」関係を示す象徴的な事件である。神話的世界では、人間と動物が結婚を通じて互いに家族関係を結び、共存する関係を成し遂げた。人間と動物は異質な種であるため、結婚を通して結合することによって、お互いの世界を理解することができる。しかし、神話的世界が通用しない社会になると、人間と動物の結合譚は悲劇的な結末で終わり、これは動物と人間は一緒にできないという認識を生んだ。人間と動物の結合譚が消えた後には、動物報恩譚がその役割に代わっている。

動物報恩譚は、人間が危険にさらされた動物を救い、動物が人間に恵みを返すことが中心叙事をなす物語タイプである。本質的に人間と野生動物の友好的関係や共生・共存関係を探索し、一定の生態意識を示すという意味を持つ。動物報恩譚は、（一）善行（人間が危機に瀕した動物を救う）⇓（二）人間の危機（痺貧状況）⇓（三）報恩（動物が危機に瀕した人間を救う）という、三段階の叙事過程を見せる。三番目の「報恩」過程以降の人間と動物の関係と結末方式により、「善行・報恩交換型」、「共生関係型」という、二つの下位類型がある。善行・報恩交換型は、人間が危機に瀕した動物を助け、後に動物が人間に報恩する行為が一回行われる形である。一方、共生関係型は、人間と動物の善行と報恩交換行為が一回で終わらず、相互利益関係が持続的に行われる関係に転換された形態である。

二　善行・報恩交換型：野生動物に対して哀れに思う心

動物報恩譚は、人間と動物の互恵的関係を中心叙事とした話である。人間と動物は善行（生命救助）と報恩を通じて互いの好恵的関係を結ぶ。『三国遺事』に収録された新羅の話「金現感虎」では、人間に変身した虎女は塔を回った金現に会って、情を通じて夫婦関係を結んだ。その後、虎女は人間をたくさん殺した同族に代わって、自分が神に処罰されることを決める。虎女は金現に対して、自分は虎患（人や家畜が虎に遭う禍）を起こした後に死ななければならないが、あなたは自分を殺して、寺を建ててくれるように頼む。最後に虎女は自ら命を絶ち、金現は虎を殺した功労が認められて官職を得る。虎女は金現の手によって死にたいと思った。金現は情を通じた人なので、そのような人の手で死ぬなら高貴な死を迎えることができると考えたのである。

一八世紀の野談集『雑記古談』の「恩恵を返済したカササギ（報恩鵲）」の内容は、以下の通りである。一人の男が鷹を育てるために、鳥の子をたくさん捕まえ餌にした。彼の娘はその中のカササギ一羽をかわいそうに思い、箱に入れて餌を与え育てた。娘が嫁に行くと、カササギは何度も娘が住んでいるところにやってきた。しばらくして、娘は寡婦になり、息子が紅疫（麻疹《はしか》）にかかって死にそうになる。娘が泣いているので、カササギは紅疫にかかった息子の鼻を切った。息子の鼻から黒い血が流れ出て命を救われる。娘がカササギを哀れに思い生かしたことには、父の無分別な殺生に対する贖罪の意味が含まれている。

「ヒキガエルとムカデ」の民譚は、動物報恩譚の代表的な作品であり、人間と動物の間の結合と和解を複合的に示している。この民譚は、口承だけでなく、韓国の様々な文献説話集に載っている。昔、ある村に心のやさしい少女が住んでいた。ある日、台所にヒキガエルが入ってきたので、少女がご飯を少し与えたところ、毎日、訪ねてくるようになる。その村では、村で祀る堂神に、毎年少女を生け贄に捧げる風習があったが、今回はその少女が選ばれた。少女が暗闇の中で震えているところに、赤い火を吹いてムカデが現れた。その時、少女が育てたヒキガエルが現れ、ムカデと戦った。少女は驚いて気絶したが、翌朝人々が行ってみると、ヒキガエルとムカデが死んでいて、少女は生きていた。この作品では、人間と動物（ヒキガエル）の関係が親と子のような設定となっている。人間と動物が情を通わすということは、お互いをありのまま理解し、尊重する意味が込められている。ヒキガエルは怖いムカデと戦って、自分を育てた少女を救うのである。

孫晋泰《ソンジンテ》の『朝鮮民譚集』（一九三〇年）に収録された「虎の報恩」では、女を捕まえて食べ、かんざしがのどにかかって苦しむ虎を一人の男が助ける。虎が人を食べたことを知っても哀れみ、命を救うというのは、特別な心性でなければできないことである。この特別な条件のために、虎は男に対する敵対行為をせず、女性を紹介し結婚させ、後で自ら虎患を起こして、自分の死で男が報賞を受けるようにする。この民譚は、人間が野生動物を哀れに思い、同情心を施せば、野生動物が人間に恵みを返すという考えを示している。

このように、善行・報恩交換型は、人間の善行と動物の報恩が一回の交換関係を成す性格の動物報恩譚である。このタイプでは、人間が危機に瀕した動物の命を救い、動物の報恩で人は命をとどめたり、結婚したり、金持ちになったりするなどの幸運が訪れるという結末につながる。動物報恩譚は今日の生態文学の面で有意である。このタイプは、人間が野生動物を哀れに思う心を起こして救うと、人間にも有益なことが生じるという認識が伝わってきたことを示し、そこには人間―動物の初歩的な共生意識が発見される。

三　共生関係型：人間と動物の相助・共生意識

「犬と猫と玉珠」は、「貧しい老人が釣りで摑んだ鯉を放す―龍王の報恩で宝玉球を得て金持ちになる―失われた宝玉球を犬と猫が探して来る―人間が犬と猫と同居するようになる」というプロットで構成される。「犬と猫と玉球」は、貧しい老人が鯉を釣り、一日の食べ物にするつもりだったが、鯉が涙を流すのを見て、突然哀れな心が生まれて放す事件から始まる。この作品は、人間が一日の食べ物となる獲物をあきらめることがどれほど難しく奇跡的なことなのかを示している。老人が捕った鯉は龍王の息子だった。翌日、老人は龍王の招待を受け、龍宮に行って宝玉を得て金持ちになる。次の事件は、老人が宝玉を失ったときに、犬と猫が主人のためにそれを探してくる功を立て、犬と猫が人間と一緒に暮らすようになったという由来を示している。その際、より大きな功をたてた猫が人間の近くでより愛されているので、犬がそれを妬んで猫と戦うことになったという話も伝える。この犬猫争珠説話と類似のタイプ、類似の文化意識を持った作品は、韓国、中国、日本、フィリピン、インドネシアなどアジア地域に広く伝承されている。

犬猫争珠説話の最初の事件で、人間は困難に直面した「野生動物」をかわいそうに思って救い、その「対価」で宝玉を得る。宝玉は人間が最も望む米や金銀に続く呪宝だ。宝玉の紛失と奪還が起こる次の事件では、犬と猫が主人のために献身し、功を立てることで「伴侶動物」となる文化史的過程を見せる。

この話は、人間と動物の間で善行・報恩交換行為が一回限りで終わらず、相互利益が持続的になされる関係に転換された形である。このタイプの話は、人間と動物が同じ空間、近い距離、または一定の距離を置いて生き、お互いに利益になる関係を維持する動機や秘訣について考えさせる。

四　韓国と日本の動物報恩譚の比較

日本の因幡地方で採録された「猿と猫と鼠」（柳田国男『日本昔話集』一九三〇年）は、「犬」は登場しないが、広く見ると犬猫争珠説話に属する話である。この話の前半には、猟師の銃に当たって死ぬ危機にある雌猿をおじいさんが救う場面に、野生動物に対する人間の温かい心と積極的な行動が描かれる。この行為により、おじいさんは猿の家に招待されておもてなしを受け、お金が出てくる「猿の一文銭」という宝物をもらって金持ちになる。しかし、しばらくして宝物を失い、再び貧しくなる。この時、おじいさんが育てた猫が鼠を脅かして宝物を見つけることに成功する。結末では、山村の人々は、猫と猿、鼠まで一緒に仲良くしているという。この話には、おじいさんが育てる動物として犬が現れず、猫だけが登場するという点で特徴的であり、山に住む猿と家に住む鼠まで人間と仲良く過ごすという点で、相助共生する動物の範囲が広がる。その点に、韓国の動物報恩譚との違いが発見される。

柳田国男の『日本昔話集』に収録された「盲の水の神」では、日本の肥前地方の若い医者が、白いウナギが捕まって死ぬのを哀れに思って救い、しばらくしてウナギは美しい女に変身して現れて妻になる。ウナギの女は息子を産むが、正体が明らかになると、人間の世界にとどまることができなくなる。女は家を出るとき、子供を育てるのが難しいなら、山の池に来て自分（水の神）を呼んでくれと言う。夫が子供の乳が不足して妻を訪ねていくと、女は池から出て美しい玉（自分の目玉）を一つ与え、乳の代わりに舐《な》めるように言う。だが、その地方の官吏が、玉を発見して夫から奪い、領主に捧げる。夫がやむを得ず再び池に行くと、女は残った片目を渡し、悲しく泣きながら池に戻る。今回も官吏は無慈悲に玉を奪い、領主に捧げる。

水神であるウナギの女性は、人間の男との間に産んだ子供に対する母情が権力者たちによって踏みつけられると、大地震と津波を起こし、島原地域の人々を殺害する。この話は、人間と超自然的な存在が結婚して子供を産むが、共生が許されず、生じた悲劇と怒りを叙事化したものである。そして、人間と動物の間に善行と報恩の交換関係がなされた後、人間の欲と悪行が続くと、人間と動物の友好関係が壊れるだけでなく、人間世界に大災害が来るという破局結末型を示す。

五　動物報恩譚と共生意識

韓国の動物報恩譚は、野生動物を哀れに思い、人間と動物の相助共生意識を示し、日本の動物報恩譚ではそれに加え、人間の貪欲と過誤によって災殃《さいおう》が来るという破局結末型を示す。動物報恩譚は、人間が神聖な能力を持つ野生動物を大切に扱うとき、人間も動物から大きな恩恵を受けるというメッセージを伝える。このようなメッセージを通じて、今日、野生動物が生きている現実はどうあるべきなのかについて考えることができる。

憐愍とは「他人の境遇を哀れに思う心」であり、種差別や虐待を受ける動物にも適用される情緒である。韓国をはじめ、日本、中国の動物報恩譚に描かれた動物たちは、爬虫類（ヘビ）、両生類（青ガエル）、昆虫（アリ、蚊）、淡水魚（鯉、金魚、ウナギ）、鳥類（山鳥）、哺乳類（猿、ヒョウ、トラ、キツネ）などのように多様であり、すべて民衆の生活周辺や山水に生息してきた。

動物報恩譚の核心となるストーリーは、人間が危険な状況にある動物を見て、何の条件もなく同情心を感じて命を救う事件である。これらの動物に対する感情と行動は、人間中心主義を超えた文化意識を示し、人間と動物の交流と共生の可能性を示している。動物報恩譚の叙事と共生意識は、今日、動物権益擁護論者が主張する種差別拒否、工場式農場反対、菜食主義擁護などの問題と関連している。動物報恩譚は動物の生命認識の問題から出発するが、結局は人類の生存と食物問題にまで私たちの考えを導いていく。

現代社会では、人間の尊厳をもとに、社会的・文化的価値と調和し、人間以外の生命に対しても尊厳性を認識することが地球共同体生存の原動力になる、という認識が徐々に増えている。動物報恩譚のストーリーと文化意識をもとに、現代人はこの地球共同体で人間と動物、自然環境が共存する方案についても省察することができる。

＊参考文献＊

・孫晋泰『朝鮮民譚集』東京：郷土研究社、一九三〇年、孫晋泰著、金憲宣外訳『韓国の民話について』ソウル：亦楽、二〇〇〇年、孫晋泰、崔仁鶴訳編『朝鮮説話集』ソウル：民俗苑、二〇〇九年
・柳田国男著『日本昔話集』東京：アルス、一九三〇年、柳田国男編、金容儀外譯『日本の民譚』光州：全南大学出版部、二〇〇二年
・林在海「動物報恩譚に表現された共生的動物認識と生態学的自然観」『口碑文学研究』一八、韓国口碑文学会、二〇〇四年、一九三―二三六頁
・李康燁「報恩譚の種類と意味」『古典文学研究』三二、韓国古典文学会、二〇〇七年、二二七―二六一頁
・金秀妍「動物報恩譚に現れた人間と動物の和解様相」『洌上古典研究』三八、洌上古典研究会、二〇一三年、四五七―四八五頁
・崔勳『動物のための倫理学』ソウル：四月の冊、二〇一五年
・權赫來「韓中日の動物報恩譚の生態意識と共生の人文学」『東亜細亜古代学』六七、東亜細亜古代学会、二〇二二年、一一―四五頁
・黄允禎「文化史的に見た犬猫争珠説話」『古典文学と教育』五〇、韓国古典文学教育学会、二〇二二年、四三―一〇四頁

世界の話型分類の歴史と現在

加藤耕義

一 話型とは

ドイツの『メルヒェン百科事典』に「説話の話型」という項目があり、その冒頭には「話型とは、民間説話の分野において、比較的広い地域内で一定の持続性を示す個々のモティーフやモティーフの組み合わせのことである」と書かれている。とても明瞭な定義である。かつて、トムソン（Thompson, Stith）は、話型を次のように定義した。「独立した存在である伝統的な物語。それは完結した物語として語られ、その意味を他の物語に依存することはない。他の物語と一緒に語られることもあるが、単独で語られることもある。モチーフはひとつだけかもしれないし、いくつもあるかもしれない」。ハンス＝イェルク・ウター（Uther, Hans-Jörg）は、話型とモティーフに関する定義に批判があったことを次のように指摘している。「話型とは完結した筋であるとする定義と、モティーフとは最小の語りの単位であるとする定義は、確かにその曖昧さゆえにしばしば批判されてきた」。ただし、続く文では「しかしそれゆえに、さまざまな地域、時代、ジャンルの、機能的にも形式的にも異なる多くの説話を統合するための基盤を提供している」とも述べている。つまり、「モティーフ」と「話型」の区別が不明瞭であったために、批判もあったが、その曖味さのおかげで、広範な民間説話を取り入れていくことができたということである。ウターはさらに『メルヒェン百科事典』の「話型」の項で「話型は通常、人物、状況、出来事の典型的な組み合わせによって形成される」とも述べている。したがって、話型とは何かをまとめるなら、「話型とは、民間説話の分野において、比較的広い地域内で一定の持続性を示す個々のモティーフやモティーフの組み合わせであり、通常は、人物、状況、出来事の典型的な組み合わせによって形成される」といえよう。

二　話型カタログの歴史

一九世紀後半になると、研究者や昔話に興味のある人々が利用できるように、口伝えの記録や書かれた昔話を分類する最初の試みがはじまった。ドイツのハーン（Hahn, Johann Georg von）は、一八六四年にギリシャのメルヒェンをゲルマンのメルヒェンと比較して類型的に記録しようとした。デンマークのグルントヴィ（Grundtvig, Svend Hersleb）は、一八五六年にデンマークの民間説話のカタログ制作に着手した。約八百のデンマークの昔話を一三四種類に分類し、魔法昔話を最初においた。これはこの種のカタログとしては最も初期のものであり、後にアールネ（Aarne, Antti）による昔話話型の包括的な国際カタログ（一九一〇年）の基本資料の一部となった。またブルガリアのアルナウドフ（Arnaudov, Michail Petrov）は、一九〇五年に論文「ブルガリアの昔話。分類の試み」で、ブルガリアのメルヒェンを題材によって「一、冒険に関するメルヒェン」「二、聖者伝」「三、動物メルヒェン」「四、小話」の四つの主要なグループに分類した。

一方、フィンランドでは、一八七〇―八〇年代に、ユリウス・クローン（Krohn, Julius Leopold Frederik）が創設し、息子のカールレ・クローン（Krohn, Kaarle Leopold）が発展させた地理歴史的研究方法が始まった。これは多くの昔話を整理することで、個々の民間伝承の年代、源流、地域的な特徴、分布などを明確にしようとする研究方法で、このグループはフィンランド学派とも呼ばれる。

ユリウス・クローンはフィンランドの叙事詩カレワラの起源と発展を探る民俗学的な研究を行った。息子のカールレ・クローンは、一八八八年、熊（狼）と狐の動物昔話に関する論文で、地理歴史的研究方法を初めて昔話の分野に適用した。このようにカールレ・クローンは動物昔話を例に自身の理論を始めたが、ベンフェイによれば動物昔話はヨーロッパに起源を持つと思われる唯一のカテゴリーなので、クローンが最初に動物昔話を扱ったことは偶然ではないと述べている。

アールネはカールレ・クローンの弟子であった。彼の指導のもと昔話研究に専念し、フィンランド、デンマーク（S・グルントヴィ）、ドイツ（グリム童話）のメルヒェンに基づく説話話型の体系を開発した。アールネは『メルヒェン話型の目録』を「民俗学研究者連盟の会報（以下FFC）第三巻」として一九一〇年にドイツ語で出版した。昔話目録はこれ以前にも作成されていたが、アールネの体系は、より国際的な使用に適していた。それは彼の体系が極めて大量の資料に基づくものであったこと、また彼が各話型に話型名だけではなく番号を与えたことで、参照と目録作成作業の両方が非常に容易になったためである。アールネは大分類を「一、動物昔話」「二、本来的な昔話」「三、笑話」とした。

アメリカのトムソン（Thompson, Stith）は、『民間説話の話型―分類と文献目録―アンティ・アールネのメルヒェン話型の目録の翻訳と増補』というタイトルで、FFCから二回改訂を出版している。彼はドイツ語で書かれたアールネの目録を英語に翻訳し、個々の話型記述をより正確なものにし、それまでに出版された話型カタログを組み込み、各国のアーカイブ資料に注意を向け、文献を補足した。一回目の増補改訂は一九二八年でFFC74、二回目は一九六一年でFFC184である。この二回目の改訂では、トムソンが自ら出版したモティーフ・インデックス全六巻（一九五五年―五八年）の番号が付された。また、アールネがその話型カタログの中で古い文学資料を基本的に否定したのに対し、トムソンは折に触れ、チョーサー、ボカッチオ、バジーレ、ヨハネス・パウリといった重要な文字資料を指摘した。これについてウターは、「一九六〇年代に入るまで、説話研究者は、口承伝承は何世紀にもわたって完全な形で受け継がれ、先祖の信仰を示す重要な証言であり、文字資料よりも国のアイデンティティにとって価値があるという考え方に導かれることが多かった」と述べている。つまり、トムソンが書かれた資料にも目を向けたことは画期的であったことを指摘している。トムソンのカタログはその後およそ四〇年以上にわたってアールネ／トムソンのカタログ（＝ＡａＴｈ）という通称で、話型カタログの標準として使われてきた。

その後二〇〇四年にウターがこのカタログを改訂した。『国際昔話話型カタログ』（通称ＡＴＵ＝アールネ／トムソン／ウター）というタイトルでＦＦＣ284、285、286の三巻セットとなり、大きな増補改訂となった。彼は話型記述を改め、二五〇以上の新しい話型を導入し、地理的分布が限定的（三地域以下）な多くの話型を排除し、テーマ的・構造的にほとんど差異のない話型を統合した。

三　非ヨーロッパ地域のカタログ

ウターは、『メルヒェン百科事典』の「話型カタログ」の項で、アールネ／トムソン／ウターの「話型カタログ」がヨーロッパ以外の地域には部分的にしか適応していないことを次のように述べている。

数十年にわたって使われてきた国際的な話型カタログＡａＴｈ／ＡＴＵのシステムは、特にヨーロッパにおいて、とりわけ寓話、動物昔話、聖者伝、昔話、笑話、形式譚の分野において、歴史的および現在の説話資料に関する有益な情報を提供している。しかし、世界的に広く流布している口承伝承や書かれた伝承のジャンルをすべて網羅できるわけではない。これは国際的な話型カタログのジャンルの構造や関連するテーマの考え方に関係している。話型カタログの歴史が示しているが、非ヨーロッパ地域の民間伝承は、ＡａＴｈ／ＡＴＵの助けではごく限られた範囲しか把握できない。このように、インド・ヨーロッパ語族のために設計されたアールネ／トムソンのシステムは、アジアや他の大陸の説話には部分的にしか転用できず、時には類型学的な分類に疑問を抱かせることもある。トムソンはすでにアールネ／トムソンによる国際話型カタログの守備範囲を限定し、次のように強調していた。「それ（この分類）が、中央アフリカ、北アメリカ先住民、オセアニアなどの地域の物語に拡張できると考えるのは間違いであろう」。それに伴い、それぞれの伝承に基づいた独立した話型カタログが求められるようになった。

日本でもいくつかの分類がなされてきた。時代順に並べると以下のとおりである。

一、柳田国男『日本昔話名彙』日本放送出版協会、一九四八年

日本で初めて昔話を分類したのは柳田国男である。柳田は昔話の神話とのつながりを強く意識し、「桃太郎」のように、異常誕生に始まり、主人公の一代記を語る昔話を「完形昔話」と名付け、それ以外の比較的単純な昔話を「派生昔話」と呼ぶ二分類を提唱した。柳田は梗概をもって、この二分類を示しており、まだ話型という概念は意識していなかった。

二、関敬吾『日本昔話集成』全六巻、角川書店、一九五〇―一九五八年

全六巻を編纂する中で行われた配置が、分類となって提示されている。また、第六巻には、「昔話の型」という名前で『日本昔話集成』の配列を見直し、改良した話型カタログが掲載されている。これが話型カタログとしては日本で最初のものになる。「第一部　動物昔話」「第二部　本格昔話」「第三部　笑話」の三分類はアールネ／トムソンのシステムを踏襲しているが、中身の配列は関独自のものであり、関自身「吾々の分類は必ずしもアアルネ・システムに従わない」と述べている。

三、池田弘子『日本の民間文芸の話型とモティーフ・インデックス』（ＦＦＣ第二〇九巻）、一九七一年。A Type and

Motif Index of Japanese Folk-Literature（FFC 209. Helsinki 1971）。

池田弘子は、アールネ／トムソンと同じＦＦＣから、アールネ／トムソンのカタログに倣った番号付けで、日本の昔話の話型インデックスを英語で出版している。元資料としたのはおもに関の『日本昔話集成』である。

四、稲田浩二『日本昔話通観　第二八巻　昔話タイプ・インデックス』同朋舎出版、一九八八年

これは稲田浩二と小澤俊夫が責任編集をしていた『日本昔話通観』の二七巻までの話型を目録にしたもので、「一、むかし語り」「二、動物昔話」「三、笑い話」「四、形式話」の四分類である。稲田のカタログには「第四章　タイプ・インデックスの比較・対象」が付されており、［アールネ／トムソン『昔話の型』］、［崔仁鶴『韓国昔話の研究』］、［W・エバーハード『中国昔話の型』］、［『日本昔話通観』一アイヌ編］、［柳田国男『日本昔話名彙』］、［関敬吾『日本昔話大成』］との対応表は有用性が高い。

四つの分類のうち、カタログの形になっているのは、関と池田と稲田の三つであるが、可能な限りアールネ／トムソンのシステムに倣おうとしたのは、池田弘子のカタログのみで、他の二つは独自の配列をしている。ウターの「それぞれの伝承に基づいた独立した話型カタログが求められるようになった」という指摘どおり、日本のカタログも日本の昔話の実状に合わせた分類が探られるようになった。

四　話型分類の現在

ウターは、『メルヒェン百科事典』の「話型カタログ」の項で、二〇一〇年時点での研究の現状について次の内容の指摘をしている。

ＡａＴｈカタログの二回目の改訂（一九六一年）以降に出版された話型カタログの約半数は、ＡａＴｈシステムに基づいている。こうした国際的なシステムに従った話型カタログでは、地域的な特徴や物語的な話型の独立性を強調す

るために、通常、話型番号の数はかなり拡張されている。民衆の語りの記録に引き続き関心が持たれていることは、たとえば、ベルギー、フランス、イタリア、スペインなどで集中的な現地調査が行われたことからもうかがえる。また、非ヨーロッパの物語資料の話型カタログが増えたことも特筆すべき点である。また、編集にかなり長い時間を要した例としては、アラビアやハンガリーの話型カタログがある。

ウターは、自身のカタログを二〇一一年に一度改訂し、さらに二〇二四年に第三版が出る予定である。改訂のたびに、新たな資料が加えられていることからも、分類研究は発展し続けていることがうかがえる。

ウターの『国際昔話話型カタログ』における話型記述は、トムソンのカタログと比べきわめて詳細かつ具体的になった。そのおかげで、これまで日本の『昔話大成』や『昔話通観』が指摘してきた類話を確認すると、かなりずれがあることがわかる。指摘されているものがまったく類話ではないケースもあるし、また指摘されるべきものが抜けていることも見られる。今後日本の昔話研究・話型研究によって、類話関係が見直され、国内での昔話研究がさらに発展し、また世界に向けて日本の昔話の情報が発信されていくことが期待される。

＊参考文献・引用文献＊

・関敬吾著『日本昔話集成　第一部　動物昔話』角川書店一九五〇年、五八頁。
・トムソン、スティス（Stith Thompson）著『民間説話の話型―分類と文献目録―アンティ・アールネのメルヒェン話型の目録の翻訳と増補』（The Types of The Folktale, A Classification and Bibliography, Antti Aarne's Verzeichnis der Märchentypen. Translated and Enlarged by Stith Thompson. FF Communications No. 184. Helsinki 1961.
・『メルヒェン百科事典（Enzyklopädie des Märchens）』第一巻、Walter de Gruyter、一九七七年、「アールネ（Aarne, Antti Amatus）」二頁。「アルナウドフ（Arnaudov, Michail Petrov）」八〇八頁。
・『メルヒェン百科事典』第四巻、Walter de Gruyter、一九八四年、「説話話型（Erzähltypen）」三四八頁以下。

・『メルヒェン百科事典』第五巻、Walter de Gruyter、一九八七年、「地理歴史的研究方法（Geographisch-historische Methode）」一〇一三―一〇一四頁。
・『メルヒェン百科事典』第六巻、Walter de Gruyter、一九九〇年、「グルントヴィ（Grundvig, Svend Hersleb）」二六〇―二六四頁。
・『メルヒェン百科事典』第一三巻、Walter de Gruyter、二〇一〇年、「話型カタログ（Typenkatalog）」一〇七三―一〇八四頁。「話型（Typus）」一〇八五―一〇八六頁。
・ウター、ハンス＝イェルク（Uther, Hans-Jörg）著 The Types of International Folktales, A Classification and Bibliography, Based on the System of Antti Aarne and Stith Thompson. By Hans-Jörg Uther. FF Communications No. 284, 285, 286. Helsinki 2004, Second printing in 2011.
・ウター、ハンス＝イェルク著『国際昔話話型カタログ―分類と文献目録』加藤耕義訳、小澤俊夫日本語版監修、小澤昔ばなし研究所、二〇一六年、五頁以下。
・ウター、ハンス＝イェルク（Uther, Hans＝Jörg）著『ドイツの昔話カタログ―話型目録（Deutscher Märchenkatalog—Ein Typen-verzeichnis）』Waxmann、二〇一五年、「前書き」七―八頁。

Ⅳ　世界の昔話絵本

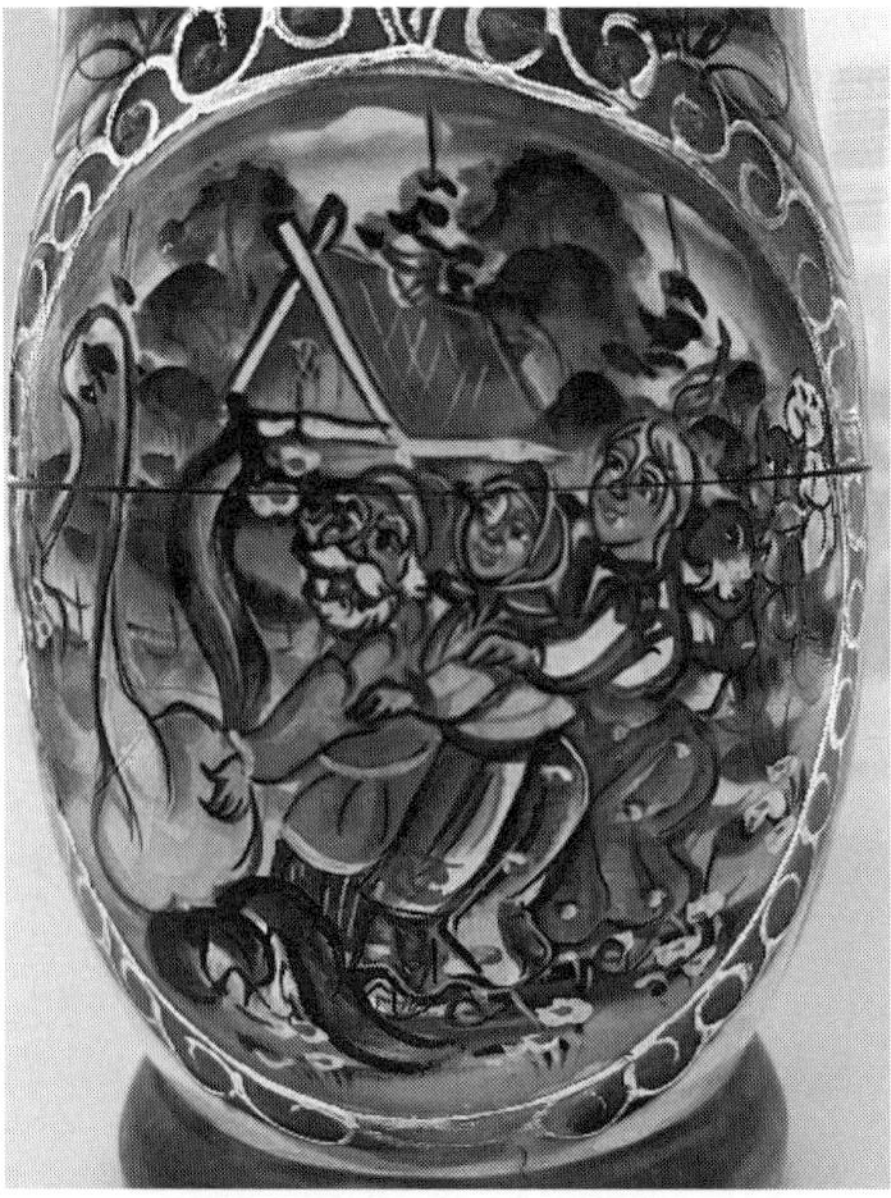

ロシアのマトリョーシカ人形に描かれた「おおきなかぶ」（2012年10月、サンクトペテルブルクにて購入）

『おおきなかぶ』（ロシアの昔話）

大澤千恵子

ロシア民話「かぶ」の翻訳。原題はロシア語のかぶに指小形の接尾辞-kaが付いた「Репка《レープカ》（かぶっこ）」（東北地方で馬を「馬っこ」と呼ぶのに近い）で、邦題「おおきなかぶ」は物語内容に即した意訳。

A・トルストイによる再話と内田莉莎子訳

日本の国語科教育では、子どもたちが共通して最初期に出会う物語文である。初出は一九五五年の「おおきなかぶ」で、二〇二四年現在、小学校一年生の国語の教科書すべてに収載されている定番教材となっている。にもかかわらず、教科書会社や発行年度によって本文にも違いがあり、訳者や再話者、画家名、ロシア民話の表記の有無もまちまちな点が見られる。原話にもヴァリエーションがいくつもあるが、日本で親しまれているのは、おじいさんが「大きくなれ、あまくなれ」と言いながらかぶを植えることが特徴的な、A・トルストイによる再話である。A・トルストイは、アファナーシエフ編『ロシア昔話集』とオンチュコーフ編『北方昔話集』をもとに再話したとされる。「余分な言葉はカットして、他の「根源の話」から優れた部分を付け加えました」（田中）、「ことばが生き生きしており、構成もしっかりしていて、みごとです」（松谷）など高く評価されている。

　時代や国を超えて多くの子どもたちに親しまれるものとなっているのは、「眠れる森の美女」や「サンドリヨン（シンデレラ）」で知られる、近世フランスのC・ペローの再話同様である。なお、A・トルストイによる再話の直訳は、「ひっぱっても、ひっぱっても、ぬけません」という繰り返しの動作を表現する部分はあるが、日本で子どもたちに親しまれている、「うんとこしょ、どっこいしょ」に当たるかけ声はない。これは、原文の特徴をうまく日本語にアレンジした内田莉莎子《うちだりさこ》による名訳である。物語を引き立てる簡潔さや言葉のリズムのよさは、ウクライナ民話絵本『てぶくろ』（福音館書店）の内田訳にもみることができる。

累積昔話としての遊び歌の要素

ロシアの民話には、魔法昔話、世態昔話、動物昔話、累積昔話といった分類がある。この話は累積昔話で、内容よりもむしろ構造や文体に特徴がある。「同じ行為が何度も反復され、増幅されていることから、この呼称がある」（齋藤）という。リズミカルで楽しい言葉の積み重ねによる語りは、積み木を重ねたり、草花を鎖状につないだりするような子どもの遊びと共通している。ベッソーノフ編『童謡集』に収められたヴァリエーションの解説には、かぶになって座る子の片足をひっぱる遊びが紹介されている。かぶ役の子をぬく子どもたちが一人ずつ増え、ひきぬけたら喜んで散っていくというものだ。日本にも同じように歌に合わせながらたけのこに扮して連なる子どもたちを鬼役の子がひっこぬく遊び歌「たけのこ一本おくれ」があるが、「おおきなかぶ」もお話自体が動作化した遊び歌の要素を持っているということである。多くの遊びがそうであるように、意味や教訓を求めようとするのがそぐわないのはそのためだ。

リズミカルな遊び歌だからこそ登場人物は、ムィシカ（ネズミ）、コーシカ（猫）、ジューチカ（犬）、ヴヌーチカ（孫娘）、バープカ（おばあさん）、ジェートカ（おじいさん）、レープカ（かぶ）と、皆韻を踏んで連なり、「ひっぱる」という動詞は最後に付けられるだけである。そのため、ロシア語で読まれるときは次第にスピードアップして、まくし立てるような読み方になっていくという。だからこそ、後から来たものの順番でつなげていく原典の順番は重要だといえるし、イギリスの民謡集『マザーグースの歌』と同様に、直接的な意味は求められないノンセンスの様相も浮き彫りになる。

「ノンセンス nonsense」とは、文学のジャンルの一つで「《意味《センス》を無化する方法》」、すなわち「言語的ノンセンス」（高橋）を指す。文学的な言葉遊びの形をとる場合、意味《センス》よりも音《サウンド》が重要で、教訓ではなく言葉それ自体が持つリズミカルな響きや、繰り返しの面白さ・楽しさが物語の中心に据えられている。タイトルも含めて韻を踏み、ディクレシェンド的により小さな力が繰り返し加わって、クレシェンド的に全体の力が大きくなり、最後にかぶが抜けるカタルシスには、遊戯的ノンセンスがある。文学における「ノンセンス」は、きわめて高度で技巧的な言語感覚があってこそ成り立つものにほかならないが、何よりも重要なことは、子どもたちはそのような概念を知らずとも、その面白さを味わい、楽しむ力を持っているということである。

昔話を味わう愉悦

こうした遊戯的ノンセンスとは裏腹に、授業の中では、言葉や科学的知見から読解するための問いが投げかけられることが少なくない。また、「協力」や「小さいものの力」などを主題として道徳的・思想的に読もうとする向きも残る。それに対して、「この昔話を生み出した人や、この昔話を愉しんできた子どもたちの思いとは別のもの」（齋藤）、「陥りやすい危険な落とし穴」「お手軽な道徳教育」（田中）との批判がある。訳者の内田も困惑と強い拒否感を示す。

このことは、童話・昔話というジャンルに属することに起因する。しばしば問題になる表現に着目してみよう。かぶを植えるのか、蒔《ま》くのかという言語表現である。国語科教育では、言葉にこだわってきたわけだが、動詞の意味の細かな違いよりもむしろ重要なことは、そのかぶが単数であることだろう。たった一つしかない特別なかぶなのである。こうした不思議な力を持つ特別な種は、童話・昔話ではなじみ深いモチーフだ。例えば、日本昔話「猿蟹合戦」では、蟹はかきの種を植える（蒔く）と、蟹の言葉通り早く芽を出し、育って木になり、実をつける。また、アンデルセン童話「親指姫」では、年老いた魔女からもらった大麦の種を、言葉通り植木鉢に蒔いた（植えた）ところ、チューリップの花が咲き、中から親指姫が生まれる。イギリス民話「ジャックと豆の木」の豆（一粒ではないが）も、一晩で天まで届くほど大きな豆の木に育つ。

このように、童話・昔話では、言葉は呪術的力を持ち、一つ（もしくは少数）の植物の種が超越的生命力を発揮することは珍しくない。おじいさんの言葉通り、大きく育った「かぶ」は、やはり言葉通り、甘いに違いないのである。

大人がこの話にどれだけ意味を持たせ、教訓的に教えたとしても、子どもたちの中に残っているのは動作化する楽しさや繰り返しの言葉の面白さ、やっとかぶがぬけた喜びの方ではないだろうか。だからこそ、今日まで時代を超え、海を越えて子どもたちに受け継がれる生命力を持ち得ているのである。

＊参考文献＊

・高橋康也『ノンセンス大全』晶文社、一九七七年
・松谷さやか・金光せつ編訳『ロシアのむかし話』偕成社、一九八五年
・内田莉莎子「ロシアの昔話のことなど」伊東一郎編『ロシアフォークロアの世界』群像社、二〇〇五年
・齋藤君子「大きな「かぶ」の六つの謎」小長谷有紀編『「大きなかぶ」はなぜ抜けた?』講談社現代新書、二〇〇六年
・齋藤君子「『大きなかぶ』とロシア昔話」石井正己編『昔話と絵本』三弥井書店、二〇〇九年
・田中泰子『「おおきなかぶ」のおはなし』東洋書店、二〇〇八年
・加藤康子「おおきなかぶ」石井正己編『国語教科書の定番教材を検討する！』三弥井書店、二〇一一年

『てぶくろ』（ウクライナ民話）

山本直子

ウクライナの伝統的装飾模様に縁どられた印象的な表紙の絵。山吹色の美しい絵本『てぶくろ』は、福音館書店から、うちだりさこの翻訳で一九六五年に初版が出て、二〇二三年一一月までに、なんと一七七版を重ね、読み継がれてきた。エウゲーニー・ラチョフが一九四七年にこのウクライナ民話のロシア語版の絵本の挿絵を擬人化した動物たちで描き、旧ソ連で出版されたのは一九五一年。ロシアでも再版が重ねられて、版が痛み一九七八年ラチョフは再びこの物語のために新しい絵を描いたほど読み継がれている（この新しい絵による『てぶくろ』はネット武蔵野から田中潔の翻訳で二〇〇三年に出版されている）。

物語は、家に見立てた物の中に小さな生き物からだんだん大きな生き物が、やって来ては入ってゆく累積譚で、ウクライナやベラルーシ、ロシアといった東スラブ語を話す民族の間に類似の物語が存在する。

こうした累積譚は、語り手が上手に語り掛けると、聴き手は先に出てきた動物の名前を覚えて、名乗るときに語り手と一緒に物語に参加しはじめ、終わるころには物語をすっかり覚えて語れるようになっていたりする。

ウクライナ民話『てぶくろ』の物語は、雪道を仔犬《こいぬ》と歩くおじいさんが森の中で手袋を落とす、という現実空間から始まる。その手袋を見つけた食いしん坊ネズミが、手袋を家に見立てて暮らしはじめる。そこへ、ぴょんぴょんガエル、はや足ウサギ、お洒落ギツネ、灰色オオカミ、キバ持ちイノシシ、のっそりグマ、の面々が、小さい順にやってきては名乗り合い、「一緒に入れてくれ」と頼む。一緒に棲《す》んだら食べられてしまいそうなキツネやオオカミも入ることを許し、大きくて入れそうにないイノシシやクマまで入ったところに、手袋を落としたことに気がついたおじいさんが引き返して来る。先に走って来た仔犬が、むくむく動いているてぶくろに「わんわん」と、ほえたてる。てぶくろの中のみんなはびっくりして森のあちこちに逃げてゆく。そこにおじいさんがやって来て、てぶくろを拾って終わる。

一方、ロシアのアルハンゲリスク県で採録された「蝿《はえ》の御殿」（中村喜和編訳、アファナーシェフ『ロシア民話集（上）』岩波文庫、一九八七年。AT283B）では、蝿のメソ子が作ったお城のような御殿に、虱《しらみ》のモゾ子、蚤《のみ》のピョン子、蚊のブン吉、鼠のチュー子、蜥蜴《とかげ》のチョロ子、狐のおこん、兎の跳び助、猿の灰色太郎、熊の剛蔵が同じように次々やって来ては名乗り合い、猿の灰太郎まではそのまま御殿に入るのに、最後にやって来た熊だけは「お城のような御殿にいるのは誰だ」とたずねて、中にいる皆が名乗り、「あんたはだあれ」と聞かれると、「俺は壊し屋剛蔵だ。みんな一ひねりにしてやるぞ」と言うなり、片足で御殿を踏みつけて、めちゃめちゃに壊してしまうのだ。類似する物語は他にも荷車から落ちた甕《かめ》や、お百姓の家のクリームの壺に次々動物が入るパターンなどがあるが、いずれも終わり方は最後の熊に踏みつぶされてしまう。

日本とは異なり、地続きの大陸で、様々な民族が行き交う土地柄、文化的に異なる人がふいにやって来るのは当たり前。誰とでも何とか一緒にうまくやってゆこうとするのが、この地に暮らす人々の基本的なあり方なのだろう。寒い冬という設定であればなおさら、誰も追い出すことなく、暖かな家に迎え入れるのかもしれない。けれども、たった一人でも壊し屋がいれば、そのユートピアは一瞬にして壊れてしまう。

採集される民話は「お人好しだけでは生き残ることはできない」という教訓話が一般的な中、『てぶくろ』として絵本化されたウクライナの物語は、無理かなと思われても最後まで受け入れ続ける。そこに「目をさませ」とばかり現実のおじいさんが戻って来て、はじめから何もなかったかのように元通りになる。

ウクライナという、小麦が実る豊饒な大地に生きる人々は心の底では、小麦やじゃが芋を育てて皆でお腹いっぱい食べる幸福を、争うことなくどんな民族とも分かち合いたいと願っているように思えて来る。

二〇一七年、日本の芸術家ミヤザキケンスケは、ウクライナのマリウポリの小学校の壁に、現地の子どもたちと一緒にウクライナ民話『てぶくろ』をモチーフにした壁画を描いた。Over the Wall のホームページによれば、この企画は「連帯、平和」をテーマに、紛争により破壊された壁に、希望を取り戻せるような壁画を、国連難民をはじめとして虐げられた人々が連帯参加できるようなプロジェクトとして描く目的で、マリウポリ市より誘致されたものだった。その当時も数キロ先に戦闘警戒地域があり、マリウポリはドネツクなどからの国内避難民を受け入れていて、緊張感漂う中での制作であったという。

大きな手袋の中で様々な民族、宗教、職業の人たちが肩を寄せ合っている様子を描き、手袋の上に描かれた大きなイースターエッグからは、人々の温かさでひよこが孵《かえ》り、成長し、大空を羽ばたき、人々に幸せをもたらしている……。その壁画が二〇二二年ロシアの砲撃を受けて破壊された。二〇二三年一一月、福岡県のテレビ西日本放送会館に、マリウポリの壁画をベースにして、福岡在住の子どもたちとウクライナ人留学生など沢山の人の手により、福岡らしさをアレンジした壁画を復活させ、ウクライナに、全国に、平和への思いを届け続けている。

熊に踏みつぶされて終わることを肯定したくない多く

の人々の思いが、民話の動物たちから壁画の絵を進化させた。壁画の「てぶくろ」の中に入る人々は各々の職業や能力を生かし、互いの違いを乗り越え、助け合っているように見える。語り継がれる民話「てぶくろ」に込められたウクライナの人々の平和・共存への思いは今、全世界の人々の願いでもある。

『スーホの白い馬』（モンゴル民話）

蒙古貞夫

モンゴルの代表的な伝統楽器・馬頭琴《ばとうきん》の誕生にまつわる、モンゴル民話『スーホの白い馬』は、日本で世代を超えて多くの人に熟知されている。初出は、大塚勇三訳・赤羽《あかば》末吉《すえきち》絵で、一九六一年一〇月に福音館書店から発行された、月刊絵本『こどものとも』一〇月号に掲載された『スーホのしろいうま』であった。

こうして誕生した『スーホのしろいうま』は、一九六五年、光村図書出版から発行された小学校教科書の『しょうがくしんこくご（二年・下）』に、タイトルの表記を改め、「モンゴル民話　スーホの白い馬」として採択された。それ以降、スーホという少年の名前だけでなく、モンゴルと馬頭琴の知名度も高まった。

それに伴って、一九六七年一〇月、赤羽末吉画と大塚勇三再話によって改変された『モンゴル民話　スーホの白い馬』が、福音館書店から発行された。これを機に、『スーホの白い馬』は、日本だけでなく、世界各国の人々に注目されるようになった。英語及び中国語などに翻訳され、人々はモンゴル文化を知るための入門書として愛読するようになった。

『スーホの白い馬』は、「お婆ちゃんと暮らすモンゴル少年のスーホが、ある夜、白い仔馬《こうま》を抱いてきて、立派な馬に育てた。競馬の大会に参加して優勝したが、そのために、殿様に白い馬を奪われてしまった。その後、白い馬は殿様の命に従わず、殺された。スーホは、悲しみのあまり、その馬の骨で馬頭琴を作って演奏し、遊牧民の心を揺り動かすようになった」というあらすじである。

このようなストーリーを読むと、スーホと白い馬が遭遇したことに同情し、殿様は非常に悪い人間だと思う人が多いだろう。一方、絵本に描かれた寥寥《りょうりょう》たるモンゴル大草原の広さに感動し、モンゴル草原に旅して、馬頭琴の生演奏を聴きたいと思う人も少なくないだろう。しかし、草原で生まれ育ったモンゴル人から見ると、『スーホの白い馬』で描写されているモンゴル遊牧民の姿には、モンゴルの伝統文化と矛盾する点が多く見られる。

たとえば、主人公の名前である。日本人が見慣れている「スーホ」というカタカナ表記は、実際のモンゴル語では「ᠰᠦᠬᠡ（süke）」となり、樹木の伐採や木材の成型や薪作り等々で使われている「斧」の意味を持つ。モンゴル語の発音に従って日本語に訳すと、現在の「スーホ」より「スヘ」と「スフ」になる。大塚勇三は、モンゴル語の発音まで考慮せずに「スーホ」と訳したため、読者は「スーホ」をモンゴル語として受容することになった。

馬頭琴は日本人によく知られているが、実際に見たり触ったりしたことがない人は多いだろう。「馬頭琴」の字面から、琴という楽器の頭部に馬の頭が飾られていることはわかる。モンゴル人は、この馬頭琴をモンゴル語で「モリンホール」と呼んでいる。「モリ」は馬の意味、「ホール」は弓で弦を擦って音を出す楽器の総称である。大塚勇三は翻訳する際、モンゴル語の資料ではなく、中国語の資料を使い、「马头琴」（読み方「mǎ tóu qín」）を直訳した。松《まつ》居《い》直《ただし》が『絵本をみる眼』で、「私は大塚さんにお願いして、モンゴル語の昔話を中国語から訳していただくことにした。大塚さんが見つけてくださったのは昔話というより伝説に近い「馬頭琴」という話であった」と回想していることからも明らかである。

競馬の大会で優勝した白い馬は、殿様の命に従わなかったために、弓で射殺される。モンゴルで殿様と呼ばれている貴族層は、実際には、体力と耐久力があり、体格もいい馬を群れで飼育している。競馬で優勝した馬がモンゴル人に尊敬されていることを考慮すると、殿様が強制的に、貧しい羊飼いスーホの白い馬を略奪して殺害することは考えにくい。殿様自身または王府に所属して専門的な知識を持つ調教師が白い馬を従順させるというほうが、モンゴルの伝統文化に合っている。

こうして、日本人が長年にわたって信じてきた『スーホの白い馬』は、モンゴル人の間で「Morin huuriin ulger（domog）-Suhiin saaral mori（馬頭琴の物語—スーホの白い馬）」という若干違った名称で伝承されている。この点に関しては、ソイルトの論文によって確認することができる。しかし、内モンゴル出身で、馬頭琴を演奏しながら『スーホの白い馬』に関わる研究をしているミンガド・ボラグは、「モンゴル国と中国の内モンゴル地域においてもこの物語は存在しない」と主張している。

しかし、こういうモンゴル文化を否定する観点には賛同できない。スーホが登場する民話は、藤《ふじ》井《い》麻《ま》湖《こ》の著作『モンゴル英雄叙事詩の構造研究』でも確かめられる。ミンガド・ボラグは、スーホが登場する文献資料を参考にせずに論を進めてきた結果、『スーホの白い馬』がモンゴル民話として存在しないという結論に至ったのだろう。

絵本である『スーホの白い馬』の主な読者は、まだ物事の理非曲直をはっきり見分けられない子どもであろう。そうであれば、読者である子どもたちに正確なモンゴル文化を伝えることが重要である。確かに、大塚勇三と赤羽末吉が、絵本によって、モンゴル文化の理解に貢献した功績は大きい。しかし、この作品を通して世界中の子どもがモンゴル文化を理解するであろうことを考えれば、それを正しく伝えることも大切であると思われる。

＊参考文献・引用文献＊

・ソイルト「ミンガド・ボラグ著『日本人が知らない「スーホの白い馬」の真実』の真相」『日本とモンゴル』第五六巻第一号（一四二）、二〇二二年
・蓮見治夫『チンギス・ハーンの伝説―モンゴル口承文芸―』角川書店、一九九三年
・藤井麻湖著『モンゴル英雄叙事詩の構造研究』風響社、二〇〇三年
・ボルジギン・ブレンサイン編著『内モンゴルを知るための60章』明石書店、二〇一五年
・松居直『絵本をみる眼』日本エディタースクール出版部、二〇〇四年新装版（一九七八年初版）
・ミンガド・ボラグ『「スーホの白い馬」の真実―モンゴル・中国・日本それぞれの姿―』風響社、二〇一六年
・ミンガド・ボラグ『日本人が知らない「スーホの白い馬」の真実』扶桑社、二〇二一年

『王さまと九人のきょうだい』(中国の民話)

楊 静芳

『王さまと九人のきょうだい』(君島久子訳、赤羽末吉絵、岩波書店)は、一九六四年出版の『白いりりゅう 黒いりゅう』(岩波書店)に収録された「九人のきょうだい」を絵本化したもので、一九六九年発売以来、高い人気を博し、半世紀以上読み継がれてきた。

『王さまと九人のきょうだい』は中国雲南省のイ族が語る話である。その粗筋は以下のようである。

おばあさんが子供を授かれないことを嘆き悲しんでいると、池の中から白い髪の老人が現れ、一粒飲むと子供が一人生まれるという丸薬を九粒くれる。おばあさんが一遍に飲んでしまうと、九人の赤ん坊が生まれる。九人もの赤ん坊を育てられないと老夫婦が困ると、白い髪の老人がまた現れ、何もしてやらなくても育つと言い、それぞれの子供に「ちからもち」「くいしんぼう」「はらいっぱい」「ぶってくれ」「ながすね」「さむがりや」「あつがりや」「切ってくれ」「みずくぐり」という名前をつける。

九人の兄弟が大きくなった頃、王様の宮殿の柱が倒れてしまったので、王様は国中に柱を元どおりにできたものに望みの褒美をとらせるというおふれを出す。「ちからもち」は夜中に柱を直したが、王様はそれを信用せず、大きな釜のご飯を全部食べないと、牢屋に打ち込むと難題を出す。九人の兄弟は顔も体つきもそっくりだったので、「くいしんぼう」が駆けていき、宮中のご飯を全部平らげる。王様はその能力を怖がって、「飢え死にさせよ」、「打ち殺せ」、「谷底へ突き落とせ」、「焼き殺せ」、「凍え死にさせよ」、「切り刻め」、「大川の中に放り込め」と次々に命令を出すが、九人の兄弟はそれぞれの特技を生かし、交替で駆けていき、難題を切り抜ける。最後に、王様は「みずくぐり」に大水を吹きかけられ、大川の中に転げ込み、波に呑まれる。

この類の話は中国全土に分布し、一般的に「十人兄弟型」と呼ばれ、「怪異児型」のサブタイプに分類される。「怪異児型」の話の特徴は、その誕生も体つきも行為も異常な主人公にある。たとえば、蛙息子、卵息子、棗《なつめ》息子、瓢簞息子、南瓜《カボチャ》息子などである。日本の田螺《たにし》息子、一寸法師、親指太郎、五分太郎などもこの類の話と考えられる。

「十人兄弟型」は中国独特な話型で、兄弟の人数が三人から一二人まで、まちまちである。ほとんどの話は「異常誕生」と「難題の克服」という二つのモチーフを含む。話はいつも子供のない夫婦が、白い髪の老人からある物をもらうことから始まる。丸薬をもらうことが多いが（海南島リー族「十人兄弟」、福建省シェ族「十兄弟皇宮をさわがす」など）、他に桃（海南島リー族「五人兄弟」、広西省漢族「十二人兄弟」など）、みかん（広西省チワン族「八人兄弟」など）、卵（福建省「千里眼兄弟」など）、麻の実（雲南省イ族「大風天と彼の兄弟たち」など）の例も見られ、子孫繁栄を象徴するものが多い。物をくれる人物は、多くの場合、「白い髪の老人」と描かれるが、「仙人」「土地神」と明記する場合もある。これは道教思想の影響を受けたことによるという指摘がある。

たくさんの子供が生まれると、老人がまた現れ、子供たちに名前をつける。チワン族「八人兄弟」の早耳、千里眼、力持ち、びしびし、鉄骨、ぶるぶる、長あし、大泣き、イ族「大風天と彼の兄弟たち」のきき耳、力もち、大飯食い、皮はぎ、あし長、飛天のように、いずれも個性を表す名前である。一方、親が子供たちの特技を見抜いて名前をつける場合も見られる。

「異常誕生」をした子供は男ばかりで、しかも一気に何人も生まれる。それは農耕社会において、男は畑仕事や重労働の担い手のみならず、家系を継ぐことができるので、人々は男の子が生まれてくるのを願うことがある。

兄弟たちに難題を課すのは、皇帝、地方官吏、地主などの権力者である。宮殿の柱が倒れたり、皇帝の金欄殿が傾いたり（福建省漢族「十人兄弟」）、万里の長城からの泣き声を聞き取ったり（山西省漢族「涙で長城を押し流す」）するのがきっかけになって、九人兄弟の一人が不思議な能力を発揮すると、皇帝はそれを怖がって、殺そうとする話が多い。他方、地方の有権者は兄弟たちの財産を狙ったり（吉林省朝鮮族「六人兄弟」）、才能を嫉んだり（湖南省漢族「十人兄弟」）して、加害しようとする話も少なくない。

次から次へと難題を押し付けられる兄弟たちは、それぞれ異なる特技を生かして難題を克服し、最後に勝利を収める。一方、兄弟の中の何人かが大した働きはせず、最後の末弟が勝利を収めるというパターンもあるように、兄弟はみんな強いものとは限らない。また、チワン族「八人兄弟」の「ぶるぶる」「大泣き」のように、人に好まれない特質を見事に強みに転換し、大いに活躍する兄弟も語られている。

話の結末としては、悪い権力者を完全に滅ぼすと語る話もあるし、権力者を降参させたり、災難から逃れたりして終わる話もある。

「善」と「悪」の対立と抗争は「難題の克服」というモチーフの基本的な構成である。兄弟たちが表す「善」と皇帝、地主などが表す「悪」の対立・抗争は現実そのものの描写であり、兄弟たちが最後の勝利を収めるという結末には、人々の願望が託されている。

「十人兄弟型」に関する古い文献は明代の屠本畯《とほんしゅん》撰の『憨子雑俎《かんしざっそ》』に収められる「七人兄弟」の話に遡れる。また、特技を持つ兄弟たちのルーツを探ると、中国古代の巨人神話に辿り着くことができる。

＊参考文献＊
・君島久子『「王さまと九人の兄弟」の世界』岩波書店、二〇〇九年
・劉守華主編『中国民間故事類型研究』華中師範大学出版社、二〇〇二年

『銀のうでわ』（中国の民話）

楊　静芳

『銀のうでわ』（君島久子文、小野かおる絵、岩波書店、一九九七年）は、絵本でおなじみの中国の民話であり、四川省大涼山で伝承しているイ族の「阿茨姑娘《アーツクーニャン》」をもとに、同じイ族の貴州省威寧の伝承、およびペー族、チベット族などの話を資料として、再話したものである。その梗概は以下のようである。

両親を亡くしたアーツは継母とその娘と暮らしていた。牛の番をしながら、麻を紡ぐことを継母に命じられて泣いていると、牝牛《めうし》は麻を食べて、お尻から糸を出してくれる。継母は姉娘にも同じことをさせたが、失敗する。継母は牝牛を殺す。アーツは牝牛の骨を家の裏の壺の中に隠す。祭りの日に、継母は娘を連れて出かけるが、アーツに灰の中の菜種を拾うこと、かごで水を汲むことを命じる。カササギに助けられて、仕事を完成する。カササギの教えるとおりに、骨の所に行くと、服や金銀の飾り物があった。アーツは着飾って馬に乗り、祭りに向かう。若者のチムアチがアーツに一目惚れする。しかし、一番鶏の声が聞こえたら、アーツは馬に乗って、駆け去る。三日目の夜、チムアチと友達は二〇頭の馬を率いて追いかけるが、追いつかない。アーツは銀の腕輪をチムアチに投げ与える。チムアチは銀の腕輪がちょうど合い、自分と交わした言葉が話せる娘を捜し、アーツを見つける。二人は結婚する。お正月に、アーツは子供を連れて里帰りをする。三日後、帰る途中で姉娘に騙され、湖に突き飛ばされる。姉娘はアーツに成りすまし、子供を抱いて、チムアチの家に行く。アーツが小鳥に生まれ変わると、姉娘は小鳥を殺して埋めてしまう。埋めた所に竹が生えると、姉娘は竹を切り、燃やしてしまう。隣の婆が火種を借りに来て、燃えさしの竹を持ち帰る。竹から美しい娘が現れ、料理を作る。隣の婆の助けによって二人は再会し、幸せに暮らす。姉娘はチムアチに追い出される。

中国において、この話の類話は七〇以上存在し、二〇以上の民族の中で語られている。チワン族「達架《ダージャア》と達倫《ダールン》」（広西、雲南）、ミャオ族「欧楽《オウラ》と召納《ヂャオナー》」（貴州）、ナシ族「宝妹《バオメイ》」（雲南）、イ族「阿諾楚《アーヌオチュ》と阿諾詬《アーヌオゴウ》」（貴州）、漢族「牛奶娘《ニューナイニャン》」（広東）、朝鮮族「孔姫《コンチ》と葩姫《パーチ》」（遼寧）、ドンシャン族「白羽飛衣《バイユイフェイイー》」（甘粛）、ウイグル族「阿姐児《アージエアル》」（新疆）、チベット族「巴爾布《パールブ》の三姉妹」（チベット）なども代表的な話としてあげられる。これらの話は一般的にAT510に分類され、「中国のシンデレラ型」と呼ばれる。

中国の最も古いシンデレラといえば、唐・段成式（八〇三～八六三）の撰した『酉陽雑俎《ゆうようざっそ》』に収録された葉限の話に遡れる。九世紀に広西チワン族の中で広く語られていたと見られる。チワン族と同じく古代の越人の系統を引く諸民族においてもシンデレラ型の話が多いことから、この型の話は越人の末裔の中から始まり、次第に他の民族に広まっていったという見解がある。

中国のシンデレラ型は、概ね以下の五つのモチーフを含む。①女主人公は継母にいじめられる。②難題を課される。③動物の援助者に助けられる。④特別な方法で身分を検証される。⑤王子と結婚する。この五つのモチーフの構成状況に基づいて、中国のシンデレラの話を雪域西蔵、南部、北部及び東北、北西部という四つの文化地域型に分ける分類法がある。もっとも、同じ文化地域型であっても、話によって様々な様相を呈していて、それぞれの民族と地域の人々の考え方、習慣、生活様式などを反映している。

『銀のうでわ』は「阿茨姑娘」をもとにした再話でありながら、原話の持ち味が保たれた。「シンデレラ」と「狗耕田《くこうでん》」と「蛇郎」と「田螺《たにし》女房」が複合され、中国「シンデレラ型」の中で最も複雑なパターンである。

難題を課されるアーツを助けたのは、お母さんが死ぬ前に残してくれた牝牛である。援助者について、現在の話では、牛が最も多く、鵲《かささぎ》、鴉《からす》、鳩、羊なども見られる。葉限の話の援助者は魚であり、同じ設定は中国ではタイ族にしか見られないが、ベトナム、インドネシアなどの東南アジアの伝承にも存在している。

南部地域の話では、男女が出会うのは大抵祭りの際である。中国南部の少数民族には若い男女が結婚相手を探すための祭りを行う習俗があり、葉限の話での洞節＝峒節はそれに類する。一方、男女が出会う場は『銀のうでわ』では法事、同じイ族の「阿勒姿《アーラズー》」（貴州）では結婚式、「阿烏《アーウー》と金枝《ジンジー》」（四川）では葬式とあるように、イ族社会において、冠婚葬祭の行事は未婚の男女がお互いに知り合うための場を提供する役割を担う。

ほとんどの話では、男が娘を見つけた手がかりは娘の落とした靴と語られる。中国語では、「靴」は「和諧」の「諧」と同じ発音で、縁起がいいので、漢族の結婚式では重要な道具として見なされる。また、靴を契りを結ぶ印として恋人に渡す習慣のある少数民族は多い。それとは違い、アーツが落とした物は「銀の腕輪」であり、それはイ族が裸足《はだし》で生活する民族のためである。清の『云南通志《うんなんつうし》』などでは、イ族について「跣足」「赤足」という記述が多く、どちらも裸足の意味である。

話の後半は主に「蛇郎」の話と結びつき、アーツが転生を繰り返して、姉娘と戦う内容である。さらに、正体を現して、料理を作る設定は「田螺女房」の話のモチーフを取り入れたと考えられる。また、『銀のうでわ』にはないが、「阿茨姑娘」では再会する前に、髪の毛による二回目の身分テストが語られる。ただ、テストを課されるのはチムアチである。

特筆すべきなのは、北部及び東北文化地域型に、「手無し娘」のモチーフと複合した話が存在し、それは日本および朝鮮半島と関連性があると考えられることがある。

＊参考文献＊
・君島久子「壮族のシンデレラとその周辺」『藝文研究』五四、一九八九年、二六六―二九七頁
・劉暁春「灰姑娘故事的中国原型及其世界性意義」『中国文化研究』一九九七年春の巻、九七―一〇三頁

『さんねん峠』（朝鮮のむかしばなし）

金　廣植

はじめに

一九八八年のソウルオリンピックを機に、日本では韓国に対する関心が一気に高まった。相手国を自由に往来できるようになり、草の根レベルでの交流のなかで、日本の小学校用の国語教科書に金恵京（キム・ヘギョン）の朝鮮昔話「とらとふえふき」が一九八九年から掲載されている。続いて李錦玉（リ・クムオギ、一九二九～二〇一九）の「さんねん峠」は、一九九二年から収録されて三〇年余りにわたり、日本の子どもたちに親しまれている。

「さんねん峠」は日本で最も有名な韓国・朝鮮の昔話だと言っても言い過ぎではない。実際に李錦玉の絵本『さんねん峠』（岩崎書店、一九八一年、ほかの朝鮮昔話をまとめたフォア文庫版は一九九六年に刊行）は、二〇二〇年現在、一〇万部以上刊行されている。「さんねん峠」は、教科書を通して韓国・朝鮮を代表する民話になったといえる。

小学校国語教科書に収録された韓国・朝鮮昔話

それを機に【表1】のように、「へらない稲束」に続いて「引っこし」も収録されている。李錦玉の再話「三年とうげ」「へらない稲束」「引っこし」は、日本における韓国・朝鮮昔話の広がりに大いに貢献している。【表1】のように、日本では約一〇年ごとに教科書が改訂され、その間にも内容が部分的に入れ替わっている。

現行の小学校国語教科書（以下、教科書）は二〇二〇年に改訂されている。教科書は、【表1】のように、大阪書籍、光村図書、東京書籍、教育出版、三省堂、学校図書から出ているが、これまで学校図書は朝鮮の昔話を収録していない。一時は四つの朝鮮昔話が収録されていたが、教科書刊行の休止によって、収録数が減っている。

【表１】小学校国語教科書に収録された韓国・朝鮮の昔話

教育課程	1980	1992改訂			2002改訂		2011改訂		2020改訂	出版社
改訂年	1989	1992	1996	2000	2002	2005	2011	2015	2020～	
とらとふえふき	○	○	○	○	○	○	未	未	未	大阪書籍
三年とうげ		○	○	○	○	○	○	○	○	光村図書
へらない稲束			○							東京書籍
テウギのとんち話				○	○					同
こかげにごろり						○	○			同
火をぬすむ犬				○						教育出版
引っこし					○	○				同
うさぎのさいばん	未	未	未	未	未	未	○	○	未	三省堂
×									未	学校図書

○印は収録、「未」は教科書が刊行されていない「未刊行」の意味。

金恵京「とらとふえふき」、李錦玉「三年とうげ」「へらない稲たば」「引っこし」、李慶子「テウギのとんち話」、金森襄作「こかげにごろり」、松谷みよ子「火をぬすむ犬」、キム・セシル「うさぎのさいばん」。

今は「三年とうげ」のみが収録されているが、その内容や象徴的な意味は非常に大きいといえる。

韓国・朝鮮の昔話「三年峠」

例えば、日本の「瘤取り爺さん」と「三年坂」に類似する韓国・朝鮮の説話としては、「瘤取り男」と「三年峠」がある。日本では前近代の文献が確認できるが、朝鮮ではそれが見当たらない。朝鮮での「瘤取り男」「三年峠」は、前近代にも語られていたと思われるが、その採録は近代以降になされている。

そこで一部の韓国人研究者は、朝鮮の「瘤取り爺」や「三年峠」は朝鮮総督府の教科書に初めて見られるので、朝鮮総督府（以下、総督府と略記）が植民地統治に利用するために、本来朝鮮にはなかった「瘤取り爺」「三年峠」を意図的に作り出し、類話を収録したと主張した。しかし、結論からいうと、そのような主張は間違いである。

確かに朝鮮の「瘤取り」は、第一期総督府教科書（『普通学校朝鮮語及漢文読本』巻二、一九一五年）に「瘤付き老人」

というタイトルで朝鮮語で収録されているが、総督府が一九一三年に調査した報告書『伝説童話調査事項』に多様な朝鮮の「瘤取り」が収録されている。その多くは瘤付き「爺さん」の話ではなく「男」の話である。総督府は多様な朝鮮の「瘤取り」譚のなかでも、日本と類似した「瘤取り爺さん」を朝鮮教科書に収録し続け、その多様性を封印した。総督府や研究者の多くは両者の類似性のみに注目してきたが、今後はその違いにも関心を向ける必要がある。

日本の小学校教科書に韓国・朝鮮民間説話「三年峠」が収録され、日本では「三年峠」に関わる様々な研究がなされている。一方、韓国では様子が異なっている。先述した通り、韓国では総督府編纂の第三期朝鮮語教科書(『朝鮮語読本』巻四、一九三三年)に「三年峠」が収録されたことで、その収録と教材化に関する批判的な考え方が存在した。また、総督府教科書への収録前に文献では見当たらないので、総督府がそれを意図的に作り出したという主張まで提起されるようになる。しかし、それは短絡的な見方である。第三期に「三年峠」が新たに収録されるようになった背景には、一九三〇年代になされた「農村振興運動」などの政策が反映されており、迷信打破の教訓として再「発見」された側面が強いからだ。

では、「三年峠」は田島泰秀『温突夜話』(一九二三年)や総督府第三期朝鮮語教科書(『朝鮮語読本』巻四、一九三三年)に初めて収録されたのであろうか。筆者が確認したところ、田島の前に既に三つの報告が確認できる。高木敏雄『新日本教育昔噺』(敬文館、一九一七年)と、それを参照した樋口紅陽『童話の世界めぐり』(九段書房、一九二二年)に朝鮮昔話と明記し、「三年坂」が収録されている。また、清水韓山(清水兵三)の「朝鮮のお伽噺」(『少年世界』一九一三年七月号、博文館)に初めて「三年峠」が収録され、高木も清水の影響を受けていたと思われる。なお、田島泰秀『温突夜話』の「附言」では、朝鮮語で書かれた朴熙寛(パク・ヒグァン)の『瑤池鏡』(修文書館、一九一〇年)などから訳出したと言及しており、実際に田島の「三年坂」は、『瑤池鏡』から採っている。

すでに一九一〇年に朝鮮語でも「三年峠」が採集されたのである（高麗大の金成洙《キムソンス》氏のご教示に拠る）。清水はこの本を読んだ可能性もある。今後の課題としたい。

終わりに

李錦玉詩人は、新書版で明記したように、平壌で一九六五年に刊行された朝鮮昔話集を参照し、モチーフを保ちながら詩的言語で見事に再話に成功している。「さんねん峠」は三年峠で転んでしまったお爺さんに、水車屋のトルトリが「二度ころべば六年、三度ころべば九年」と逆転の発想を提起し、それを実践したお爺さんは「お婆さんと二人なかよく、しあわせに長生きした」という話で、東アジアによく見られる逆転の発想の児智の話である。詩人は、冒頭と文末に詩を入れて再話していて、まるで詩を読むような素敵な話に形象化している。李錦玉の再話は、北の朝鮮でも、南の韓国でも翻訳・紹介され、韓国では絵本『あおがえる』『へらない稲束』『さんねん峠』が韓国語訳されている。また、日本では李が在日だから素晴らしいとか、在日ならではの再話だと、一方的かつ民族的に評価しているのには閉口してしまうところがある。むしろ、在日を越えた、作品の内的な側面から再評価する必要があると、私は考えている。

＊参考文献＊

・田島泰秀『温突夜話』教育普成株式会社、一九二三年
・李錦玉作、朴民宜絵『さんねん峠　朝鮮のむかしばなし』岩崎書店、一九八一年
・金恵京再話、木村昭平絵『とらとふえふき』福武書店、一九八三年
・李錦玉作、朴民宜絵『へらない稲たば　朝鮮のむかしばなし』岩崎書店、一九八五年
・李錦玉作、朴民宜画『さんねん峠　朝鮮のむかしばなし（フォア文庫）』岩崎書店、一九九六年
・三ツ井崇「三年峠」板垣竜太他編『東アジアの記憶の場』河出書房新社、二〇一一年
・金廣植『韓国・朝鮮説話学の形成と展開』勉誠出版、二〇二〇年

『とらとほしがき』
（韓国のむかしばなし）

金　廣植

韓国の昔話「虎と干し柿」は、冬の寒い夜、食べ物を求めて村に降りてきたトラが、赤ん坊をあやす母親の話を聞いてびっくりする。赤ん坊が泣き止まないので、母親は「泣き止まないと、こわい山猫が来る」とか「こわいトラが来る」と言っても、赤ん坊は泣き止まない。そこで、母親が「ほしがき」と言うと、泣き止んだ。「ほしがき」を知らないトラは、自分よりも怖いものがいると勘違いして、何も取らずに山へ逃げ帰る、という笑話である。

実は、この類型には大きく二つのバージョンがあり、後半の話が続く。後半は次の通りである。トラはほしがきが怖くて、農家の牛小屋（または馬小屋）に逃げる。ちょうど牛泥棒に出くわして、トラは牛泥棒を「ほしがき」だと再び勘違いし、一方で牛泥棒はトラを牛だと勘違いする。泥棒がトラの上に乗ると、驚いたトラは泥棒を乗せて、一目散に逃げまわる。朝まで乗り続けた泥棒は、トラだと気づいて木の上に逃げる。ようやく「ほしがき」から離れたと思って、安心していたトラは喜ぶが、その始終を見ていた熊（または兎）がトラに、「木に登ったのはほしがきではなく、泥棒だ」と告げる。試しに熊が木に登り、泥棒からひどい目に遭う。トラはやはり「ほしがきはこわい」と言いながら逃げた、という内容が続く。

この話は古代インドの説話集『パンチャタントラ』の「臆病な羅刹（盗人と悪鬼と猿）」をはじめ、日本や中国の「古屋の漏り」にも同じモチーフが見られる。つまり、強いものが勘違いをして起こる不幸を面白く描いている。日本でも孫晋泰《ソンジンテ》『朝鮮民譚集』（郷土研究社、一九三〇年）をはじめ、多くの翻訳版が出ている。

・大阪市外国人教育研究協議会編「トラよりこわいくしがき」『サラム』絵本一（大阪市外国人教育研究協議

会、一九八一年）

・大阪市外国人教育研究協議会編「トラよりこわいくしがき」『サラム』民話編一（大阪市外国人教育研究協議会、一九八三年第二版）

・小沢清子文、太田大八絵『とらよりこわいほしがき』（太平出版社、二〇〇三年）

・パクジェヒョン再話、おおたけきよみ訳『とらとほしがき　韓国のむかしばなし』（光村教育図書、二〇〇六年）

孫晋泰『朝鮮民譚集』に採録された「虎より怖い串柿」は、次の通り、最も典型的な話になっている。

「虎より怖い串柿」

虎が子供を喰おうと、或る夜、村へ下りて来て一つの家の窓の下で耳をそばたてて中の様子を探っていると、ちょうどその時、その家の子供が泣き出した。すると子供の母は「そら、トラ（虎狼）が来たよ」とおどろかしたけれども、子供は泣き止まなかった。そこで虎は内心、「こいつ俺を怖れないのだな、ふとい奴だ」と思った。然るに母がつぎに「ほら串柿だよ」というと、子供はぴたりと泣き止んでしまったので、虎はこう考えた。「串柿という奴は俺より恐しい奴に相違ない」と。

虎は子供を断念し、その家の子牛でも盗み出さんものと牛小舎へ入ったところを、その時ちょうど牛泥棒が来て、そこいらで動いている虎を牛と見違えて、それに乗ってしまった。すると虎は虎で、「これが干柿という奴に相違ない」と一目散に逃げ出した。その音で家の人達が騒ぎ出したので、牛泥棒は虎の背中を裂けんばかりに鞭打ちつつ逃げた。かれこれ夜が白けて来たので、よく見ると牛と思ったのは虎であるので、泥棒は慌てて飛び降りた。そして虎もまた、「やれ助かった」とばかり振り向きもしないで逃げてしまった。

一九二五年五月、開城府、馬海松君談。（読点や仮名遣いを修正して収録）

民俗学者の孫晋泰は、「トラ」を「虎狼」と表記している。トラの韓国語「ホランイ」は、漢字で「虎狼」と当て字をする。韓国民俗学の創立者と評価される孫晋泰は、朝鮮語雑誌『新民』(一九二七〜一九二九年)に「朝鮮民間説話の研究」を連載し、一九四七年に『朝鮮民族説話の研究』に収めているが、内容はほぼ同じである。孫は「朝鮮民間説話の研究」の中で東アジア比較説話論を展開し、中国、北方、仏典の影響とともに「日本に伝播した朝鮮説話」を取りあげて、具体的に「使臣間の手問答」「青蛙伝説」「三年唖婦伝説」をはじめ、「虎より怖い干柿」を比較分析している。

説話学者の高木敏雄は「日韓共通の民間説話」(『東亜之光』一九一二年)などを発表しているが、「虎と干し柿」については言及していない。高木は一九一〇年『読売新聞』に「虎狼古屋漏」を書いて、阿蘇で報告された「虎狼古屋漏」を取りあげ、「虎狼(鬼みたような、夜叉みたような怪物)」に注目している。高木は、『パンチャタントラ』第五巻の第九「盗人と悪鬼と猿」が「古屋の漏り」のもとであるとし、「本源地はインド」と結論づけた。

その後、高木は『日本伝説集』に「猿」(肥後国阿蘇から報告)と題して「古屋の漏り」を載せている。

孫晋泰もまた、「虎狼」に注目している。彼は「虎」という冠詞がある以上、それは元来「虎」であったはずだと考えて、朝鮮から近い九州の寒村で「虎狼」と今も伝わることをみると、その説話の「本源地は印度であるが、日本の説話は朝鮮で成長したものを採った」と主張している。

大島建彦『日本の昔話と伝説』によると、「虎狼」は東北から九州に至るまで広く分布している。大島は日本全国から報告された六一九話の「古屋の漏り」を分析していて、その傾向を一目で確認できる。

「古屋の漏り」は東北(奥羽)、中部、中国で多く伝承しているが、中部は「狼」が圧倒的に多い。一方で東北は「虎」が多く、中国は「虎狼」が多く伝承しているものの、やはり「狼」がより多い。興味深いのは、朝鮮半島に近い九州である。九州のみは「狼」よりも「虎」及び「虎狼」がより多く採録されている。計六一九の報告の中で「狼」の三四七話に比べ、「虎」は七六話、「虎狼」は七九話で少ないものの、九州だけはそれが逆転していることが面白い。

孫の議論は単一の素材に注目した単線的な分析に留まっているにもかかわらず、昔話を構成する重要な要素は民族的特殊性が内包するという事実を考慮すれば、孫の推論は一つの仮説として意味を持つ。百年前に行われた高木や孫の議論は、今の比較説話論の広がりにも示唆を与えていると思われる。

＊参考文献＊
・孫晋泰『朝鮮民譚集』郷土研究社、一九三〇年
・大島建彦『日本の昔話と伝説』三弥井書店、二〇〇四年
・パクジェヒョン再話、おおたけきよみ訳『とらとほしがき　韓国のむかしばなし』光村教育図書、二〇〇六年
・金廣植『韓国・朝鮮説話学の形成と展開』勉誠出版、二〇二〇年
・孫晋泰『朝鮮民族説話の研究』風響社、二〇二三年

『山形のおかあさん・須藤オリーブさんの語り』（フィリピンの民話）

小池ゆみ子

この絵本の話者オリーブさんはフィリピンの首都マニラで生まれ、一九八六年山形県最上《もがみ》郡大蔵村の日本人男性と結婚をして来日した。オリーブさんは幼い時からお母さんや守りをしてくれた人、学校の先生からたくさんの話を聴いて育ってきた。野村敬子編、三栗沙緒子絵『山形のおかあさん・須藤オリーブさんの語り』（星の環会、一九九三年）という絵本には、そうした話の中から選んだ九話とわらべ唄が入っている。まず、話をいくつか紹介する。

第一話「空が高いわけ」は、昔、天と地がぴったりついていた頃、フィリピンで暮らす二人の男女のお米作りの話。実った稲の束を地面に叩いて籾《もみ》を落とす時、仕事がしやすいように低い天を上げてほしいと神さまに願

う。最後には太陽、月、星も生まれて、素朴でありながら神話のような美しい話。ミンダナオ島のブギドノン族の古い報告に見られるそうだが、別の島にはマルワイとダリダリという兄弟の話として伝えられる。こうした話は口から口へ、そして母親から子どもへと伝えられ、語り手が処々で話を膨らませるが、本筋は同じである。フィリピンが古くから農業で国を建てていたことがわかる。

第二話「ピンドン」は、よわむしな少年ピンドンが森の中から優しさと強い心を学んでいく話。豊かな森林の国でもあるフィリピンは、木々が重要な輸出品となり、森林が減少したが、現在も森づくりが進められている。人々はお話を通して、森や動物の命の大切さを伝える。第四話「水牛とべこ《牛》」は、別の地域ではなぜなぜ話として語られ、インドネシアにも伝えられる。第七話「王さまと二人の母」は、日本では大岡裁きの話として知られる。第八話「嘘つきピランド」は、貧しい家の少年ピランドが旅に出て、王子や魔法使いたちへ上手に嘘をつき、知恵を働かせて宝物を手に入れ家へ帰る。嘘をついて罰せられるのではなく、両親を幸せにしたいという話がおおらかに語られる。

他には、パイナップルやバナナに由来する話、蛍や美しい花マカヒヤ（おじぎ草）にまつわる話には悲しみや寂しさを感じる。このような語りから、フィリピンの豊かな自然や人々の細やかな心を思い描くことができる。

わらべ唄「バハイ・クーボ」には、楽譜と共に現地の言葉と日本語が付いているので、簡単に歌えそうだ。私には高校生と中学生の孫がいるが、父親の仕事の関係で幼い時からマニラに住んでいる。帰国した時、この歌について尋ねると、とてもよく知られている歌で、歌詞にフィリピンの人たちが食べる豆や野菜が出てくると教えてくれた。日本人学校の音楽の授業で習ったと言い、フィリピン語（タガログ語）で歌ってくれた。この歌を口ずさむと、フィリピンの人たちの暮らしや言葉が理解できる。

私がフィリピンを訪れた時、南国ならではのランの花々や、ハイビスカス、ブーゲンビリア、オリーブさんが語ったマカヒヤが美しく咲いていた。マニラから郊外へ出ると、水牛を扱う人の姿もあり、パイナップル畑も広がり、オリーブさんの語りの世界がそこにあった。この国の人々は家族をとても大事にする。私が出会った人たちも両親を、お年寄りは子供や孫を大切にしていた。大雨や火山の噴火といった自然災害があるが、日本での地震災害を案じてくれる優しい人たちである。

オリーブさんが語る話を、目で読むだけではなく、声で伝えてほしいと思うが、一つ問題がある。フィリピンの民話なのに、人々の会話が山形県大蔵村の土地の言葉になっている。そのために読む人や聴く人は違和感を持つかもしれない。なぜ会話の部分が大蔵村の人たちが話す言葉なのか、この絵本が作られた経緯を記す。

フィリピンは一年中常夏の国である。オリーブさんが嫁いだ大蔵村は、冬には雪が降り、零下の気温になる。その上、大都市で育ったオリーブさんは、大蔵村へ嫁いで、初めて農業を経験したそうだ。こうした環境の中で言葉を覚えながら妻、嫁、母親としていろいろな問題があったのだろう。夫と子供たちと離れて一人で暮らすことになり、寝る時間も惜しんで働く日々だった。そうした時、野村敬子氏はオリーブさんがフィリピンの民話を覚えていて、しかも土地の言葉で語れると知り、民話の本を作ることを思いついた。野村氏の熱い思いは、オリーブさんが働いているお店の店主、元フィリピン大学留学生の若い研究者、現地へ出向いた画家、音楽雑誌の編集者等（携わった人たちが全て女性だったのは注目すべきことである）、多くの人たちへと広がった。こうした方々により、一九九三年この絵本になった。その後、野村氏は国際化とは無縁ともいえる地域に増えていく外国人花嫁の実情を報告した。その上で、母語の異なる母子関係を抱える外国人花嫁たちが、自身が生まれた国の昔話を母親として心を込めて語り始めたことを記している。

ゆっくりとではあるが、日本の多文化共生が進む中、二〇〇一年、星の環会から、シリーズ「アジアの心の民話」六冊本の第一巻『オリーブかあさんのフィリピン民話』（野村敬子編）として再刊された。

オリーブさんは生まれた子供たちに、かつて自分が眠りにつく時に聴いた歌や話を、できることなら自分の母語で伝えたいと思っただろう。フィリピンに生まれたオリーブさんの心をまっすぐに伝えるためにである。しかし、子供たちは大蔵村で生まれ、日本人として育った。オリーブさんはフィリピンに生まれたことを誇りに持ちつつ、大蔵村を故郷として育つ子供たちを見守り続けたいと願ったのだろう。その子供たちの心へ届くようにというオリーブさんの思いが、絵本の中の土地の言葉の会話に込められているのではないか。現在、オリーブさんは新庄市で穏やかにお暮らしだと聞いている。

民話は子供のためだけのものではない。民話は時を超えて人と人を結び、それによって異なった民族を理解することができる。

＊参考文献＊

・花岡泰隆訳『インドネシアの民話』牧野出版社、一九七四年
・ディーンS・ファンスラー著、サミュエル淑子訳、関敬吾・荒木博之・山下欣一監修『アジアの民話7　フィリピンの民話』大日本絵画巧芸美術株式会社、一九七九年
・フィリピン民話の会編『パパイヤの伝説―フィリピンの民話―』勁草書房、一九八五年
・マリア・D・コロネル編、竹内一郎訳『フィリピンの民話』青土社、一九九七年
・野村敬子「「外国人花嫁」の民話について」『口承文芸研究』第一八号、一九九五年三月

V

世界の昔話を見つめた人々

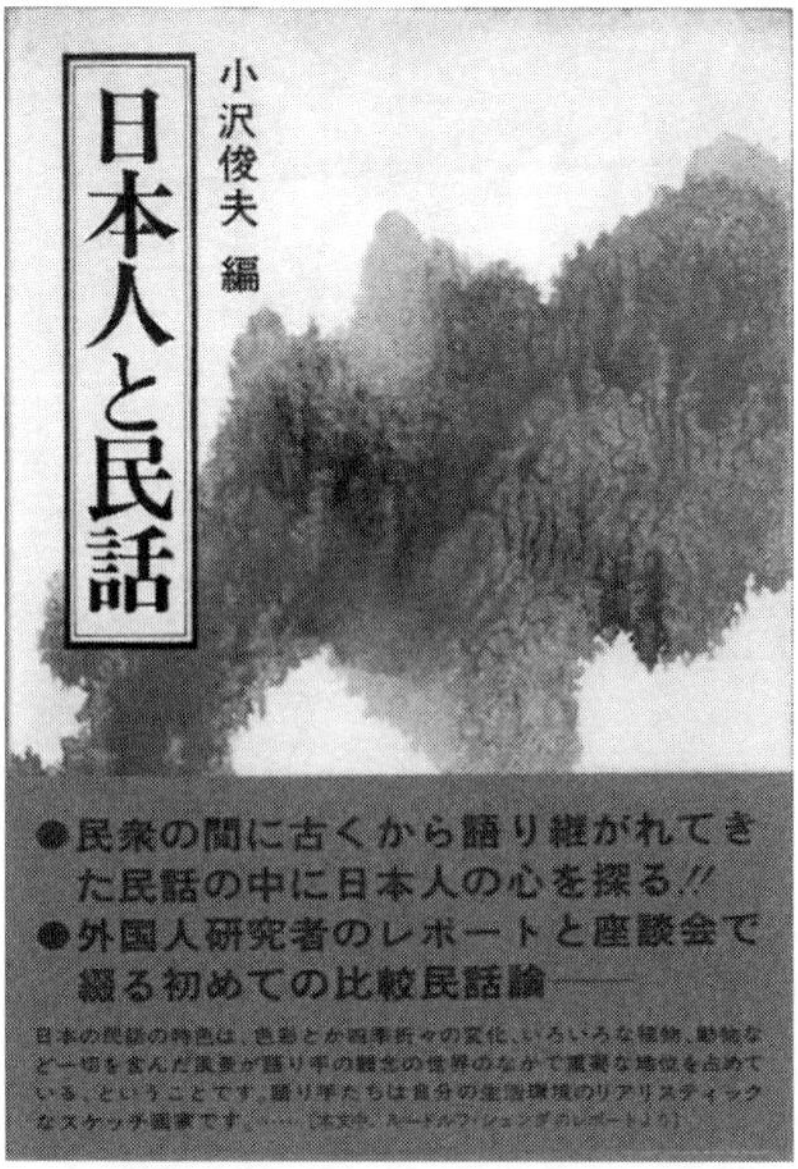

小澤俊夫編『日本人と民話』(ぎょうせい、1976年)

南方熊楠——西洋と東洋を見渡した昔話研究

志村真幸

一　イギリスにおける研究と投稿

南方熊楠（一八六七～一九四一）は、在野の生物学者、民俗学者として活動し、神社合祀反対運動を通して環境保護運動にとりくんだことでも知られる。昔話、民話、説話は熊楠の主要な関心のひとつであり、多くの論考を残した。熊楠は大学予備門（現在の東京大学）を中退後、一八八八年にアメリカに渡って二つの学校で学んだものの、卒業はしなかった（昔話研究についても学校で学んだことはない）。一八九二年にイギリスに移った直後までは植物学を専門としており、野外でのフィールドワークにとりくんだ。しかし、一八九三年に大英博物館へ出入りし、科学誌の『ネイチャー』へ投稿するようになったことで、人文科学（比較科学史をふくむ）へと大きく舵を切っていった。

大英博物館では、イギリス中世遺物および民族誌学部門のA・W・フランクスとC・リードのもとで、中国や日本からもたらされた収蔵品の整理に携わった（主として神道、仏教、修験道、道教、儒教に関わるもの）。『ネイチャー』には、一八九三年一〇月五日号に「東洋の星座」でデビューした。中国とインドの古代の星座について、唐代の段成式による『酉陽雑俎《ゆうようざっそ》』、江戸期の『和漢三才図会』を用いて解説したものであった。以後も『ネイチャー』に東洋科学史に関する論考を発表し、「動物の保護色に関する中国人の先駆的観察」(一八九三年一〇月一二日号)では、ダーウィンの進化論によって脚光を浴びた動物の保護色について、すでに九世紀の中国で発見されていたとした。熊楠の初期の英文論考には、欧米とアジアを比較したうえで、東洋が西洋に劣らないことを示す内容がめだつ。

一八九五年に大英博物館の図書館部の利用許可証を得ると、毎日のように通いつめ、各国語の文献を書き写す作業に入った。「ロンドン抜書」と呼ばれる五二冊のノートがつくられ、これがのちの熊楠の研究や執筆を支えていく。書写を通してフランス語、ドイツ語、イタリア語、スペイン語など各国語を身に付けるとともに、ルネサンス期以来のヨーロッパの文献、とくに旅行記や民族誌に通じることとなった。

熊楠は一九〇〇年に経済的な事情から帰国するが、その少し前の一八九九年から『ノーツ・アンド・クエリーズ』への投稿を始める。イギリスにフォークロアという語を導入したことで知られるW・J・トムズが一八四九年に創刊した読者投稿誌で、フォークロア(民俗学)、言語、歴史、文学を専門としていた。一九三三年までに熊楠の英文論考は三二四篇が掲載され、この雑誌への投稿を通じて昔話の比較研究を進めていった。『ノーツ・アンド・クエリーズ』は、すべてのページが読者による質疑応答で埋め尽くされた点が特徴で、たとえば、「人間の皮でつくった太鼓」(一九二四年)というトピックでは、E・G・A・スチュアートなる投稿者が、ボヘミアの猛将ジズカが、自分が戦死したら皮を剥いで太鼓にして戦場で叩いてくれと述べた伝承を紹介し、類話を求めたのに対して、熊楠が『韓非子』やアフリカの例を示した。ほかの投稿者たちからはアメリカ独立戦争やイギリス国内のものも寄せられた。

一九世紀末のイギリスのフォークロア研究では、より古いタイプの説話/起源となった場所への関心が強かった。熊楠は科学史の論考では独立発生説に立ったが、フォークロア研究に視野を広げた結果として伝播説に傾いていった。世界各地によく似た昔話が存在することは、伝播説でなければ説明できないと考えるようになったのである。

一九世紀のイギリスでは、都市化と伝統社会の破壊が進行した。またナポレオン戦争以来の対仏(対ヨーロッパ大陸)

関係、植民地からの異民族や異文化の流入に対抗して、イングリッシュネスないしブリティッシュネスと呼ばれる国民意識が形成された。急激な近代化への反動として中世主義も流行した。そのような状況下で、国民の共通の過去としての民俗や昔話が発見、収集、「創造」されたといえる。また海外植民地の急激な拡大により、人類学が発達し、各地の民族誌が出版された。民族誌には多くの神話や民話がふくまれ、これらがイギリス本国の昔話と比較、相対化されていく。熊楠の投稿がイギリスで歓迎されたのも、このような状況によるものであった。

ただし、オクスフォードやケンブリッジといった大学ではフォークロア研究は未整備であり、主としてとりくんだのはアマチュア研究者たちであった。一八七八年に設立されたフォークロア協会も、G・L・ゴンムなど市井の知識人を中心とした。熊楠は帰国を前にしてゴンムへの紹介状を書いてもらったものの、使わずじまいであった。

二　帰国後の日本における研究と論考執筆

一九〇〇年の帰国後は、和歌山県南部の那智や田辺で暮らし、イギリスとは異なる豊かな生物相のもとで維管束《いかんそく》植物（被子植物、裸子植物、シダ植物）や菌類の採集と研究に熱中する。昔話の採集にもとりくみ、このようななかでたとえば、ヨーロッパの昔話では人間が動物に姿を変える（人狼や「美女と野獣」など）のに対して、日本や中国では動植物が人間になる昔話もあれば、その逆のパターンも存在することに気付いていった。人間と動物の関係性が東西で異なる点を、熊楠はしばしば論じた（「千疋狼」『民俗学』二巻一〇号、一九三〇年など）。

帰国後の執筆活動としては、一九〇三年にイギリスの学術誌への投稿を再開し、一九〇四年四月から『東洋学芸雑誌』を皮切りに邦文論考も発表していく。同じ論題をイギリス向けと日本向けとで書き分けることが多く、イギリスには日本や中国の民話を、日本にはイギリスの民話を紹介するなどした。

柳田国男との交流が始まったのは一九一一年であった。三月一九日付で柳田から書簡を送り、以後、一九二六年六月までやりとりが続けられた。往復書簡のなかで、熊楠は柳田へイギリスの最新のフォークロア研究事情を教えた。前述のようにフォークロア研究はイギリスの大学で正課となっておらず、日本からの留学生が身に付けるのは困難な分野であった。むしろイギリスでアマチュアに混じって学んできた熊楠こそが、格好の情報提供者となったのである。熊楠は日本でもフォークロア協会を設立するように求め、雑誌を発行するなら『ノーツ・アンド・クエリーズ』を模範とするのがよいと述べた。柳田が高木敏雄と創刊した『郷土研究』には、「紙上問答欄」が設けられるなど、熊楠の助言がとりいれられた。ゴンムの著作も参考図書として勧めており、柳田旧蔵書にはゴンムの『フォークロアのなかの民族学』（一八九二年）と『歴史科学としてのフォークロア』（一九〇八年）などがある。

柳田は熊楠を民俗学の広告塔として期待していたようで、みずからの関係する『太陽』への寄稿を依頼する。一般大衆向けの雑誌であることを理由に、熊楠は最初は拒否したが、押し切られて、「猫一疋の力に憑《よ》て大富となりし人の話」が一九一二年の新年号に掲載された。ここで『太陽』とのつながりができたことは、代表作の『十二支考』連載へつながった。このほか柳田のために『エンサイクロペディア・ブリタニカ』の「フォークロア」の項目を訳出するなどしたが、『郷土研究』誌上での柳田のワンマンぶり、性的な話題への忌避などを批判したことで、やがて両者は決裂してしまう。

熊楠は欧米各国の古書店から販売目録をとりよせ、目に付いた書籍を次々と購入した。E・クリザ『マジャールの民話』（一八八九年）、ウィリアム・クルック『北インドの俗信とフォークロア』（一八九六年）、G・F・アボット『マケドニアのフォークロア』（一九〇三年）、レディ・グレゴリー『アイルランド西部の幻想と信仰』（一九二〇年）など数十冊に及ぶ。旅行記や民族誌にふくまれる昔話にも注目しており、T・アストレー『新航海記・旅行記大全』（一七四六年）、J・E・テネント『セイロン自然誌のスケッチ』（一八六一年）、R・H・コドリントン『メラネシア人』（一八九一年）などを頻用した。

中国や日本の書籍としては、李時珍『本草綱目』（一五九六年）や謝肇淛《しゃちょうせい》の『五雑俎《ござつそ》』（一六一六年）といった漢籍、漢訳仏典である『大蔵経』（「田辺抜書」と呼ばれるノートにかなりの部分まで筆写した）のなかの「ジャータカ」をはじめとする説話、さらに『今昔物語集』、橘成季『古今著聞集』（一二五四年）、井原西鶴をはじめとする江戸文学、藤沢衛彦『日本伝説叢書』（一九一七年〜二〇年）、早川孝太郎『三州横山話』（一九二一年）などを使った。大きな成果としては、シンデレラの原話が中国の「葉限」の物語にあることを発見し、「西暦九世紀の支那書に載せたるシンダレラ物語」（『東京人類学会雑誌』三〇〇号、一九一一年）として発表した。

雑誌や新聞への寄稿が執筆活動の中心であり、単行本として著作をまとめるのには熱心でなかった。一九二六年に経済的な必要から、『南方閑話』『南方随筆』『続南方随筆』の三冊を集中的に出したのみで、その後も代表作の『十二支考』にくりかえしの単行本化の要請があったものの、実現しなかった。

東西比較だけではなく、中間地帯であるインドやイスラーム地域に注目した点も特筆される。たとえばインドの昔話は、中国に仏典として伝わって漢訳され、『大蔵経』として日本にも伝わった。一方でインドはイギリス統治下となり、植民地官僚らによる研究が進められた。熊楠は漢籍も英文も読みこなせたため、この両方が利用できたのであった。

三　英文論考と邦文論考に見る昔話研究の特色

以下、熊楠の昔話研究について、英文論考と邦文論考から具体的に一件ずつを示したい。

熊楠は猫が好きで、しばしば論考にとりあげた。「ホイッティントンの猫—東洋の類話」（『ノーツ・アンド・クエリーズ』一九一一年一二月二三日号・三〇日号）という英文論考は、イギリスでよく知られた次のような昔話を扱っている。

孤児のディック・ホイッティントンは、フィッツウォレンという商人に拾われるが、つらくなって逃げ出してしまう。しかし、イーストエンドの教会の鐘が「引き返せ、ホイッティントン、三度ロンドン市長」と鳴っているように聞こえ、我慢して戻ることにした。やがてフィッツウォレンの貿易船に使用人たちが品物を預けて運試しすることになり、ホイッティントンは愛猫を出した。船がバーバリーに着いたところ、そこは猫のいない土地で、鼠の害がひどかった。船長が猫を陸に上げてやると、あっという間に鼠を退治したため、国王が高値で買いとった。それを元手に成功したホイッティントンは、やがてフィッツウォレンの娘と結婚し、ロンドン市長にも三度選ばれた。

この昔話はヨーロッパ全域に分布し、インド起源と推定されていたものの、確実にはわかっていなかった。そうしたなかで熊楠は、漢訳仏典の『根本説一切有部毘奈耶《うぶびなや》』に、原話と思われる鼠金舗主《そきんほしゅ》の物語を発見した。一匹の鼠の死骸から、商人として成功していく青年を主人公とした話である。そして主人公が初めは貧しく不幸であること、一匹の動物をきっかけに航海に出て巨富を築くこと、かつて自分に不親切だった人物の娘を娶ることが共通しており、「ホイッティントンの猫」の原話だと断定した（前述の「猫一疋の力に憑て大富となりし人の話」は、その邦文版）。

インドからイギリスへ伝わっていく途中で鼠が猫に変化した点については、仏典では鼠が好まれ、イスラームでは猫が重んじられる点を指摘し、インドからイスラーム地域を経由するなかで鼠から猫になったと述べる。この点に関しては、近年になってイスラーム／熊楠研究者から疑問が提出されているものの、幅広い知識を誇った熊楠ならではの論考といえる。

熊楠が『太陽』誌上で連載した『十二支考』の一篇である「犬に関する民俗と伝説」の冒頭には、ジョージ・ブラウンの『メラネシア人とポリネシア人』（一九一〇年）から、パプア・ニューギニアの伝承が紹介されている。かつて犬は直立歩行し、人間を襲っては殺していた。生き残った人間たちは相談して、熱したパンノキの種を犬の通り道にまいた。それを踏んだ犬は火傷して、四つ足でしか歩けなくなったというものである。つづいて犬の寿命の話題に進み、熊楠自身が高野山で一八歳の老犬を見たことや、『エンサイクロペディア・ブリタニカ』にある三四歳という長寿犬の記録が紹介される。M・ガスター『ルーマニア鳥獣譚』（一九一五年）によれば、神は犬に最初は四〇年の命を与えようとしたが、そんなに必要ないと犬が断ったため、二〇年が寿命となった。人間はいろいろな生きものから寿命を分けてもらって長寿を得たが、犬の分にあたる五〇歳から七〇歳のあいだは、家や財産を守ることに懸命で、他人を見れば泥棒と思って吠えたてるようになった。さらに犬と猫が仲の悪い理由に話が展開して、W・F・カービー『エストニアの英雄』(一八九五年)から、犬は肉食を特別に許された免状を持っていたが、猫に預けておいたところ、鼠にかじられてしまい、そのために犬は猫を、猫は鼠を追いかけるようになったという。

＊参考文献＊

・『南方熊楠全集』全一二巻、平凡社、一九七一～七五年
・飯倉照平監修『南方熊楠英文論考［ネイチャー］誌篇』集英社、二〇〇六年
・飯倉照平『南方熊楠の説話学』勉誠出版、二〇一三年
・飯倉照平監修『南方熊楠英文論考［ノーツ アンド クエリーズ］誌篇』集英社、二〇一四年
・志村真幸『南方熊楠のロンドン―国際学術雑誌と近代科学の進歩―』慶應義塾大学出版会、二〇二〇年

柳田国男——発生論による分類と国際比較への示唆

石井正己

柳田国男（一八七五～一九六二）の昔話研究というと、各地の同志に調査の必要性を説いて国内資料の充実を図ったが、世界の昔話に対する関心は低かったと考えられてきた。だが、果たしてそうだろうか。確かに、その後の研究者は、柳田の二分類ではなく、関敬吾が採用した国際的な三分類を支持した。この選択は昔話研究を進展させるのに役立ったところもあるが、同時に停滞させることにもなった。そこで、柳田の昔話研究を複眼的にとらえ直し、それによって今後の昔話研究に資するような提言を述べてみたい。

一　子供向けの読み物として書かれた『日本昔話集　上』

柳田国男の昔話研究は、『日本昔話集　上』（アルス、一九三〇年）から始まった。しかし、これを研究と見ることに批判があるかもしれない。なぜならば、日本児童文庫の一冊で、岡本《おかもと》帰一《きいち》が挿絵を担当し、子供向けの読み物だったからである。だが、柳田は記録された昔話を精査し、周到なリライトを行っているので、昔話研究の出発点と見ることに支障はない。むしろ、狭い研究の枠組みにこだわらず、子供向けの読み物を軽視しなかったことが意味を持つ。

これは「猿の尾はなぜ短い」から「空の旅」まで一〇八話を収める。どれも短く、饒舌になるのを嫌ったことは一目でわかる。「はしがき」で、「なるだけ全国の多くの児童が、聴いて知つてゐるだらうと思ふもの」を選んで、「古い形」から「新らしい形」まで示したという。だが、「古い」「新らしい」の基準は必ずしも明白ではない。それでも、日本の昔話の全体像を示し、「知つてゐる」とはどういうことかを考える子供を育てようとしたのである。

日本児童文庫には巌谷小波《いわやさざなみ》の『日本お伽噺集』（一九二七年）があり、『日本昔話集　下』（一九二九年）は金田一京助「アイヌ篇」、田中梅吉「朝鮮篇」、伊波普猷《いはふゆう》「琉球篇」、佐山融吉「台湾篇」を収めた。朝鮮・台湾は「日本」の植民地だった。豊島与志雄《とよしまよしお》・高倉輝訳『世界童話集　上』（一九二八年）、楠山正雄《くすやままさお》訳『世界童話集　中』（一九二七年）、山崎光子・松村武雄訳『世界童話集　下』（一九二九年）、舟木重信訳『グリム童話集』（一九二八年）もあった。「お伽噺」「童話」が普通だった時代に「昔話」を採用したのは、柳田の判断を受け入れたにちがいない。

この『日本昔話集　上』は、その後『日本の昔話』と改題され、春陽堂版（一九三四年）、三国書房版（一九四一年）、ジープ社版（一九五〇年）、角川文庫版（一九五四年）と続いた。本文はわずかな修正だったが、装幀や挿絵は大きく変わった。改版によって多くの読者を得たが、子供向けの読み物だったことは次第に曖昧になり、『定本柳田国男集第二六巻』（筑摩書房、一九六四年）で決定的になった。『日本の昔話』は民俗学の中に確固たる位置を占めたのである。

だが、『改訂版　日本の昔話』（角川文庫、一九六〇年）が出たことは、すっかり忘れられている。これは一〇八話から「純粋の意味での昔話」でない四五話を削り、新たに四三話を加えて一〇六話にし、「昭和三十五年版の序」「日本の昔話分布図」を添えた。日本の昔話資料が増えたのを反映しただけでなく、関敬吾の『日本昔話集成』全六巻（角川書店、一九五〇〜五八年）の完結や戦後の民話運動の台頭を憂慮したことがあったと考えられる。思い切った大改訂だったが、丸山久子・石原綏代《いしわらやすよ》の協力があったため、柳田の著作としては認められなくなった。

春陽堂版が出たとき、関敬吾は「日本の昔話」（『昔話研究』第二号、一九三五年）でこれを紹介した。小型本なので、「昔話の採集に出かける場合の手引として便利である」と述べ、動物説話・本格的昔話・笑話の順なので、「今後昔話集を編まれる人は、順序はこれによられるのが便利ではあるまいか」と提案した。これは昔話研究者向けの雑誌なので、関らしい読み方である。だが、春陽堂少年文庫の一冊だったことを思えば、やや強引な紹介でもあった。

関は、『日本の昔話』が国際的な三分類を採用したのを評価した。柳田がどれだけ三分類を意識して編集したのかは、確かな発言がないので、不明というしかない。だが、関の指摘どおり三分類を採用しているという指摘は間違っていない。そうだとすると、よく売れたことはあったにしても、『日本の昔話』を生涯にわたって出しつづけたのは、柳田が三分類を手放さなかったことを意味するのではないか。

二　日本の昔話の発生を論じた『口承文芸史考』

そして、本格的な昔話研究の成果として、『桃太郎の誕生』（三省堂、一九三三年）を出した。これは小さ子を発見し、固有信仰を見出だし、高い評価を得ている。だが、小さ子や固有信仰は日本の中に閉じ込めていい問題でないことは、その中にも示されていた。これに気づいて展開したのは、石田英一郎の『桃太郎の母―比較民族学的論集―』（法政大学出版局、一九五六年）だった。石田は柳田の研究を世界で検証して、その普遍性を引き出すことに尽力した。

次に柳田は、『桃太郎の誕生』を踏まえて、雑誌『昔話研究』に「昔話覚書」（一九三五～三六年）を連載した。これは「昔話・伝説・神話」と改題し、『口承文芸史考』（中央公論社、一九四七年）に収録した。「序」では、神話を定義して、戦後の神話を否認しようとする風潮の中で、神話を熟知する必要があることを説く。「昔話・伝説・神話」という改題もそれに従ったものであり、昔話・伝説・語り物を再構成することで、「亡びたる神話の復原」ができるとする仮説を立てた。

この中で、欧米の「動物昔話」「本格説話」「笑話」の三分類は、「我邦《わがくに》の昔話に適用して見ても、大よそ亦《また》此分類は当つて居る」としながらも、「昔話の古代の状態を想像して見ると、斯《か》ういふ三つが面を列《つら》ねて、並び立つて居たものとは想像することが難い」と批判した。そこで、「発生学的の立場」から提案したのが、「完形昔話」「派生昔話」という二分類だった。

具体的に「完形昔話」は、「主人公の生ひ立ちを以《もつ》て始まるもの」で、「結末があらゆる願望の充足、あらゆる障碍《しやうがい》の解除に帰着することだけは変らない。言はゞ或《ある》非凡なる一人の伝記、もしくは或一門の鼻祖の由緒を、説くかと思はれる形を具《そな》へたもの」を指す。それに対して、「派生昔話」は、「或時の一つの出来事、又は或一人の若干の挙動のみを、取立て、話題としたものを、笑話はもとより古風な鳥獣草木譚まで引きくるめ」たものを指す。

この「昔話覚書」に続いて、関敬吾との共編『昔話採集手帖』（民間伝承の会、一九三六年）を出した。これでは「完形昔話」「派生昔話」の二分類はせず、「一 桃太郎」から「一〇〇 果なし話」までを並べた。一〇〇話の梗概を偶数頁に示し、見開きの奇数頁に調査した話を記入できるように工夫した。これを使えば、能率的な採集による総合的な研究ができると考えたのである。『日本の昔話』春陽堂版が出たときに、関が「昔話の採集に出かける場合の手引として便利である」と述べていたのを、こうしたかたちで発展させたと言っていい。

柳田は巻頭の「昔話を愛する人に」で、この手帖は「昔話蒐集《しうしふ》の、国際的意義も亦甚だ大きい」と説く一方で、「この国限りの次々の変化を無視して、直ちに今ある形を以て、他民族のものと比較するのは無理である」と主張した。国際的な比較研究を行う前に、日本における昔話の変化を明らかにしなければならないと考えた。類話の発見に飛びついて、結論を急ぐような比較研究を牽制したのである。こうした自制的な姿勢は、その後の昔話研究に大きな影響を与えた。

三　昔話の国際比較を示唆した『昔話覚書』

だが、柳田は日本の昔話に限定した発生論に固執したわけではなかった。『昔話覚書』（三省堂、一九四三年）は、すでに「世界民俗学」へ歩み出そうとしていた。「自序」では、まず、同じ三省堂から出した全国昔話記録（一九四二～四四年）に触れる。これは既刊昔話集の再編集と新編集による一三冊からなり、岩手県から鹿児島県に及ぶ。「全国」と呼ぶには心許ないが、安価なシリーズによって、一般の人々の手に昔話集が届くようになった。その一人に木下順二がいた。鈴《すず》木《き》棠三《とうぞう》の『佐渡島昔話集』（一九四二年）を読み、戯曲「夕鶴」（一九四九年）を書いた。皮肉なことに、柳田の播いた種から戦後の民話運動が始まったのである。

また、「自序」では、『昔話と文学』（創元社、一九三八年）が「主として国内の発達、いはゆる説話文学との交渉を説かうとした」のに対して、「比隣の諸民族がもつて居るものと、どういふ関係に在るのかを考へるのに力を入れて居る」とした。まさに昔話の国際的な比較研究である。だが、これは「容易に進めさうもない遠い険しい路」であり、「すつかり集めて置いてから、さて愈々《いよいよ》研究にとりかゝるといふ様な順序には行かぬ」としたのである。

そして、「附近の諸民族の中にも、到底偶合だとは言へない位に、よく似通うた話を聴く場合が多い。それがある以上は先祖は一つだらうとか、又はこちらから往《い》つて教へたのだらうとか、きめてしまふやうな人も元はあつたが、迂闊《うかつ》にさういふことの言へないわけは、この類似の及ぶところは法外に広く、北はシベリアの雪氷の荒野から、南は緑輝く珊瑚《さんご》の島々にまで、捜せば時々は同じ話が行き渡つて居ることがわかる」という見通しを述べた。

そのことを示すような「僅かな実例を挙げて置いた」というのは、収録された「猿と蟹」「続かち〳〵山」「天の南《カボ》瓜《チヤ》」「俵薬師」「峠の魚」「鯖大師」「片足脚絆」「食はぬ狼」「味噌買橋」の九編を指す。だが、その前に「昔話採集者の為に」「昔話の発端と結び」を置き、その後に「昔話解説」を置いて、昔話とは何か、特に昔話の形式に言及する。これは水と油のような構成だが、日本の昔話の理解からでも国際的な比較研究ができるという認識を示すのだろう。そこに柳田のしたたかな姿勢を見ることができる。

この中で、例えば、「味噌買橋」では、沢田四郎作『続飛騨採訪日誌』（私家版、一九三九年）の「丹生川昔話集」が出ると、柳田はすぐに取り上げ、ゴンムの報告と比べ、「正直な炭焼をa pedlar（行商人）に、豆腐屋をたゞの一市民に、高山の味噌買橋をLondon Bridgeに取替へれば、九分九厘まで同じものである」と指摘した。後に、櫻井美紀は『昔話と語りの現在』（久山社、一九九八年）で、松村武雄の『世界童話大系　第七巻』（世界童話大系刊行会）一九二七年版の「スワファムの行商人」の翻訳を、小学校教師の小林幹が翻案したものが『郷土口碑伝説集』に載り、それを「丹生川昔話集」が採用したのだと述べた。意外な幕引きだが、柳田の指摘を受け止めた見事な成果だった。

四　昔話の話型索引を整備した『日本昔話名彙』

先の『口承文芸史考』には「索引」があり、「桃太郎」を引けば、まず、「昔話・伝説・神話」の中に、「たとへば桃太郎の如《ごと》きは夙《はや》く一つの型がきまつて、純然たる童話になり切つたやうに見えるが、なほ地方によつては子供に用の無い妻覓《つまもと》めなどを、中心として説いて居る例もある」というのが見つかる。これは、『昔話採集手帖』の「一　桃太郎」（岩手県紫《し》波《わ》郡・紫波郡昔話）を指す。しかし、こうした作業を行うのは煩雑な手続きが必要になる。

そこで、日本放送協会編『日本昔話名彙』（日本放送出版協会、一九四八年）を監修し、先の二分類案を整えた。「完形昔話」には「誕生と奇瑞」「不思議な成長」「幸福なる婚姻」「まゝ子話」「兄弟の優劣」「財宝発見」「厄難克服」「動物の援助」「言葉の力」「智慧のはたらき」、「派生昔話」には「因縁話」「化物話」「笑話」「鳥獣草木譚」「其他（昔話と伝説の中間をゆくもの）」という下位分類を行い、「昔話の魅力」「昔話の名称・発端・結語など」を添えた。

実は、「完形」「派生」という概念は二分類だけではなかった。例えば、目次の「誕生と奇瑞」では、「桃太郎　力太郎　瓜子姫子　錦長者　竹の子童子　子育て幽霊　鷲の捨児　一寸法師　申し子話」のように傍線が付く。「目次」の末尾に、「目次中傍線あるものは百の主なる型を示し他は派生せるもの」とした。ここにもう一つ、「主なる型」「派生せるもの」という関係があったのである。

傍線のある話は、『昔話採集手帖』の「一　桃太郎」「二　力太郎」「三　瓜姫」「四　子育て幽霊」「六　一寸法師」と対応する。だが、「五　田螺息子」は「田螺長者」として「不思議な成長」に入るので、そのままというわけではない。それでも、『昔話採集手帖』は「主なる型」を取り上げたものだったことがわかる。ただし、一〇〇の話型（柳田は「話の型」と呼ぶ）は変わらないものの、例話で使っている資料は差し替えられた場合が多い。

このとき、「桃太郎」は「完形昔話」の「誕生と奇瑞」の冒頭に置かれた。「紫波郡昔話集《ママ》」（正しくは「紫波郡昔話」）の梗概が標準として示され、青森県から鹿児島県までの類話を並べた。その中で、例えば、島根県・隠岐《おき》の「あねさんとあまんじやく」には、「流れて来るのは桃。後半は瓜子姫話となる」「瓜姫との中間を行くものにて珍重すべし」と説明する。「桃太郎」が「瓜子姫子」と関係することを重視していたことがわかる。次の「力太郎」では、「桃太郎の項参照」とあるだけでなく、「参考」に「朝鮮民譚集」を挙げて、国際的な比較研究の窓口を開く。こうして見ると、柳田は話型というものを固定的に考えず、柔軟で動態的なものと考えていたのではないか。

一方、巻頭の「昔話のこと」で戸惑うのは、神話の中に「昔話の起原」を見ようとするのは無理であり、昔話の中に「古い信仰」を見ようとするのも危ういとする記述である。これは柳田自身がやってきた起原論や固有信仰論に対して、自己批判を述べているようにも聞こえる。そこには学問は客観的な証明をするものでなければならないという考えがあったこともわかる。こうした言及によって、柳田は昔話研究を戦後のアカデミズムの中に着地させようとしたのだろう。『日本昔話名彙』で昔話の話型索引（タイプ・インデックス）を整えたのも、そのためだったと思われる。

それに対して、学問上の楽しみとして、「国際的に謂《い》へば、表面上縁の無い民族の間に、争へない一致を示して居る」ことがあるという。昔話の国際的な比較研究である。『グリム童話集』との類話が五〇話くらいあるとして、例に挙げるのは「豆と炭と藁しべ」「猫と鼠」「手無し娘」「塩吹臼」である。「手無し娘」の項目を見ると、「参考」にヤーズレーを挙げ、「偽手紙の条まで外国にもあるは不思議」とする。しかし、まだ海外の資料は極めて少ない。それでいながら、「軽々しく輸入などと謂ふことは出来ません」と牽制するのである。

柳田は「同じ話が異つた民族の間に、偶然に何の関係も無く存在することは想像し難い所でありますが、何故に斯うなつたものでせうか」という問いを出す。異なる民族の昔話に似ているものがあるという指摘をするだけでは学問でなく、「何故に斯うなつた」のかを説明する必要があると考えた。それはなかなか難しいことだが、柳田は関敬吾が示したような国際的な分類によらなくても、国内の発生論にもとづく分類で国際的な比較研究ができると考えたにちがいない。両者は宙づりのままだが、それをどのように統合できるのかというテーマは、これからの昔話研究において非常に魅力的な課題になるのではないか。

＊すでに発表した文献＊

・石井正己「解題　日本昔話集」伊藤幹治〔ほか〕編『柳田国男全集5』筑摩書房、一九九八年
・石井正己「解題　昔話と文学」伊藤幹治〔ほか〕編『柳田国男全集9』筑摩書房、一九九八年
・石井正己「『口承文芸史考』」野村純一〔ほか〕編『柳田国男事典』勉誠出版、一九九八年
・石井正己「解題　昔話覚書」伊藤幹治〔ほか〕編『柳田国男全集13』筑摩書房、一九九八年
・石井正己「解題　口承文芸史考」伊藤幹治〔ほか〕編『柳田国男全集16』筑摩書房、一九九九年
・石井正己著『柳田国男を語る』岩田書院、二〇一二年
・石井正己著『テクストとしての柳田国男—知の巨人の誕生—』三弥井書店、二〇一五年
・石井正己著『昔話の読み方伝え方を考える—食文化・環境・東日本大震災—』三弥井書店、二〇一七年
・石井正己著『現代に共鳴する昔話—異類婚・教科書・アジア—』三弥井書店、二〇二〇年

高木敏雄——世界的比較研究を通して解明される日本文化

杉山和也

『郷土研究』は、一九一三年三月に柳田国男と高木敏雄《たかきとしお》(一八七六~一九二二)の二人の手によって創刊された日本での本格的な民俗学研究の出発点となった雑誌として知られる。高木が翌年四月に編集から退いた後、柳田が一人でその刊行を継続するようになったという事情もあってか、この雑誌の刊行について語られるとき、高木に対する注意がおろそかになりがちである。しかし、同誌の編集を当初、主導していたのは、むしろ高木であった。関敬吾は「近代的科学的意味における伝説・昔話研究の端緒となったのは高木敏雄の研究」であるとし、柳田の研究はそれにやや遅れると述べている(『日本の昔話：比較研究序説』日本放送出版協会、一九七七年)。高木の知名度は、柳田に比して、今なお低いが、黎明期の昔話の研究において果たした役割は実は大きかった。ここでは高木の研究を辿りつつ、その意義について述べてみたい。

一　神話から伝説・童話への展開

高木敏雄は、一八七六年に熊本県に生まれた。一八九六年、第五高等学校を卒業後、東京帝国大学でドイツ文学を専攻し、一九〇〇年に卒業している。卒業後は、第五高等学校、東京師範学校、松山高等学校、大阪外国語学校でドイツ語の教師を務めた。そして一九〇二年には、政府から「独逸語及語学教授法研究」のためにドイツへ一年間の留学することを命じられるが、それを目前に、腸チフスのために四七歳で病没してしまう。

高木は東京帝国大学在学中から神話関係の論考を発表し始めた。端緒となったのは、一八九九年に『帝国文学』誌上で、高山樗牛《たかやまちょぎゅう》、姉崎嘲風《あねさきちょうふう》（正治《まさはる》）、高木敏雄の間で巻き起こった「素尊嵐神論争」であった。高山と高木が、記紀に見られるアマテラスとスサノオとの争いを、他の民族にも類例の多い、太陽と嵐が優劣を競う自然神話を中心としたものと捉えるのに対し、姉崎はこれを否定的に捉えた。西洋における神話学の方法を踏まえつつ、記紀神話に関する議論が交わされたことは、当時としては斬新で、注目を集めた。ただし、三者のうち、その後も神話の研究を続けたのは高木のみであり、その成果は『比較神話学』（一九〇四年）、『日本建国神話』（一九一二年）などの著作にまとめられた。

その後も高木は国際的な比較を重視しつつ研究を行なって行くが、その対象は神話から徐々に昔話や説話へと比重が置かれて行く。『帝国文学』に掲載された「羽衣伝説の研究」（第六巻第三号）、「浦島伝説の研究」（第六巻第四号）、『郷土研究』に掲載された「日本童話考」（第一巻第二号）、「日本の天然伝説」（第一巻第二号）などが、それである。

また、高木は日本の昔話の収集にも力を入れるようになった。一九一一年一二月七日、八日の『東京朝日新聞』朝刊に広告を掲載して、日本各地に伝えられる伝説・童話の投稿を呼び掛け、同年一二月一九日から翌年七月二三日にかけて同紙の朝刊に、投稿されたものを断続的に紹介した。これは後に『日本伝説集』（一九一三年）としてまとめられるが、その凡例には「自ら筆を執つて、報告者の文章をつづり直し（中略）原文の趣を保存した」と記されている。

これについて中山淳子は『グリム童話』の序文に書かれた方法が踏襲されていると指摘する（『グリムのメルヒェンと明治期教育学―童話・児童文学の原点』臨川書店、二〇〇九年）。確かに『日本伝説集』に収録された昔話は、表現の統一を採ることが抑えられている。これは「ひじょうに簡潔な美文」でつづられた、柳田の『遠野物語』（一九一〇年）で採られている方法とは対照的である（『日本伝説集』ちくま学芸文庫、二〇一〇年、「解説」（香月洋一郎））。高木のグリムに対する強い意識は、他にも例えば、「昔話」ではなく「童話」という研究用語を用いることを重要視していたことからも窺われる。高木は『グリム童話集』の原題である「*Kinder und Hausmärchen*（子どもと家庭のメルヒェン）」を強く意識して、この語を用いることを提唱していた（『童話の研究』一九一六年）。そして、『修身教授・童話の研究と其資料』（一九一三年）といった著作があることからも窺われるように、収集した「童話」を児童教育に活用することをも高木は目指していた。

二　フローレンツから影響を受けた〈文献学《フィロロギー》〉の概念

ところで、ここで抑えておきたいのは、大学時代の高木の指導者のことである。ドイツ文学科では、カール・フローレンツ（Karl Florenz, 一八六五〜一九三九）が教鞭を執っていた。フローレンツは、プロシアに生まれ、ライプツィヒ大学で一般言語学・東洋諸語・アッシリア語・ペルシア語・エジプト語・サンスクリット語などを学んだ後、ベルリン大学で言語学、東洋語学の研究を続けた。一八八七年には、サンスクリットの文献学的研究に基づく博士論文を以て博士号を取得し、一八八八年、日本へ渡った。一八八九年から一九一六年まで、東京帝国大学でドイツ文学講師を勤めて、ドイツ語・文学・博言学を講じ、その傍らで日本文化の研究にも従事していた。一八九九年には、論文『日本の神話（*Japanische Mythologie*）』を東京帝国大学に提出し、文学博士の学位を授与された。一九一四年の帰国後はハンブルク大学で教授を務めた。

主著に『日本文学史』（一九〇六年）があり、ドイツでは日本学の祖とされる人物である。佐藤マサ子によれば「素尊嵐神論争」での高木の立論には、フローレンツの影響が色濃く見られるという（『カール・フローレンツの日本研究』春秋社、一九九五年）。また、フローレンツが、グリムを授業の教材として取り上げ、重視していたことや、文献ばかりでなく、民間に伝存する儀礼や習俗を採録し、祭祀器具の収集も行ない、考察の対象としていたことなどは、後に高木が興そうとする「郷土研究」に影響を与えている可能性があるとも指摘している。

高木がフローレンツから受けた影響は、他にもさまざまな点で認められるが、まず指摘しておきたいのは〈文献学《フィロロギー》〉である。高木は一貫して「文献学」という言葉を標榜して研究を行っていた。例えば、高木は神話学も「文献学」の一分科として捉えている（「日本神話学の建設」『帝国文学』第八巻第九号）。また、『郷土研究』の裏表紙見返しにも「◎謹告」として、次の文言が記される。

一　郷土研究は日本民族生活の凡ての方面の現象を根本的に研究して日本の郷土に発生したる民族文化の源流と要素と発展とを文献科学的に説明しこれによりて日本文献学に貢献する所あらんことを期す

高木は「郷土研究」をもって「日本文献学」に貢献することを目指していた。この文言は第一巻第一号から第二巻第七号まで、毎号、記されるが、高木が編集から退いた直後から姿を消すこととなる。「文献学」は、ドイツ語「フィロロギー（Philologie）」の訳語である。〈文献学《フィロロギー》〉は、もともと、ギリシャ・ローマの古代文化の究明を目指すものであったが、一八世紀末から一九世紀へかけて、あらゆる時代・民族・地域に適応できるように理論化され、精神的所産である言語・文芸・美術・哲学・宗教などの文化全体を射程に収める総合的な学問として発展したものである。現在一般に「文献学」と呼ばれるものは、本文批判・書誌学・注釈学などの作業を指し、文学・歴史研究の重要な基礎部門を担うものとなっているが、これは飽くまでも〈文献学《フィロロギー》〉の体系の一部ということになる。〈文献学《フィロロギー》〉が広く受け入れられるようになったのは、国文学者の芳賀矢一《はがやいち》が、ドイツ留学からの帰国直後の一九〇二年一二月に國學院同窓会で行った講演「国学とは何ぞや」以降とされるのが通例である。しかし、高木は一九〇〇年一〇月において既に「文献学に就て」と題した論考を第五高等学校の校友会誌『龍南会雑誌』第八二号に発表しており、当時のドイツの〈文献学《フィロロギー》〉をめぐる研究動向が詳細に記されている。高木がこのようにいち早く〈文献学《フィロロギー》〉を知り得たのには、彼が大学で直接、フローレンツの指導を受け、ドイツ文学専攻の学生として専門的に学んでいたことが深く関わっていると考えられる。

「文献学」は、訳語の字面に引き摺られて、文献ばかりを対象にする学問のように捉えられがちだが、高木の意味するところは異なっていた。『郷土研究』第一巻第一号の「郷土研究の本領」には次のようにある。

> この土地の上に発展した民族生活の研究に対して、材料となるものは、凡ての文献科学に於けると等しく、現在の事実と過去の伝承である。（中略）その選択と批判と利用とに際しては、如何程慎重に慎重を重ねても足らぬ位である。此場合に於て最も困難を感ずるのは、云ふまでもなく文献伝承と口碑伝承との批判である。

すなわち、高木の〈文献学《フィロロギー》〉は「文献伝承」だけでなく「口碑伝承」も研究対象とするものなのであった。他方で、共に『郷土研究』の刊行に関わった柳田については、「文献」と「口碑」の双方を研究対象として包含する高木の〈文献学《フィロロギー》〉の影響は認め難い。そもそも、柳田が「文献学」という研究用語を積極的に使ったようには見えない。また、この言葉が使われた場合にも、次のように文献に拘泥する存在として「文献学派」を把握し、それに対置するものとして民間伝承の研究が位置付けられている。

> 西洋の文献学派といはれる人々は、かりそめにも書言の未だ録せざる所のものを採つて、自家の意見の理拠とすることを恥として居るが、其狭隘に反抗して始めて斉東野人の語を聴くべしといふ、私たちの研究は起つたのであつた（『民間伝承論』一九三四年）。

このように「文献」と「口碑」を研究対象、研究領域として分断して捉えることは、現代の研究でもしばしば行なわれており、両者は没交渉になりがちだが、高木の〈文献学《フィロロギー》〉はそうした現状を見直す処方箋となる可能性を秘めていると言って良いだろう。

三　フローレンツから高木が受けたと見られる影響「混合民族」の視点

次にフローレンツから高木が受けたと見られる影響として重要なのは、研究の前提として「日本民族」を「混合民族」と捉えていることである。「郷土研究の本領」で、高木は次のように述べる。

日本民族は混合民族である。種々複雑な分子から成つて、統一を得て今日に至つたものである。従つて日本民族は単一のものであるけれども、この民族形成の要素と成つた人種または民族は複雑である。

日本民族を、様々な民族が混合して形成されたものと捉えているのである。フローレンツも日本人は、蒙古、朝鮮、アイヌの三つの類型によって代表される混合民族であると、『日本文学史』で述べている。高木はこれを継承していると見られる。高木は混合民族である日本民族、ならびにその文化の構成要素を解き明かして行くためにも、世界的な比較研究が必要であると主張しているのであった。未刊に終わったものの『朝鮮童話集』の執筆をしていたことも、このような視座があってのことだろう。しかし、例えば、国文学の領域に〈文献学《フィロロギー》〉を導入したとされる前述の国文学者・芳賀矢一には、混合民族という把握は認め難い。高木の議論の前提は、必ずしも当時の日本の学界では一般的なものではなかったようである。

高木の研究のこうした性質を示した研究の一つとして、前述の「羽衣伝説の研究」が挙げられる（増尾伸一郎「交錯する〈羽衣〉伝承―二十世紀初期の東アジアにおける比較研究をめぐって―」『知のユーラシア』明治書院、二〇一一年）。謡曲『羽衣』を「最後の発達の段階に到達した」ものと位置づけて、その原型へと遡及することを目指すものであった。まずは主に日本と中国の文献を博捜し、琉球の伝承も紹介しつつ、類話を多数指摘した上で、西欧の先行研究を踏まえつつ議論を進めていく。インド・ゲルマン・ユダヤや中国などとの比較を通して日本の伝説の特質を考察した最初の著作である。主として一九世紀ヨーロッパの学説を参照しつつ、論を展開している。資料的制約もあってか、東南アジアや内陸アジアなどには及んでいないが、日本民族の文化形成論のための世界的な比較研究を開拓した点において重要な意義を持つものであった。

他方で、柳田の主な関心は、次の言葉からも見て取れるように、当初から世界的な伝播の問題にあるのではなく、説話が日本で、どのように受け入れられ、昔話として伝唱され、変容して行ったかという問題にあった。

いずれ多くは仏経を中間にして西洋にも行きわたりおる話に候わんが、小生はもっぱら日本にていかなる変形を閲せしかを明らかにしたく考えおり候。（一九一一年一〇月一日付、南方熊楠宛・柳田国男書簡）

世界的比較研究を通して、混合民族たる日本民族、ならびにその文化の有り様を解明しようとしていた高木とは、研究の志向に大きな違いがあると言えるだろう。高木は短命な上に職を転々としていた。研究の後継者に恵まれず、評価が十分でないまま埋もれてしまった。彼の業績が再評価されるようになったのは、一九七〇年代以降のことである。関敬吾は「日本における昔ばなし研究は、おおむね柳田の方法によってきた」（前掲書）としているが、そうした大きな流れの中にある現代の学問の在り方を問い直す上で、高木の研究は重要な鍵となる可能性があるだろう。そして、〝世界の昔話を知るため〟には、高木の「童話」研究は、改めて見直す価値が高い内容を有していると言えるだろう。

プロップ・ウラジミール――形態学と根源学を見据えた昔話研究

坂内徳明

一　昔話に関する仕事とその生涯

V・プロップ（一八九五〜一九七〇、ロシア語ではウラジーミル・ヤコヴレヴィチ・プロップ）は二〇世紀に活躍したロシア民俗学研究者である。彼が生前に刊行した民俗学関連の著書は全部で四冊（『昔話の形態学』（一九二八年、六九年）、『魔法昔話の歴史的根源』（一九四六年、博士論文審査合格は一九三九年）、『ロシア英雄叙事詩』（一九五五年、五八年）、『ロシア農耕祭日』（一九六二年））であり、死後に『フォークロアと現実　論文集』（一九七六年）と『おかしさと笑いの諸問題』（一九七六年）、以上の著作を収録した八巻著作集が刊行された（一九九六〜二〇〇二年）。

昔話をテーマとするのは生前に刊行した四冊中の第一、第二作であり、この他、昔話に関する大学での講義原稿を編集した『ロシア昔話』（一九八四年）がある。また、昔話関連の仕事として、ロシアのグリムと称されるアファナシエフの『ロシア昔話集』（初版は一八五五〜六三年）全三巻の編集・校訂（一九五七〜五八年）、プロップと同時代に昔話の形態学を着想していた盟友ニキフォロフが収集した『北ロシア昔話集』の編纂・刊行（一九六一年）がある。

プロップは一八九五年にロシア帝国の首都サンクト・ペテルブルク市内で、商会支配人の父、母と八人の兄弟姉妹からなる比較的裕福な大家族に生まれた。両親がロシア辺境サラトフ県に入植したドイツ人の子孫だったため、家庭生活と教育の面でドイツ文化の大きな影響を受ける。一九一三年に入学した当時のサンクト・ペテルブルク（ペトログラード）大学では著名な言語学者や文学研究者が輩出・活躍し、大学内外でアカデミズム批判を志向する言語・文学研究の新たな動きが沸騰する中、第一次世界大戦開始の影響もあって、関心をドイツ・ロマン派からロシア文化へ移した。ただし、同時代のフォルマリズム運動と直接的に関わった様子は見られない。

大学卒業後はドイツ語教師として働きながら、孤立した状態で昔話研究に没頭した。その結実が『昔話の形態学』だが、無名の著者による処女作の価値は同時代のソヴィエト社会・学界ではごく少数の研究者が認めるにとどまった。その後、スターリン・レジュームが確立し、独ソ戦が始まり、レニングラードが九〇〇日封鎖され、さらに第二次世界大戦終了後の厳しいソヴィエト体制の中、プロップは研究を継続し、新たなロシア民俗学の創出を目指した。一九三七年から一九六五年の依願退職までレニングラード大学文献学部でロシア・フォークロアを講じた。

二　昔話論の底流、研究の革新、前提と目的

プロップの昔話研究は、昔話を含むロシア・フォークロアの基本的性格を抜きにして考えられない。それは、ロシアの歴史と社会の中で口承性が果たした役割に関する問題である。具体的には、口承文学が文字文化・書記文学の公式性・宗教性からの「逸脱と解放」の機能を備え、芸術文学との相反・緊張関係を含む相互浸透ゆえに近代文学成立に大きな影響を与えたこと、また、西欧に遅れて急発進したロシア近代化の過程で、インテリゲンツィヤによる「民衆（ナロード）の発見」の契機となったことに示される。これらに関連した問題群がロシア・フォークロアの背後に存在し、西欧ならびに日本とは異なる社会構造と歴史を有するロシア昔話文化の特徴として現代まで継承される。プロップの昔話論はこうした文化史的文脈の中で生まれ、醸成された。

彼の昔話研究は、一九世紀ロシア・フィロロジーの到達点であるA・ヴェセロフスキイが主張した「筋の詩学」と「歴史詩学」を方法論的基礎とする物語研究を批判的に継承・発展させたものである。物語という言語芸術・文化に対する関心は、人間の歴史とともに古代から存在するが、一八世紀半ば以降のヨーロッパ社会は、同時期のロマン主義と啓蒙思想の影響下、物語の中に昔話という口承の言語作品群を見出した。特定個人が創作した芸術文学とは異なる、名もなき庶民・民衆の文学としての昔話が、当初こそ興味本位に集められたが、やがて自覚的な収集・研究と考察の対象となる。この傾向はロシアでも共有され、一九世紀半ば以降、研究が開始された。一九世紀後半から二〇世紀初頭にかけて、ヨーロッパで提唱された昔話のインド起源説、借用説、古典人類学的アプローチ、文学史的研究、さらに歴史地理的研究（フィン派）はロシアでもただちに受容されたが、こうした動向を受けて、その全面的な転換を迫ったのがプロップである。『昔話の形態学』に始まる彼の昔話論は、それまでの昔話研究の総括として位置づけられる。

プロップの目的は、ヨーロッパとロシアの昔話研究を学以前の段階から自立した学へ進めるために必要な理論と方法を構築すること、そのために昔話の科学的分類を明確化し、形態論と歴史的研究によって昔話の本質を解明することにあった。それまでの昔話研究が素朴で実感的な分類とアプローチに終始していた（「リンネ以前」）と批判する彼の出発点は、多種多様な昔話が著しい同一性・反復と類似を示すのは一つの規則性によるのではないかとの仮説にある。その規則を明らかにするために、昔話の構成部分を不変要素と可変要素に区別し、それら相互の関係を物語進行の継起性ならびに論理のレベルで図式化し（形態学）、さらに、昔話研究の隣接分野を参照することで昔話の起源の説明を試みる（歴史的根源）。

三　形態学がめざすもの

プロップの問題設定と作業の前半部は形態学と名付けられたが、これは言語学の形態論よりも、同じ言語学の統語論に近い。彼の昔話分類に関しては、これがリンネの植物分類学に由来するとされる場合があるが、より重要なのは、プロップが敬愛していたゲーテの影響である。リンネを批判しつつ、動植物の多様性を観察・分類し、周到に分析したゲーテの名づけと記述がプロップに決定的な示唆を与えた。『形態学』各章のエピグラフにゲーテの文章が引用されたことがそれを物語っている。

『形態学』の問題設定は以下のとおりである。昔話では、登場人物の名前の違いにもかかわらず、恒常的で変わらないのが登場人物の行動であり、それは「機能」と名付けられる。機能の数は限定され、機能の継起順序は同一で、一つの基軸と下位類型が存在し、すべての魔法昔話は構造の点で単一のタイプとなる——こうしたテーゼにもとづき、アファナシエフの昔話集から選んだ魔法昔話（本格昔話）一〇〇話が具体的な分析対象とされるが、分析は帰納的に綿密に行われる。機能（具体的には「留守」「禁止」「違反」「探り出し」「漏洩」「謀略」等々の三一個）が抽出され、分析の補助軸となる多くの側面——アシミレーション（同化）ならびに一つの機能が二重の意味を持つ場合、機能を結びつける補助的要素、「三回化」の補助的要素、登場人物のモチベーション、人物への機能配分、新たな人物を出来ごとの展開に組み込む方法等々——が論じられ、最終章では、魔法昔話の一般モデルが図式化される。これに関連して、魔法昔話をめぐる多くの問題（語りの結合方法、分析例、分類、共通構造と個別構造の関係、構造と筋、ヴァリアント）が言及されている。

四　歴史的ルーツを追う

『魔法昔話の歴史的根源』では、昔話の発生と変容、さらに、昔話で語られるヒトや妖怪、モノの属性をはじめとした多数の細部の起源がテーマとなり、そのために、歴史を資本主義社会成立以前、さらに、封建時代以前にまで遡った過去の歴史的現実と比較する歴史的アプローチが取られる。その際、インド起源説、借用説等に代表される

「一九世紀的」起源論は無効であり、新たな歴史的起源論が構築されねばならないとする。

検討対象は、昔話テキストの外側に広がる、昔話が誕生した領域である。彼が注目したのは習俗・信仰・儀礼を中心とした生活様式であり、特に、他界観・霊魂観、他界への「旅」、加入礼（イニシエーション）に重点が置かれた。それらの調査と論証のためには、口承文学の枠から出て、隣接分野の研究に踏み込まねばならない。具体的には、ロシアにおけるエスノグラフィ（ボゴラス＝タン、シュテルンベルグ、ゼレーニン）の他、欧米研究者の仕事、例えば、フレイザー、フロベニウス、クローバー、ニルソン、ボアズ、サンティーヴ、ファン・ヘネップ、ローデ、レヴィ＝ブリュール、『家族の起源』のエンゲルスといった一九世紀末から一九三〇年代までの宗教学・神話学・人類学・民族誌・社会学の多くの成果が援用された（後に、欧米著作引用が「コスモポリタニズム」として批判される）。同時代ソヴィエトにおける発展段階論や古生物学論への関心は時代制約によるとはいえ、今なお問題提起的である。また、ソヴィエト連邦体制下で生まれた非スラヴ系諸民族の叙事詩・神話・フォークロアに関する新データと研究への注目も重要である。

以上の問題設定に従って、主人公や妖怪など登場人物のさまざまな行動とそれらの間のコミュニケーションの細部が検証され、そこに投影される各種儀礼と宗教的観念が追跡される。併せて、さまざまなファンタジー、未来への夢と理想、多くの敵との戦い、勝利と敗北、喜びと絶望、そして死、植物や自然など人々を取り巻く環境への観念が検討対象となり、記述される。全体は、本文各章のタイトル――「神秘の森」「大きな家」「魔法の贈り物」「渡り」「火の川のほとり」「はるかな土地へ」「花嫁」――が示すとおり、主人公の冒険が鬱蒼たる森の中で繰り広げられる昔話に典型的な場面の再構成である。それは、あたかも著者自身が語り部となって語り直した壮大な物語である。

五　二作の連関、評価と意義

『昔話の形態学』の準備段階で、プロップはすでに、昔話の起源と変形を含めた昔話の歴史的考察が必要であることを十分に理解していた。『形態学』と同年の発表論文「魔法昔話の変形」では、昔話発生後のさまざまな変形の論理と過程が分析され、『形態学』でも「すべての種類の昔話の構造研究は昔話の歴史的研究の絶対に欠かせない前提条件」（I章、ただし、この個所は初版になく、第二版で加筆）と明言される。さらに、昔話という対象は三つの側面、すなわち、対象の構成要素と構造面、発生面、そして変化とその過程の面から検証することで解明されるとの指摘（同I章）もある。プロップは「形態学的分析を歴史的研究に有益な道具と考え、二者択一すべきものとは考えていない」（カルロ・ギンズブルグ）のである。形態論が昔話起源論と同時・共進的に構想されていたことは、彼の昔話研究とその方法、さらに民俗学観を理解する上で重要である。

『形態学』の上梓から約三〇年後、英語（一九五八年）、イタリア語、日本語（一九六六年）、フランス語（一九七〇年）、ドイツ語（一九七二年）他に翻訳され、また、レヴィ＝ストロースの注目と批判が契機となって、世界の人文学研究が一躍プロップの存在を認めた。この著作をフォルマリズムの成果であり、構造主義、記号論の先駆的著作として高く評価し、『形態学』を一つのモデルとした研究が生まれ（A・ダンデス、小松和彦他）、多くのナラトロジー・物語論（A・グレマス、C・ブレモン、G・ジュネット他）が続いた。プロップの名前は昔話研究のみならず、言語学、文化記号論、物語論、文学・テキスト研究等の人文学研究の多分野で知られるようになり、今後もその傾向が再評価も含めて続くことは間違いない。

だが、『形態学』での分析を、単純な図式と記号に置き換える方法モデルとみなし、昔話・物語のカタログ・データベース化の先行研究、さらにはAI化の先鞭と結論づけるのは少々早計である。二〇世紀以降の伝統文化の変容によってメディア文化が巨大化し、かつて昔話が維持・伝承・成長させたコミュニティが現象として観光化し、衰退・消滅しつつあるからこそ、形態学と根源学の双方を見据え、「全体性としての昔話」の記述を目ざした彼の研究構想の意義が問い直されねばならない。プロップの昔話研究は、無限の多様さと同一・類似との間の大きな振幅の中で永遠に繰り返される人間の語りの論理と可能性を模索し、昔話が結ぶ共同体のファンタジーとロマンの構造と起源を追求し続けた営為である。

＊参考文献＊

Ⅰ　昔話関連著作
・『昔話の形態学』一九二八年、一九六八年（改訂第二版）（『民話の形態学』大木伸一訳、白馬書房、一九六六年。『昔話の形態学』北岡誠司・福田美千代訳、白馬書房、一九八三年、水声社、一九八七年）
・『魔法昔話の歴史的根源』一九四六年（『魔法昔話の起源』齋藤君子訳、せりか書房、一九八三年）
・『ロシアの昔話』一九八四年（齋藤君子訳、せりか書房、一九八六年）
・「魔法昔話の変形」一九二八年（『ロシア・アヴァンギャルド六　フォルマリズム　詩的言語論』直野洋子訳、国書刊行会、一九八八年に所収）

Ⅱ　その他
・V・Ya・プロップ『口承文芸と現実』齋藤君子訳、三弥井書店、一九七八年（改訂版『魔法昔話の研究　口承文芸とは何か』同訳、講談社学術文庫、二〇〇九年）
・A・N・マルトィノヴァ『プロップ　生涯と学問活動』二〇〇六年（ロシア語）
・同編『知られざるプロップ』二〇〇二年（ロシア語）
・E・E・ウォーナー『プロップとロシア民俗学』一九九七年（英語版）、二〇〇五年（ロシア語版）
・坂内徳明「ヴラジーミル・プロップ再考――二〇世紀ロシア民俗学史の構築をめぐって」『言語文化』第四六巻、二〇〇九年

関敬吾――海外の分類の導入と原郷の矜持

野村典彦

一　「科学」としての「民俗学」を訴えて

関敬吾（一八九九～一九九〇）は「正統派民俗学者」（関・一九七五）から誹議、誹謗された民俗学者である。小池淳一が整理したような井之口章次からの批判（小池・二〇一五）、そして、桜井徳太郎『昔ばなし―日本人の心のふるさと―』（社会思想研究会出版部、一九五七年）による批判に対する、関の憤懣が皮肉のこもった語の選択をさせたのだろう。

関は「科学」としての「民俗学」を訴えていた。一九三五年六月『昔話研究』第二号では、柳田国男『日本の昔話』（春陽堂廉価版）を評して、「我々昔話研究者にとつては信頼すべき科学的資料である」と述べる。関は最後の段落を「その配列も大体本格的昔話と派生説話の二つに分ち、その順序は動物説話、本格的昔話、笑話の順となつてゐる。今後昔話集を編まれる人は、順序はこれによられるのが便利ではあるまいか」と結ぶ。次頁は奥付になるのだが、その上段には「編纂者言」として、「ニユース一つ。大阪の口承文学の宮本、織戸その他の同人諸氏に岩倉市郎氏を加へ今度から昔話の本格的研究をなされる由」。「自家広告一つ。柳田先生から昔話の「採集期の問題」と題する論文を序として頂き「島原半島民話集」といふのを先月十五日やつと刊行しました」など。そして最上段には「日本民俗学講習会開催」の告知。

一九四九年、和歌森太郎に対し、「同君の科学に対する反省的な態度に敬服せざるを得ない」と『民間伝承』に述べる（関・一九四九）。この文章は、同誌四月号に掲載された和歌森「民俗学の方法について」を受けて書かれたものだ。和歌森の文章が一段組五四字×約一六三行であるのに対し、関のそれは、一行二六字、都合六七六行を二段組で二号に分割の上で掲載された。「(下)」は七月号巻末に置かれ、その末には波線で囲まれた「日本民俗学会第一回大会」の「会告！」が置かれる。次頁は「編集後記」と奥付。「会長―柳田国男」の隣に記される「編集」担当には和歌森の名がある。戦前、戦後、日本民俗学の重要な節目に、「科学」を唱える関が立ち会っている。

なお、歴史学者である和歌森の民俗学への取り組みに対する批判はこの後も重ねられ、「現代性」の欠如を問題視する文言が、平凡社の『日本民俗学大系』第二巻（一九五八年一二月、第五回配本）に収められた「日本民俗学の歴史」に記される。和歌森と並べられた平山敏治郎は『月報』第六号（一九五九年三月）に「誤解を避けるために」を寄せ、「本質的には民俗学を歴史科学ではなく、歴史学」としてみていると批判されたことに対し、「誤解のはなはだしいもの」と否定、「小生ははじめから民俗学を歴史科学と考えており、今も歴史科学と認めております」と自身の立場を強調する。

二　『日本民俗学大系』に寄せた意気込み

ここで、この『日本民俗学大系』全一三巻（一九五八年末～六〇年夏）における関敬吾の仕事を見ておきたい（以後、『大系』と略記する）。編集委員は、大間知《おおまち》篤三《とくぞう》、岡正雄、桜田勝徳、関敬吾、最上孝敬の五名。それぞれ二冊の編集を担当したことになろうか。第九巻「芸能と娯楽」は本田安次が、第八巻「信仰と民俗」は原田敏明が、「総説」を記す（第八巻目次には「編集―原田敏明」とある）。関が担当したらしきは第一〇回配本の第一〇巻、第一二回配本の第一巻、第一三配本の第一三巻である。関の始動が遅かったのではない。晩年の関にインタビューを重ねた高木史人は、「全十三巻の実質的編集の仕事をした」と記している（高木・一九八七）。第五回配本の「日本民俗学の歴史と課題」には三つの文章、計一四七頁を執筆。このうち右に触れた「日本民俗学の歴史」は一一六頁、この文章だけで、大間知篤三が『大系』全体に寄せた文章（「はしがき」や「物故者紹介」を除く）の総頁数とほぼ同数になる。

一九五九年一一月の『月報』第一〇号に泉靖一の文章が載る。同年九月、岩波書店『思想』（第四二三号）は文化人類学の特集を用意、その巻頭が泉による「文化人類学における現在の課題」だった。『月報』の「日本における民俗学と民族学」では、民俗学者が「エスノロ」と呼ぶことに対し、「うすのろ」にごろが通ずるから、こうよばれると民族学者は気持がよくない。そこで民俗学のことを旧日本民俗学研究所の所在地の名をとって、「キヌタムラ」とよんで、かれらは、その非国際性を言外に含めたつもりでいる」と明かす。柳田や折口が海外の学問を取り入れていたのにかかわらず、そのことを「その労作のなかで語っていない」と泉はいう。『大系』は「キヌタムラ」の民俗学とは一味違うもの、民族学の視野を感じさせるものであると言ってよい。関が「はしがき」を記す第一巻（前出）には、ヨーロッパ（関）、イギリス（丸山学）、アメリカ（堀一郎）、独・墺（関）、ソヴェート（香山陽坪）、朝鮮（三品彰英）、欧米（堀）の民俗学についての文章が並ぶ。月報にはフランスの民俗学、中国の民俗学についての掲載を断念した旨が記されるが、最終回配本『月報』第一三号には、山口昌男「フランス・イタリア民俗学管見」が載る。

この最終回配本の『月報』には関も文章を寄せ、「これまでの原稿は一〇枚、一五枚の短いものが多く、かつ、そうした書きかたが奨励されていたが、ここでは可能な範囲で、比較的多くのスペースがあたえられた」と述べる。「物故者紹介」を除いて比較してみると、（見出しや写真などの挿入を無視した、単なる頁数ではあるが、）桜田の二倍以上、大間知の三倍以上、最上の四倍近く、岡の七倍、の文章を関は執筆している。「著作年譜」によれば、『大系』第一三巻の民俗学文献目録も関によるものである。並々ならぬ意気込みがこの『大系』に向けられていると認められよう。

ディスカバー・ジャパンを経て、『国文学―解釈と鑑賞』一九七五年一一月号が「民話の世界」を特集、『国文学―解釈と教材の研究』は一九七六年一一月に『臨時増刊―民話の手帖』を刊行。関はそれぞれに文章を寄せる。創設された日本口承文芸学会の初代会長となったのが一九七七年の五月。『日本昔話大成』全一二巻（角川書店、一九七八〜八〇年）の刊行もあり、この頃の関は「民俗学」について発言するのではなく、「口承文芸」を追究している印象を受ける。

今日にあって、「「口承文芸」に対しては、日本口承文芸学会の会誌『口承文芸研究』があり、『日本民俗学』誌上では、口承文芸そのものよりも、妖怪などの口頭伝承を扱ったものが多いようである」（川島・二〇二二）と捉えられているが、一九六〇年代から七〇年代へと、関の学問の方向性が今日に影響を残しているということだろうか。

三　研究の方向を決定づけた「民話」

『大系』第一〇巻に収められた「民話」は、その後の口承文芸研究のあり方を決定づける。一九七四〜七六年の録音資料を二〇数年後に翻字報告した昔話集を紹介する際に、語り始め、語り収めの枠取りが揺らぎのあるものだと指摘したことがある（野村・二〇〇二）のだが、関は既に、『大系』を執筆する段階で、「初句・結末の句」が「昔話・笑話・動物譚のすべてに完全についている」報告に対する疑義を示していた。関は、岩倉市郎を「伝承にもっとも忠実に採集した人」と評価、岩倉の報告と自分の聞いた話と、沖永良部のある語り手における二〇年後の変化に注目している。「昔話の社会的機能の研究」に不可欠な「科学性」のために「語られる条件というものに対する注意」を訴える。

関は「家庭以外のいま一つの伝承の場所」として、「娘たちの糸ひき宿、男子たちの藁仕事の場所、山小屋、漁夫の納屋などの労働の場所」を挙げる。家の伝承として、「個人の才能と同時に社会的な要求」によって「昔話の正確な伝承」が行われるとし、「聞き手」については「語り手をコントロールする役割をもち、記憶の誤りを抑制する力となる」と記す。「伝承を忠実に記録するばかりでなく、語り手の生い立ち、語られるときの諸条件が記録されるのが普通」となっているドイツなどの研究を紹介しながら、芳賀日出男に撮影を委嘱して考察した「昔話の語りかた」

の分析を示す。野村純一『吹谷松兵衛昔話集』（自刊）は一九六七年、野村の「昔話の研究」や武田正「木小屋話考―「佐兵ばなし」の成立をめぐって」の並ぶ『日本民俗学会報』第五九号は一九六九年。高木史人「昔話と〝身ぶり〟」（『口承文芸研究』第一〇号）は一九八七年である。昔話と伝説とについては「両者の相違は物語の発端と結末において見られる。それはたんに形式的な句がついているかどうかではない」と述べる。『日本伝説大系』（みずうみ書房、一九八二年～九〇年）の代表話に、野村純一は語り始めの句のある資料を積極的に用いる。

野村純一の蔵書への書き込みは付箋代りの印と誤字の指摘を専らとする。しかし、『大系』第一〇巻の関敬吾「民話」「複合形式」の項には珍しく三行に亙る書き込みを行っている。「〇昔話の記憶は口拍子の高まった部分、即ち擬音もしくは語り手が謡い手に近い状態になる部分によって留められていることが多い。不変化部分とも言えるもので、ピンポンパラン等がそれに当る」。マリノフスキーの指摘を踏まえつつ進められる関の説明には、「祭りの際の語りかたは厳粛であって、聞き手は古くからの伝承をみずから変更し、発展させることはできない」とある。

四　学問の「原郷」としての九州の海

東大の図書館で机を並べていた萩原厚生に乞われ、兄・正徳の刊行する『旅と伝説』に寄稿したのが一九二八年。萩原にすすめられ、成城の柳田邸を関が訪ねたのは、一九三〇年春。これが縁となって一九三五年には『昔話研究』が創刊された（関・一九五九）。『旅と伝説』には、榊敏の名により「舟幽霊の話」「海の驚異」が残る。翌一九二九年は「伝説の島原」が八回掲載される。一九三六年の『昔話研究』第二巻五号、「栗川久雄著―昔話と童話の心理」の書評において、「アアルネの分類の引用書として挙げられたのは一九一〇年の彼自身の手になるものであるが、こゝに述べられてゐる分類システムは書名の引用はないが一九二八年トムプソンの修正になる所謂アアルネ・トムプソン・システムである。両者の間には稍々《やや》相違せる箇所がある。何等のことはり書きもないが孫引的紹介の感を抱かしめる」と指摘する。九州の伝承の記憶と欧米の研究への理解とを経と緯として、図書館で馴染んだカードに支えられ、関の学問は成る。

ところで、栃木も千葉も「県民の日」は六月一五日、二〇二四年には一五〇年を祝う。私たちは日本国を記述する際に北から並べることに慣れている。一九六八年には、北海道を「一」、栃木を「八」、千葉を「一二」とするコードを自治省が付した。一九七一～七五年に刊行された『日本の民俗』の巻数はこれに対応しているか。「第一法規出版」の発行である。『日本昔話通観』（同朋舎出版、一九七七～九八年）も、合冊にされているところを除けばこの順である。しかし、『日本昔話集成』『日本昔話大成』の資料配列はこうした順ではない。高木史人は、関の九州人としての矜持《きょうじ》を感じると話していたが、その後、「原郷」から関の昔話研究を分析した（高木・一九八七）。『大系』第一一巻「地方別調査研究」（一九五八年、「はしがき」は大間知篤三）も同様に逆順での配列。関のカードは沖縄から北上する配列で残る。

海外の学問を取り入れ、また「現代性」を重視する、そうしたものが今日における民俗学の正統派だとしても、九州の海を見渡しながら聞いた「舟幽霊の話」「海の驚異」が関敬吾の学問の「原郷」である意味をさらに問うていく必要があるだろう。

＊参考文献＊

・川島秀一「〈総論〉コロナ禍前夜の時代に」『日本民俗学』三一一号、二〇二二年
・小池淳一「「〈民話〉のふるさと」の構造」『国立歴史民俗博物館研究報告』第一九三集、二〇一五年
・関敬吾「民俗学方法の問題―和歌森氏の所論に関連して―（上）（下）」『民間伝承』第一三巻第六号、第七号、一九四九年
・関敬吾「萩原正徳さん」『日本民俗学大系』第八巻、平凡社、一九五九年
・関敬吾「東西民話観の相違」『国文学―解釈と鑑賞』第四〇巻第一二号、一九七五年
・高木史人「関敬吾博士と民間説話研究―「原郷」との係わりから―」大林太良ほか編『民間説話の研究―日本と世界―関敬吾博士米寿記念論文集』同朋舎出版、一九八七年
・野村典彦「新刊紹介―横越のむかし語り」『口承文芸研究』第二四号、二〇〇一年

稲田浩二——戦争体験とヨーロッパの分類の克服

鵜野祐介

一　戦争体験と南方起源説への関心

稲田浩二（一九二五〜二〇〇八）は一九二五年六月、岡山市に生まれた。広島高等師範学校一年生だった一九四五年三月、召集令状を受け取った。戦地への出征はなかったが、宮崎県の海岸近くでひたすら塹壕《ざんごう》設営（「穴掘り」）に従事させられ、作業の合間にはただひたすら太平洋を眺めていたという。柳田国男の回想を元にしたともされる島崎藤村作詞の「椰子《やし》の実《み》」は稲田の愛唱歌だったが、この時の体験にちなむと語っていた。また、柳田の『海上の道』に強い思い入れを持ち、昔話を含む日本文化の南方起源説に関心を寄せたのも、この時の体験が遠因にあると思われる。

終戦後に帰宅して母や弟と久しぶりに再会した時、すっかり痩せ細っていたため、本人だと分かってもらえなかったというが、戦争体験は稲田の生涯を大きく左右するものとなった。すなわち「平和と民主主義」が、稲田の学問研究における、また社会人としての市民生活における道しるべとなった。広島文理科大学を卒業後、岡山県内の公立高校にて国語教師として勤務する傍ら、図書館教育や教職員組合の活動に熱心に取り組んだ。

大学時代は『万葉集』をはじめとする和歌の研究に没頭し、卒業後には岡山県内の民謡の調査研究を手がけていたが、数年後、昔話へと対象をシフトさせた。その理由について、「あなたは歌が下手だから民謡の研究は向いていない。昔話に替えた方がいいのでは?」との妻・和子の勧めがあったからだともいうが（本人談）、もう一つの「転向」のきっかけは「民話の会」の運動への共鳴だったと思われる。一九五〇年代に始まる「民話の会」は木下順二が牽引していったが、その後、松谷みよ子がこの会の中心人物となり、運動として発展させていった。稲田は松谷と、妻・和子ともども長年にわたって親睦を深めた。昔話の採訪のみならず、再話や子ども向けの作品（幼年童話や絵本）の再創造にも取り組んだ松谷と同じく、和子との二人三脚で再話した昔話集を数多く発表した。また、和子は赤羽末吉《あかばすえきち》や太田大八などの絵本作家とともに昔話絵本を多数刊行した。

平和と民主主義を希求する想いから、選挙カーの壇上に立ち、候補者の応援演説を行うこともあった。また「九条の会」の支部長も務めた。高校教師として、組合活動に熱を入れたため管理職から疎んじられたこともあったという。民謡や昔話の研究業績が評価されて、大学教員に転職し、一九六六年から九六年まで延べ三〇年間、親和女子大学（現・神戸親和大学）、京都女子大学、梅花女子大学において教鞭をとった。

二　『日本昔話通観』の編集とアジア民間説話学会の創設

日本の昔話研究に対する稲田の最大の貢献と評価されているのが、小澤俊夫との責任編集による『日本昔話通観』資料篇二九巻、研究篇二巻、全三一巻（一九七七〜一九九八年）の刊行である。一九五〇年代以降、「民話の会」の活動や、多数の大学の口承文芸・説話文学・民俗学などの研究者と学生たちによる組織的に各地を訪れて従事した昔話調査活動が盛んとなり、加えて当時テープレコーダーが普及して調査に拍車がかかって、その結果、一挙に多くの昔話集が公刊され、一種の昔話ブームとなった。だが、これらの昔話集は必ずしもすべてが厳密な学問的資料集とは言えず、編著者の好みで文芸的に加筆された再話版も少なくなかった。『日本昔話通観』は、「これらの莫大な昔話集を、直接調査したものと再話民話集とに峻別するなどの資料批判を経て六万余話を選別し、二十世紀に終焉を迎えた日本民族とアイヌ族の昔話資料を後世の子孫に遺すという責務を果たそうとした」（『日本昔話ハンドブック』四四―四五頁）。

第二八巻『昔話タイプ・インデックス（略称IT）』（一九八八年）は、関敬吾の『日本昔話大成』と同様、アアルネ&トンプソン『昔話の型 *The Types of the Folktale*』（略称AT）の話型（タイプ）論に準拠しながら、全一二一一のタイプを認定したものである。国際的な比較研究を意図して、全ての話型についてATとの対応関係を「同一」「対応」「参照」に区分して示し、トンプソン『民間文芸のモチーフ索引 *Motif Index of Folk-Literature*』（略称TMI）のモチーフ番号を指摘した。また後半部には「タイプ・インデックスの比較・対照表」を示した。「（I）国際的・民族的比較」には、①AT、②崔仁鶴《チェインハク》『韓国昔話の研究』所収「朝鮮民族の昔話タイプ・インデックス」（略称KT）、③エーベルハルト『中国の民間メルヒェンのタイプ *Typen Chinesischer Volksmärchen*』（略称ET）、④『通観』第一巻のアイヌ民族の昔話タイプ認定、以上の四者とITを対照させることによって、「世界の昔話を知るため」の扉を作った。

日本昔話の国際比較研究の具体的なプロジェクトとして次に企画されたのが、一九八九年から四年の年月にわたる編集を経て刊行された『日本昔話通観　研究篇一　日本昔話とモンゴロイド―昔話の比較記述―』（一九九三年）である。「従来の比較は、それぞれの昔話研究者の最も関心をもつ民族、たとえばグリム兄弟のドイツをはじめとするヨーロッパのメルヘンとの比較、漢民族など中国諸民族との比較などによっていちじるしく目立つタイプについて示され、その上でその伝播について論ぜられてきた傾きが大きいように、私には映った。しかし、総じて比較ということは、当初から一部の事柄について行ったり、より遠い、従って縁の稀薄な民族・地域を対象とすることはとかく偏った結論や強引な結論を導くおそれが大きい」。こうした観点の下、「本篇の比較は日本民族と地理的、または種族的に近い民族、すなわちモンゴロイドを中心にして、アジア全域・南北アメリカ・オセアニア、そしてアフリカのモンゴロイド居住の島マダガスカル島にほぼ限定した」（同書「あとがき」より）。

「より遠い、従って縁の稀薄な民族・地域」ではなく、より近く、より縁の深いものから比較すべきだという発想の下、稲田が次に取り組んだのがアジア民間説話学会の創設である。韓国の崔仁鶴、中国の劉魁立《リュウカイリツ》に打診して、三者の呼びかけによって、日中韓三か国の研究者数十名が一九九四年三月に大阪の梅花女子大学に集い、第一回大会が開催された。稲田が韓国や中国の専門家との共同研究を企画したもう一つの理由は、両国の人びとに苛烈な苦しみを負わせた日本国民の一人である自身を省みた、戦争体験に由来する想いだったと察せられる。

稲田は日本支部代表に就任し、年一回の国際大会（一九九八年度より隔年開催）、年一回の日本支部総会・研究大会の開催に加えて、新たなタイプ・インデックスの作成に着手した。それは、「ATはその分類法に学問的論理の裏づけを欠くこと、また、当初ヨーロッパの限定された資料によって分類の基本的構成をまとめ、以後すべての地域、民族の昔話をそのわくの中にはめこんできたこと、などを克服するため」（『日本昔話ハンドブック』四六頁）の試みだった。

二〇〇七年に発表された、稲田による最終的な「汎モンゴロイド諸民族中心の昔話タイプ・インデックス（IMT）の構想」の骨格となるのが、通時的観点を顧慮した体系化、すなわちタイプを構成する一つないし複数のモチーフのうち、中心となるもの＝「核心モチーフ」と、発展的に自由に変化するもの＝「発展モチーフ」に二分し、前者（「核心モチーフ」）を含む話を同一のタイプと認定するという着想だった。

「核心モチーフ」と「発展モチーフ」から構成される稲田の昔話タイプ論は、ヤーコブ・グリム、トンプソン、柳田、関などの言説を淵源とし、また崔や劉などとの対話の中で醸成されていったものであり、「昔話の発生論的樹木モデル」とも呼ぶべき独創的な展開を見せていたが、二〇〇八年四月、その死去によって途絶された。

三　説話の通時的国際性の解明に向けた歩み

稲田が残した、「世界の昔話を知るため」のもう一つの扉が、一九九六年に発表された論文「「稲葉《いなば》の素兎《しろうさぎ》」試論―その通時的国際性―」である（『昔話の源流』所収）。稲田によれば、『古事記』に収められたこの説話は、宮廷の語り部・稗田阿礼《ひえだのあれ》が、巫医オホナムヂを中心人物とする英雄の建国神話へと再編したものであるが、これを口承民話の構成原則に沿って再構成すると、次のようになる。①孤島のウサギが海のワニを欺き、たがいの仲間の数を比べたいと称して、海上に並んだワニの上を踏み渡って対岸に達する。②ウサギは最後にワニに欺いたことを失言し、怒ったワニに皮を剥ぎとられる。③通りかかった八十神たちがウサギに偽りの療法を教え、ウサギは死の苦しみを味わう。④最後にさしかかったオホナムヂがウサギに正しい療法を教え、ウサギは元の姿に生き返る。⑤ウサギはウサギ神となり、オホナムヂの未来を予祝する。

モチーフ①②は動物社会を舞台とするウサギとワニの動物民話、モチーフ③④⑤は人と動物の本格民話の形をとる。復元を試みた口承民話では、狡猾なウサギを主人公とする「成功と失敗」「死と再生」の物語と見なされる。これを踏まえて、この説話の通時的国際性の解明を試みた稲田は、次のように結論づける。

「この話は動物民話を母胎とし、その中核とみなされる「魚族の橋」ツーク（＝モチーフ素…筆者注）は、アジアの河川に見られる魚族の自然の生態からおのずからにしてもたれた。このツークはやがて民間の語り部と宮廷の語り部によって、それぞれに口承民話と建国神話のモチーフを呼びおこし、それぞれの母胎となった。（略）ツーク「魚族の橋」が神話・説話モチーフに成熟した時代は、建国神話では紀元一世紀、口承民話では紀元八世紀を下限とする。ただし、口承民話のツーク「数かぞえ」は、これらの時代を遥かに遡る石器時代に可能であったとされる。（略）「数かぞえ」ツークは、東北アジア・東南アジアの口承民話に広く認められるばかりでなく、「稲葉の素兎」の話にもあり、これらが同じ系譜につながる説話群であることを示唆している。（略）同一のツーク・モチーフを保有するこれらのモンゴロイド諸族は、この時代――「数かぞえ」のツークから説話モチーフを創ったころには同一伝承圏にあったと考えられ、その後モンゴロイド諸族の移動と定住の経過を経て、東北アジアと東南アジアの、それぞれの次の伝承圏をもっていった。すなわち、東南アジアの伝承は、この地の風土的現象を背景にワニと、サル・ジャコウジカなどを登場者とする動物連鎖譚として成熟していった。（略）一方東北アジア伝承圏――シベリア東部・北部、サハリン、日本列島にあってはシャマンがこの話の管理伝承者となり、「死と再生」の儀礼を演出する物語として生成していった。「稲葉の素兎」は、八世紀を下限とする時代に、出雲地方の巫医集団に属する語り部たちが、その王者たるオホナムヂの英雄性を示す物語として、口承民話を母胎として創生したものであろう。従ってその源流は東北アジア・東シベリアなどの口承民話と軌を同じくし、それらと同一の伝承圏に育ったものと考えられる」（二八―二九頁）。

このような仮説には、インドネシアやタイなどの東南アジアや、東シベリアでの自身の現地調査が裏づけとなっている。

クロード・レヴィ＝ストロースは二〇〇二年発表の論文において、この物語と南北アメリカ先住民神話との間の類似性に注目し、「アジアの大陸部に起源を持つと思われる――その痕跡を探さなければならないが――神話の一体系が、まず日本に、次いでアメリカに渡ったことをすべてが示しているようである」と結論づけた。これを稲田の仮説に加えるなら、「魚族の橋」「数かぞえ」のモチーフ素や、狡猾者の「成功と失敗」というモチーフを持つ説話は、アジア大陸東部や環太平洋上の諸民族の間で広く伝承され、さらに「死と再生」のモチーフを加えた物語が、日本を含む北東アジア、東シベリアおよび南北アメリカ先住民族の間で伝播・伝承されてきたものと再措定できる。

さて、アメリカ大陸への伝播の時期や経路はどうだろうか？　約一万五千年前とされる、ホモ・サピエンスがアジア大陸からベーリング海峡を渡ってアメリカ大陸を南下していったのと同時だったのか、後の時代に太平洋上を海路で渡ったのか、それとも別の？　この問いは、私たちが稲田から手渡された「いのちのバトン」に相違ない。

＊参考文献＊

・稲田浩二『日本昔話通観』全三一巻、同朋舎出版、一九七七〜一九九八年
・稲田浩二『昔話の源流』三弥井書店、一九九七年
・稲田浩二・稲田和子編『日本昔話ハンドブック』三省堂、二〇〇一年
・鵜野祐介「稲田浩二の昔話学の思想―発生論的樹木モデルによる話型論の構想―」日本口承文芸学会『口承文芸研究』第四七号、二〇二四年
・クロード・レヴィ＝ストロース（川田順造訳）『月の裏側　日本文化への視角』中央公論新社、二〇一四年

小澤俊夫——マックス・リュティの様式分析とその展開

石井正己

一　『ときを紡ぐ』から知られる出会い

小澤俊夫は、すでに『ときを紡ぐ　上・下―昔話をもとめて―』（小澤昔ばなし研究所、二〇一七年、一八年）を著している。上は、幼少期から学生時代、柳田国男・関敬吾との出会い、大学への奉職、ドイツ滞在まで、下は、二度目のドイツ滞在、国際口承文芸学会の活動、昔ばなし大学創設・昔ばなし研究所設立までをまとめる。この回想記は、戦前から戦後を生きた小澤家の家族史という一面も色濃く残している。小澤の人生と研究を知るのに最もよい著作なので、これをもとに始めてみる。

小澤は、一九三〇年に中国の長春《チャンチュン》（昔の新京）で生まれた。父は歯科医だったが、政治にも深く関わった。よく知られるように、兄弟の中には世界的な指揮者になった小澤征爾《せいじ》がいて、その名前は陸軍軍人の板垣征四郎と石原莞爾《いしわら》に由来する。しかし、石原は退役、板垣は南方軍司令官に移され、満州では帝国日本の支配が濃厚になった。父は「中国へ行って、五族協和をもう一度やり直せ」と言われ、一九三六年北京《ペキン》（昔の北平）に移住することになる（上・「第一部　戦争の時代」）。

この中国時代について、「わたしは小学校五年生の一学期まで、中国の北京で育ちました。当然のことながら、中国人は毎日目の前にいたので、中国人と日本人の違いを毎日経験していました。それで自然に、民族とは何だろうと思うようになり、それが昔話の比較研究につながっていったように感じます」と述べている（上・「まえがき」）。後の回想であるにしても、生まれ育った環境が後の研究テーマにつながったという認識は、やはり注意される。

そして、一九四一年に家族が帰国、父は遅れて一九四三年に帰国した。その後の苦労は大変だったが、そんな状況でも家にピアノを買った。小澤は兄と二人で、横浜から立川までリヤカーに乗せてピアノを運んだ。征爾は和音を鳴らして、「きれいだねー」と言ったという（上・「第二部　敗戦とその後」）。小澤家における音楽の楽しみは、征爾をその道に進めただけでなく、小澤の人生や研究にも大きな影響を与えたと考えられる。

その後、小澤は茨城大学から東北大学へ編入学し、『グリム童話集』の研究を始め、修士論文は「エーレンベルク稿」でまとめている。グリム兄弟が詩人・ブレンターノに送って返却されなかった原稿が、エーレンベルク村の修道院の書庫から発見されたのである。この大発見は一九二七年に出版されていた。残された四八話は『グリム童話集』の成立を知るための一級資料であった。小澤がこれを分析したのは慧眼だった。

そうした研究を進める過程で、関敬吾の『日本昔話集成』を見る機会があり、柳田国男を訪ねることもあった。柳田は若い小澤から「エーレンベルク稿」について聞いてメモし、「グリム童話をやるなら、日本の昔話をやってくれたまえ」と言ったという（上・「第三部　学び始めたころ」）。そうした出会いの中でも、マックス・リュティのドイツ語版『ヨーロッパの昔話―その形式と本質―（*Das europäische Volksmärchen : Form und Wesen*）』を見つけたことは大きかった。やがて一九六六年から翌年にかけてドイツのゲッティンゲン大学滞在中、スイスに住むリュティを訪ね、翻訳が許される。

二　『ヨーロッパの昔話』の翻訳と宿題

小澤は帰国後いち早く、『ヨーロッパの昔話―その形式と本質―』（岩崎美術社、一九六九年）を出版した。「訳者あとがき」によれば、底本は一九六〇年の第二版を用い、膨大なヨーロッパの資料を使った註釈は割愛したが、『グリム童話集』に関する個所にその番号を示し、巻末には簡潔な註釈と第三版の索引を載せた。小澤はこの出版について、「昔話研究史上不滅の名著が、原著の刊行以来二十年をへてようやくわが国に紹介されることになった」と述べた。

その後、ロシアのウラジーミル・プロップが『昔話の形態学』（一九二八年。一九五八年英訳）を出すと、リュティは一九七四年の「第四版への付録」として「昔話の構造主義的研究」を加えた。そこで、小澤もリュティの意向を受けて、これを加えて増補版にした。リュティは、プロップは自分とはまったく違う方法で昔話に取り組んだが、「プロップの構造分析と私の様式分析はたがいに補いあうものである」とこの文章を結んだ。

著者のマックス・リュティ（Max Lüthi、一九〇九～九一）は、スイスのベルン大学で学び、一九四三年、『昔話と伝説における贈物―両形式の本質の把握と、本質的差異に関する研究―』で学位を取得した。一九四七年に『ヨーロッパの昔話―その形式と本質―』を出版した。この昔話の様式を明らかにした理論は、ヨーロッパの学界で高く評価され、基礎的文献として広く読まれた。リュティはギムナジウム（中等教育機関）の国語教師を経て、チューリヒ大学教授として活躍した。

この本の目次をたどると、「序説」「一次元性」「平面性」「抽象的様式」「独立性と普遍的結合の可能性」「純化と含世界性」「昔話の機能と意義」「昔話研究について」となる。内容の詳細はそれに委ねるが、なかでも「平面性」の理論はよく知られている。そこには、例えば、「昔話に登場する人間や動物には肉体的、精神的深さがない」、「血が流れるわけではないし、ほんとうの意味での外傷ができるわけでもない」、「昔話の図形的な登場人物には感情の世界そのものはない」、「人間内部の豊かな分化が昔話のなかではとけてなくなってしまっている」などとある。

このときリュティは「日本版への序」を寄稿し、諸民族は物語を交換することで、「人間の親近性」と「人間の可能性」に出会うのだとした。そして、「小澤俊夫氏は、日本とヨーロッパの昔話にはかなり共通性があるとはなしてくれました」ので、この翻訳を受けて、「こんどは日本の読者が日本の昔話の特性をヨーロッパのそれと比較する番です」と期待した。これはリュティが日本人、特に小澤に対して出した宿題だった。

その後、『ヨーロッパの昔話』は、副題を「―その形と本質―」（岩波文庫、二〇一七年）と改めて出版された。改版にあたりさまざまな配慮をしているが、「昔話の構造主義的研究」は「第四版への付録」がなくなり、「―プロップの業績の評価―」という副題を付けた。「訳者あとがき」では、『昔話と伝説における贈物』と『ヨーロッパの昔話』で一本の学位論文だったが、審査の際に「形と本質」の部分はあまりに革命的で、学位請求論文としては危ない」と評価され、後者を割愛したことが明かされる。研究を評価することは実に難しいと言っていい。

三　『世界の民話』に見る語り口の共通性

小澤が一九六六年から翌年にかけてドイツのゲッティンゲン大学に行ったのは、編纂が始まった『メルヒェン百科事典』の刊行に向けて、日本の昔話をドイツ語訳するためであった。さらに、一九七一年にはドイツのマールブルク大学客員教授として赴任し、そのときに話が進んで、ドイツ語版の『日本の昔話（*Japanische Märchen*）』（フィッシャー社、一九七四年）を出版した。これを外国人研究者に贈って、日本の昔話をどう読んだかを尋ねた。その結果は、小澤俊夫編『日本人と民話』（ぎょうせい、一九七六年）にまとめられている。

これが機縁になって、小澤俊夫編『世界の民話』全三七巻（ぎょうせい、一九七六～八六年）の刊行が始まる。企画は次第に拡大したようで、次のようになる。

第一期12巻	第二期12巻、解説1巻	第三期12巻
1 ドイツ・スイス	13 地中海	26 オランダ・ベルギー
2 南欧	14 ロートリンゲン	27 ウクライナ
3 北欧	15 アイルランド・ブルターニュ	28 オーストリア
4 東欧［1］	16 アルバニア・クロアチア	29 マヨルカ島
5 東欧［2］	17 カビール・西アフリカ	30 パキスタン
6 イギリス	18 イスラエル	31 カリブ海
7 アフリカ	19 パンジャブ	32 アイスランド
8 中近東	20 コーカサス	33 リトアニア
9 アジア［1］	21 モンゴル・シベリア	34 中央アフリカ
10 アジア［2］	22 インドネシア・ベトナム	35 イエーメン
11 アメリカ大陸［1］	23 パプア・ニューギニア	36 オーストラリア
12 アメリカ大陸［2］	24 エスキモー（ほか）	37 シベリア東部
	25 解説編	

『世界の民話25　解説編』（一九七八年）は途中で出版されたが、「日本の民話を世界の民話のなかに置いてみるとどのような位置にあるのか」という疑問を抱いて世界の昔話を見ると、「昔話のなかに普遍的に共通するいくつかの性質が明確になってきている」とした。それを証明するために、まず、「アールネ・トムソン著「昔話の型」の示す話型とその意味」として、ATと略称される話型分類の内容がわかるように翻訳した。さらに巻末に、既刊二〇巻の昔話について、「索引Ⅰ　アールネ＝トムソン「昔話の型」による索引」「索引Ⅱ　アールネ＝トムソン「昔話の型」（FFC74、1927）による索引」「索引Ⅲ　アンティ・アールネ「昔話の型のカタログ」（FFC3、1910）による索引」「索引Ⅳ「グリム童話集」からの索引」「索引Ⅴ　日本の話型名またはモティーフ名による索引」を付けて、昔話を国際的に読みくらべるための便宜を図った。

さらに、小澤俊夫編『シルクロードの民話』全五巻（ぎょうせい、一九九〇年）も刊行される。

1 タリム盆地
2 パミール高原
3 ウズベク
4 ペルシア
5 アラビア・トルコ

これらと並行して、稲田浩二・小澤俊夫責任編集『日本昔話通観』全二九巻（同朋舎出版、一九七七〜九〇年）も刊行されている。こうしたかたちで世界と日本を見渡したのは驚くべきことであった。

後に、小澤は『ヨーロッパの昔話』岩波文庫版の「訳者あとがき」で、『世界の民話』や『日本昔話通観』を踏まえてリュティの理論を検討すると、「ヨーロッパ以外の諸民族の昔話も、日本を含めて、それが口で語られてきたものである限り、その語り口において強い共通性をもっていることは明らかである」と結論づけている。これは確かに、リュティの理論が持つ普遍性の実証であったが、「語り口の共通性」と呼ぶことに注意しなければならない。リュティが使わなかった「語り口の共通性」とは何かが問題になる。

四　『昔話の語法』の批判的な展開

小澤は『ヨーロッパの昔話』岩波文庫版の「訳者あとがき」で、亡くなったリュティを偲ぶように、チューリヒ郊外の森での思い出を書き残す。小澤は「いい語り手は、語るときに聞き手がわかりやすいように、簡潔な言葉で語ることを実感してきた。人間が口で語り、耳で聞くとき、簡潔な言葉のほうがわかりやすいということは、どの民族でも変わらないであろうことは、容易に想像できる」と話したが、リュティはこれに賛成しなかった。昔話の様式は古代の優れた叙事詩人によって考え出されたという考えを変えなかったのである。

二人の意見が食い違ったことについて、小澤は「現地調査の経験の有無の違いだったのではないか」と考えている。リュティは文字に残された資料を博捜して理論を構築したが、口伝えの昔話を聞く経験はなく、関心もなかったようだ。それに対して、小澤は福島県梁川町《やながわ》（今の伊達市）で三年間、沖縄国際大学の遠藤庄治が指導する沖縄民話の会、自らが指導する日本女子大学の口承文芸研究会の仲間とともに昔話を調査し、梁川町史編纂委員会編『梁川町史12　口伝え　民俗編Ⅱ』（梁川町、一九八四年）を残している。

だが、それ以上に重要であったのは、岩手県遠野市の鈴木サツの昔話を聞いたことだろう。鈴木は、柳田国男の『遠野物語』（私家版、一九一〇年）にある話を昔話として語って地域振興に貢献したが、そのため、「オシラサマ」「ザシキワラシ」「河童淵」の三話が先行してしまった。しかし、小澤は『遠野物語』と関係なく、昔話の優れた語り手として鈴木を評価し、すべての昔話を記録した。その成果は、小澤俊夫・荒木田隆子《あらきだたかこ》・遠藤篤編『鈴木サツ全昔話集』（鈴木サツ全昔話集刊行会、一九九三年）にまとめられた。後の新版（福音館書店、一九九九年）では、ＣＤ（録音資料）を付けている。

この新版は『昔話の語法』（福音館書店、一九九九年）の刊行と対応している。「序章　昔話はどこにあるか」で、「昔話は厳密に時間にのった文芸である」と定義する。その上で、「昔話を伝えてきた無数の語り手たちを全体としてとらえ、その表現された昔話全体を分析してみると、そこにある種の共通の法則があり、ある部分は音楽ときわめて近い性質をもっていることが明らかになってきました」と述べた。それについては「第五章　昔話の音楽的性質」で展開している。

昔話における音楽という問題は、マックス・リュティの最後の著作である、小澤俊夫訳『昔話　その美学と人間像』（岩波書店、一九八五年）から示唆を得ている。しかし、小澤は「昔話の語り方そのものがもっている音楽的性質という問題がある」とする。その具体的な例として、例えば、昔話は三回のくり返しを好むが、同じくり返しではなく、複雑な構造を持ち、「それは音楽のバーフォーム（Bar Form）とよばれる形に近い」と指摘する。それは、「一回めに比して二回めはやや短く、三回めがいちばん長い」という構造を意味する。

先の「語り口の共通性」が「昔話の音楽的性質」として収斂している。『昔話の語法』にもCD（音響資料）が付き、それには、鈴木サツの昔話だけでなく、モーツァルト、ベートーベン、J・S・バッハ、シューベルトの楽曲から日本のわらべうたまで収録している。冒頭の『ときを紡ぐ』に戻るならば、小澤の音楽と昔話がこうしたかたちで結び付いたことがわかる。リュティに対して限りない尊敬を抱きつつも、その理論を批判的に高めたと言ってもいいだろう。二番煎じではない研究というのはこうしたあり方なのだと言っておきたい。

こうして小澤俊夫の昔話研究の一端を見るだけでも、マックス・リュティの翻訳と紹介に留まるものでなかったことは明白である。柳田国男や関敬吾の謦咳《けいがい》に接することのできた時代に生き、戦後日本の昔話研究を直接受け止める機会を得たことも大きい。さらに、リュティの様式分析を傍らに置きながら日本の昔話を聞き、世界の昔話を読んで、研究を深くかつ広くしたのである。その淵源に小澤家の、貧しくても豊かな家庭環境があったことを忘れることができない。

＊この文章で言及できなかった文献＊

・小澤俊夫著『世界の民話―ひとと動物との婚姻譚―』中公新書、一九七九年
・小澤俊夫著『昔話とは何か』大和書房、一九八三年、福武文庫、一九九〇年
・小澤俊夫著『昔話のコスモロジー―ひとと動物との婚姻譚―』講談社学術文庫、一九九四年
・ハンス＝イェルク・ウター著、加藤耕義訳、小澤俊夫日本語版監修『国際昔話話型カタログ―分類と文献目録―』小澤昔ばなし研究所、二〇一六年

崔仁鶴——韓国昔話を世界に開いた研究

金　容義

一　児童文学から昔話研究へ

崔仁鶴《チェインハク》は韓国の民俗学者、人類学者、児童文学者である。一九三四年、韓国の慶尚北道金泉市に生まれる。雅号は話泉で、これは文字通りの「話の泉」という意味であり、韓国民俗学の大家である任東権《イムドングォン》に贈られたものである。明知大学校国語国文学科を卒業後、慶熙《キョンヒ》大学校大学院国語国文学科の修士課程に入学し、修士課程では、「동화의 본질과 발달과정 연구（童話の本質と発達過程についての研究）」という修士論文を提出した。

その後、日本の東京教育大学大学院文学研究科に留学し、「韓国昔話研究とそのタイプインデックス」という題の論文で、博士号を授与された。留学期間には、日本の和歌森太郎、直江広治《なおえひろじ》、竹田旦《たけだあきら》、関敬吾などと交流があり、特に関敬吾の昔話研究から多くの影響を受けた。帰国してからは、関東《クァンドン》大学校助教授、明知《ミョンジ》大学校副教授、仁荷《インハ》大学校教授を歴任し、現在、仁荷大学校名誉教授である。

崔仁鶴は、韓国の児童文学から研究をはじめ、研究の傍ら自らも童話の創作に携わった。童話文学界にその才能が認められ、一九九〇年に第一回朴洪根《パクホングン》児童文学賞、また一九九三年には第一三回李周洪《イジュホン》児童文学賞を授与されたことがある。

二〇一三年一二月に『화천 최인학선생 간편전집-민속・설화・동화의 세계（話泉崔仁鶴先生簡便全集-民俗・説話・童話の世界）』（民俗苑）という単行本が出版された。本書には、二〇一三年に八旬を迎えた崔仁鶴への学会のお祝い、という意味が込められている。本書の出版のために構成された委員会の顔ぶれをみるだけでも、崔仁鶴が民俗学・人類学、児童文学の分野において、どれだけ幅広く活躍してきたのかを知ることができる。

本書は、崔仁鶴論（任在海《イムジェへ》）、崔仁鶴先生の著述、崔仁鶴先生の児童文学、崔仁鶴先生年譜、言論報道の記事一覧の五部で構成されている。第二部「崔仁鶴先生の著述」を一覧すると、彼が二〇一三年までに韓国語・日本語・英語・ドイツ語・フランス語などで出版した、著書（共著を含む）約五〇冊の概要が要約されている。第三部「崔仁鶴先生の児童文学」では、児童文学の著書や翻訳書（創作及び共著を含む）約三〇冊の内容が紹介されている。このように、崔仁鶴は児童文学から出発して、徐々に民俗学や人類学のほうに研究分野を広めてきたため、彼の生涯における業績は多岐にわたっていて、その学問について語ろうにも、一筋縄ではいかない。ここでは主に、崔仁鶴の昔話研究に焦点を当てて述べることにする。

二　韓国昔話の類型分類

昔話研究における彼の業績を語るには、まず韓国昔話の類型分類についての研究に触れなければならないだろう。崔仁鶴が彼の博士論文で試みた韓国昔話の類型分類は、アールネ・トンプソンの『昔話タイプ・インデックス』（The Types of the Folktales）の類型分類を踏まえながら分類したもので、後に『A Type Index of Korean Folktales』（Myongji University publishing、一九七四年）というタイトルで英語版も出版された。これにより英語圏の研究者の間で、韓国の昔話がより注目されるようになり、韓国の昔話を視野に入れた国際比較研究を可能にしたと言えよう。例えば、二〇〇四年にハンス＝ヨルグ・ウター（Hans-Jörg Uther）によって出版された『Aarne–Thompson–Uther Index』（増補版）には、欧米圏ではじめて韓国昔話の類型が収録されたが、これは間違いなく崔仁鶴の類型分類がもたらした影響によるものである。

また、彼は博士論文を補足して『韓国昔話の研究』（弘文堂、一九七六年）を日本で出版した。この著作は、日本の昔話研究者が韓国の昔話と比較研究を行なおうとする時に参照すべき貴重な研究になった。英語版や日本語版におくれて、韓国で出版された『한국민담의 유형연구（韓国昔話の類型研究）』（仁荷大学校出版部、一九九四年）は、当時韓国ではそれほど注目されていなかった昔話の類型研究を本格的なものとするきっかけとなった。

二〇〇三年五月、崔仁鶴は、集文堂から『옛날이야기꾸러미一（昔話集成一）』・『옛날이야기꾸러미二（昔話集成二）』・『옛날이야기꾸러미三（昔話集成三）』・『옛날이야기꾸러미四（昔話集成四）』・『옛날이야기꾸러미五（昔話集成五）』という、韓国昔話資料集を出版した。これは一生の伴侶である厳鎔姫《オムヨンヒ》夫人との共編である。かつてアメリカで看護師として働いていた厳鎔姫は、その堪能な英語力を駆使して、『A Type Index of Korean Folktales』など、崔仁鶴が英文で論考を著す際にその作業を手伝い、また韓国において崔仁鶴の主導で「比較民俗学会」が創立された時には、学会の事務を担当した。

『옛날이야기꾸러미一（昔話集成一）』は「동식물옛날이야기（動植物昔話）」、『옛날이야기꾸러미二（昔話集成二）』は「보통옛날이야기上（普通昔話上）」、『옛날이야기꾸러미三（昔話集成三）』は「보통옛날이야기下（普通昔話下）」、『옛날이야기꾸러미四（昔話集成四）』は「웃기는 이야기（笑話）」、『옛날이야기꾸러미五（昔話集成五）』は「형식담・신화적 옛날이야기・기타（보유）［形式譚・神話的昔話・その他（補遺）］」で構成されている。

「動植物昔話」は動物の由来・動物の社会・植物の由来という三つの項目に下位分類され、「普通昔話上」は人間と動物・異類聟・異類女房・異常誕生・婚姻と財物・呪宝・怪物退治という七つの項目に下位分類された。また「普通昔話下」は、人と信仰・孝行・運命の期待・葛藤という四つの項目に下位分類され、「笑話」は愚か者譚・知恵者・巧智者という三つの項目に下位分類された。崔仁鶴が昔話集成を編む時に試みた類型分類は、基本的にアールネ・トンプソンの『昔話タイプ・インデックス』に基づいてはいるが、同時に韓国の昔話を独創的に体系化し分類を試みたものでもある。

三　韓日昔話の比較研究

崔仁鶴は、今まで韓日昔話の比較研究のために尽力し、韓国と日本で多くの研究成果を発表してきた。韓国で出版されたものだけではなく、日本において日本語で著されたものも多い。主な昔話資料集としては、『朝鮮昔話百選』(日本放送出版協会、一九七四年)や『韓国の昔話』(三弥井書店、一九八〇年)などがある。また前述した『옛날이야기꾸러미(昔話集成)』は、『韓国昔話集成』(悠書館、二〇一三〜二〇年)というタイトルで日本語に翻訳された。『韓国昔話集成』は原著の構成を改めて、動植物昔話(1)、動植物昔話(2)・本格昔話(1)、本格昔話(2)、本格昔話(3)、本格昔話(4)、笑話(1)、笑話(2)、形式譚・神話的昔話・その他(補遺)という、全八巻で構成されている。

原著と翻訳版を比べてみると、『옛날이야기꾸러미(昔話集成)』では「普通昔話」という用語が使われていたが、『韓国昔話集成』では「本格昔話」という用語が使われている点が目につく。この点について、樋口淳は『韓国昔話集成2』の「編集方針(あとがき)」の中で、「原著を編集するにあたり「4　人間と動物」を普通昔話に分類しています。普通昔話というのは、アールネ＝トンプソンの採用した〈Ordinary Folk-Tales〉という分類を忠実に翻訳した用語で、日本では「本格昔話」という分類名で親しまれています。崔仁鶴氏も『韓国昔話の研究』で最初に示した分類案では「本格昔話」という用語を使用していますので、本書では普通昔話に代えて本格昔話という用語を採用することとしました」と述べている。

日本昔話の研究者としては、樋口淳・田畑博子・辻井《つじい》一美《ひとみ》・斧原孝守《おのはらたかし》・李権熙《イゴンヒ》・鄭裕江《チョンユガン》などが『韓国昔話集成』の日本語翻訳や解説に加わっている。これらの研究者は平素から崔仁鶴と様々な形で学術交流を深めてきた人々である。中でも、「日本語版編者」をつとめた樋口淳は、一九八八年に韓国の慶熙大学校に客員教授として滞在したことがあり、崔仁鶴とは親交が深く、二人の共編で『韓国民話の不思議な世界―鬼神・トッケビ・妖怪変化』（国際文献社、二〇二三年）を出したこともある。

他にも、崔仁鶴が日本で出版した韓国昔話集としては、『大ムカデたいじ』（小峰書店、一九八三年）、『おどりをおどるトラ』（偕成社、一九八九年）、『大人と子どものための世界のむかし話〈4〉韓国のむかし話』（偕成社、一九八九年）などの児童書が出版された。

韓日昔話の比較研究における本格的な研究書としては、『韓日昔話の比較研究』（三弥井書店、一九九五年）が取り上げられる。これは主に崔仁鶴が一九七二年から一九八七年の間に、昔話について日本語で書いた論文をまとめたものであり、昔話の理論、研究史および研究動向、地域研究、比較研究という四部から構成されている。『韓日昔話の比較研究』は、韓日説話の比較研究に携わってきた研究者からは注目すべき研究書として評価された。例えば、川森博司は、『比較民俗研究』11（比較民俗研究会、一九九五年）に書いた書評の中で、「日本の研究者が、韓国の昔話・伝説の伝承状況をうかがうための貴重な拠り所となってきた」と述べている。

四　韓国における「比較民俗学会」と韓中日における「ＡＦＮＳ（アジア民間説話学会）」の創立

崔仁鶴は、個人の研究に専念するだけでなく、研究者同士の交流の場を設けるために、学会の創立にも尽力した。韓国における「比較民俗学会」、そして「ＡＦＮＳ（アジア民間説話学会）」の創立である。韓国の「比較民俗学会」は、一九八三年に崔仁鶴が主導（当時、副会長）して創立され、一九八五年五月には『比較民俗学』という学会誌を創刊した。『比較民俗学』は、二〇二三年までに第七八号を発行し、いくつかの民俗学分野の学会の中で最も評価されている専門学術誌になっている。

比較民俗学会における崔仁鶴の活動の中で、見逃すことができないもう一つの業績と言えば、任在海が『話泉崔仁鶴先生簡便全集―民俗・説話・童話の世界』の「崔仁鶴論」で称賛しているように、研究者同士のフィルドワーク（海外共同調査）である。崔仁鶴は、比較民俗学会の創立当時から、民俗学研究におけるフィルドワークの重要性を強調し、今まで何回も率先して共同調査団を組織し、日本をはじめとして中国・モンゴル・ベトナム・タイなどのアジア地域、中南米地域、ヨーロッパ地域にいたるまで、数多くのフィルドワークを重ねてきた。

フィルドワークの成果は、論文や新聞コラムなど、様々な形で学界に報告された。例えば、マヤ地域の調査をまとめた「농경근간의 마야문화：Maya 답사기（農耕根幹のマヤ文化：マヤ踏査記）」（『斗山金宅圭博士華甲記念文化人類学論叢』、一九八九年）、日本の島根県を調査した「韓日比較民俗学会島根県踏査―古代韓日神話の足跡を求めて―」（韓国語、比較民俗学会、二〇〇一年）、「祭儀と祭り―日本能登半島のキリコ祭りを見て―」（『能登のくに』、二〇〇三年）などが、崔仁鶴によって報告された。

崔仁鶴の学会活動においてもう一つ評価すべき業績は、「ＡＦＮＳ」の創立である。韓国における「比較民俗学会」の創立に現れているように、彼の民俗研究の主な関心は、どちらかと言えば、近隣諸国の民俗との比較研究であった。昔話の研究に尽力してきた崔仁鶴にとって、近隣諸国の昔話との比較研究は、当然重要な意味を持ち、主要な研究課題の一つであったに違いない。

近隣諸国の昔話の比較研究を目指した「ＡＦＮＳ」は、韓国の崔仁鶴、日本の稲田浩二、中国の劉魁立《リュウカイリツ》という錚々たるメンバーを中心に、三カ国の研究者が密接に協力しあって、一九九三年東京で創立された。毎年三国で順番に学術大会を開催することが決められ、一九九四年は日本で、一九九五年は中国で、そして一九九六年は韓国で学術

大会が開催された。学術大会の成果は、報告書として出版されることもあり、例えば崔仁鶴編『한・중・일 설화 비교연구（韓・中・日説話比較研究）』（民俗苑、一九九九年）、鵜野祐介編『日中韓の昔話—共通話型三〇選』（みやび出版、二〇一六年）は、その成果の一部である。

この学会は、初期にはもっぱら韓・中・日昔話の話型を中心にした比較研究に力を注いできたが、二〇一〇年代に入ってからは、主な会員の世代交代に伴って、昔話研究にとどまらず、伝説や神話までも視野に入れた、広い意味での説話研究に邁進するようになった。現在、各国の代表は、鵜野祐介（日本）、林継富《リンケイフ》（中国）、金容儀《キムヨンウィ》（韓国）に受け継がれ、今もほぼ毎年学術大会が行われている。

＊参考文献＊

・崔仁鶴・厳鎔姫編著、辻井一美訳『韓国昔話集成1　動植物昔話（1）』悠書館、二〇一三年
・崔仁鶴・厳鎔姫編著、田畑博子・李権煕訳『韓国昔話集成2　動植物昔話（2）本格昔話（1）』悠書館、二〇一三年
・崔仁鶴・厳鎔姫編著、田畑博子・李権煕訳『韓国昔話集成3　本格昔話（2）』悠書館、二〇一六年
・崔仁鶴・厳鎔姫編著、李権煕・鄭裕江訳『韓国昔話集成4　本格昔話（3）』悠書館、二〇一八年
・崔仁鶴・厳鎔姫編著、李権煕・鄭裕江訳『韓国昔話集成5　本格昔話（4）』悠書館、二〇一八年
・崔仁鶴・厳鎔姫編著、李権煕・鄭裕江訳『韓国昔話集成6　笑話（1）』悠書館、二〇一九年
・崔仁鶴・厳鎔姫編著、李権煕・鄭裕江訳『韓国昔話集成7　笑話（2）』悠書館、二〇二〇年
・崔仁鶴・厳鎔姫編著、李権煕・鄭裕江訳『韓国昔話集成8　形式譚・神話的昔話・その他（補遺）』悠書館、二〇二〇年

Ⅵ　昔話資料目録

石井正己編『世界の教科書に見る昔話』
（三弥井書店、2018年）

昔話資料集一覧

中村勝

一、戦後の昔話資料集を挙げたが、網羅したわけではない。

一、使いやすさを考え、「(1)シリーズ」「(2)叢書・文庫」「(3)地域」の順に編んだ。

一、資料集・児童書・研究書は区別がしにくい場合もあるので、相互の参照をお願いしたい。

一、目録としては、稲田浩二責任編集『日本昔話通観 研究篇1』(同朋舎出版、一九九三年)が詳しいので、それを参照されたい。

(1) シリーズ

【世界民話全集、河出書房、関敬吾〔ほか〕編、一九五四〜五五年】

1南欧篇、2北欧篇、3西欧篇、4中欧篇、5東欧篇、6近東篇、7東南アジア篇、8北方アジア篇、9極東篇、10太平洋諸島篇

【世界の民話、未来社、一九五八〜六一年】

1アフリカの民話、山室静編訳

2北欧の民話、佐藤俊彦編訳

3インドネシアの民話、間宮直香編訳

4アメリカの民話、皆河宗一編訳

5シベリアの民話、西本昭治編訳

6アメリカ黒人の民話、皆河宗一編訳

別巻1ロシヤの民話、A・N・トルストイ編、勝田昌二訳

【世界民間文芸叢書、三弥井書店、一九七五〜九九年】

第1巻 中国の昔話、沢田瑞穂訳

第2巻 スペインの昔話 レオン地方の昔話、コルテス・イ・バスケス編、三原幸久訳

第3巻 タイの昔話、吉川利治・赤木攻編訳

第4巻 ロシアの昔話、アー・エヌ・カラリコーヴァ著、田中泰子訳

第5巻 台湾の昔話、施翠峰編著

第6巻 オーストリアの昔話、飯豊道男編訳

第7巻 モンゴルの昔話、児玉信久〔ほか〕編訳

第8巻 アルゼンチンの昔話、伊藤太吾〔ほか〕編訳

第9巻 アイスランドの昔話、ヨウーン・アウトナソン編、菅原邦城訳

第10巻 韓国の昔話、崔仁鶴編著

第11巻 中国少数民族の昔話 白族民間故事伝説集、李星華編著、君島久子訳

第12巻 ドイツの昔話 ヴァルデック地方の昔話、シャルロッテ・オーベルフェルト編、川端豊彦訳

別巻 デンマークの昔話、山室静編訳

別巻 温突夜話 韓国民話集、鄭寅燮著

別巻 イタリアの昔話 トスカーナ地方、剣持弘子編訳

別巻 世界の愚か村話、日本民話の会・外国民話研究会編訳

別巻 世界の太陽と月と星の民話、日本民話の会・外国民話研究会編訳

別巻　世界の龍の話、竹原威滋・丸山顯德編著
別巻　世界の魔女と幽霊、日本民話の会・外国民話研究会編訳
別巻　世界の妖怪たち、日本民話の会・外国民話研究会編訳

＊

世界の運命と予言の民話、日本民話の会・外国民話研究会編訳、三弥井書店、二〇〇二年
世界の鳥の民話、日本民話の会・外国民話研究会編訳、三弥井書店、二〇〇四年
世界の花と草木の民話、日本民話の会・外国民話研究会編訳、三弥井書店、二〇〇六年
世界の犬の民話、日本民話の会・外国民話研究会編訳、三弥井書店、二〇〇九年
世界の猫の民話、日本民話の会・外国民話研究会編訳、三弥井書店、二〇一〇年
世界の水の民話、日本民話の会・外国民話研究会編訳、三弥井書店、二〇一八年

【アジアの民話、大日本絵画、一九七八～八〇年】

1ビルマの民話、古橋政次・大野徹訳
2済州島の民話、朴健市訳
3北方民族の民話　上、渋沢青花訳
4北方民族の民話　下、渋沢青花訳
5セイロンの民話、サミュエル淑子訳
6ミクロネシアの民話、古橋政次訳
7フィリピンの民話、サミュエル淑子訳
8インドの民話、アダムス保子訳
9中国の民話、伊藤清司編訳、森雅子訳
10パプアの民話、山下欣一訳
11ベトナムの民話、山下欣一・藤本黎時訳
12パンチャタントラ、田中於莵弥・上村勝彦訳

【世界の民話、小澤俊夫編、ぎょうせい、一九七八～八六年】

・第一期　1ドイツ・スイス、2南欧、3北欧、4東欧[1]、5東欧[2]、6イギリス、7アフリカ、8中近東、9アジア[1]、10アジア[2]、11アメリカ大陸[1]、12アメリカ大陸[2]、
・第二期　13地中海、14ロートリンゲン、15アイルランド・ブルターニュ、16アルバニア・クロアチア、17カビール・西アフリカ、18イスラエル、19パンジャブ、20コーカサス、21モンゴル・シベリア、22インドネシア・ベトナム、23パプア・ニューギニア、24エスキモー・北米インディアン・コルディリェーラインディアン、25解説編
・第三期　26オランダ・ベルギー、27ウクライナ、28オーストリア、29マヨルカ島、30パキスタン、31カリブ海、32アイスランド、33リトアニア、34中央アフリカ、35イエーメン、36オーストラリア、37シベリア東部

【ラテン・アメリカ民話シリーズ、新世界社、一九七九～八〇年】

1チリの民話、R・A・ラバル、三原幸久〔ほか〕訳
2ブラジルの民話　北東部編、ルイス・カマラ・カスクード著、三原幸久訳
3インカの民話、ヒメネス・ボルハ〔ほか〕編、三原幸久訳

4メキシコの民話、ゴンサレス・カサノバ〔ほか〕編、三原幸久〔ほか〕訳
5南米北部の民話、P・カルバリョ＝ネト〔ほか〕編、三原幸久〔ほか〕訳

【グラフックカラー世界の民話、坂田貞和編集代表、研秀出版、一九七九～八〇年】

1北ヨーロッパ、2フランス・ベルギー・スイス、3ドイツ・オーストリア・オランダ、4イタリア・スペイン・ポルトガル、5イギリス・アイルランド、6カナダ・アメリカ・メキシコ、7中央アメリカ・南アメリカ、8アフリカ、9ギリシア・トルコ・地中海、10中国・モンゴル・韓国、11インド・スリランカ・パキスタン・ネパール、12ビルマ・タイ・ベトナム・ラオス・カンボジア、13インドネシア・フィリピン・オセアニア、14西アジア、15ソビエト、16東ヨーロッパ

【シルクロードの民話、小澤俊夫編、ぎょうせい、一九九〇年】

1タリム盆地、2パミール高原、3ウズベク、4ペルシア、5アラビア・トルコ

(2) 叢書・文庫

【世界昔ばなし文庫、彰考書院、福村書店】

火の鳥　ロシヤの昔話、石田英一郎編、一九四八年
ほら貝王子　タイの昔話、江尻英太郎編、一九四八年
金の燭台　イランの昔話、小川亮作・河崎珪一編、一九四八年
象とさるとバラモンと　インドの昔話、河田清史編、一九四八年
りくんべつの翁　アイヌの昔話、金田一京助・知里真志保編、一九四八年
金と銀のさいころ　アルタイ系諸族の昔話、服部四郎編、一九四八年
うたう木の葉　デンマーク童話集、石田英一郎著、福村書店、一九五〇年

【新潮文庫、新潮社】

グリム童話集　Ⅰ～Ⅲ、グリム兄弟著、植田敏郎訳、一九五四～五五年
眠れる森の美女　シャルル・ペロー童話集、シャルル・ペロー著、村松潔訳、二〇一六年

【角川文庫、角川書店】

グリム童話集　上・下、佐藤通次訳、一九四九～五〇年
グリム昔話集　1～6、関敬吾・川端豊彦訳、一九五四～六三年

【民俗民芸叢書、岩崎美術社】

朝鮮の民話、孫晋泰著、一九六六年
フィンランドの昔話、P・ラウスマー編、高橋静男〔ほか〕訳、一九七一年
ジプシーの民話―ウェルズ地方―、ジョン・サンプソン著、庄司浅水訳、一九七一年
ラテンアメリカの昔話、三原幸久著、一九七二年
ロシアの民話、A・アファナーシエフ編、金本源之助訳、一九七二年
フィリッピンの民間説話、M・C・コール著、荒木博之訳、一九

七二年

【東洋文庫、平凡社】

アラビアン・ナイト　1～18　別巻、前嶋信次・池田修訳、一九六六～九二年

苗族民話集　中国の口承文芸　第2、村松一弥編訳、一九七三年

山東民話集　中国の口承文芸　第3、飯倉照平・鈴木健之編訳、一九七四年

中国昔話集　1・2、馬場英子・瀬田充子・千野明日香編訳、二〇〇七年

【現代教養文庫、社会思想社】

世界の民話、矢崎源九郎訳編、一九六六年

新編世界むかし話集、山室静編著、一九七六～七七年

1イギリス編、2ドイツ・スイス編、3北欧・バルト編、4フランス・南欧編、5東欧・ジプシー編、6ソ連・西スラブ編、7インド・中近東編、8中国・東アジア編、9アフリカ編、10アメリカ・オセアニア編

インド民話集、渋沢青花著、一九七九年

ベトナム民話集、矢野由美子編訳、一九七九年

ユダヤ民話集、M・ゴリオン編、三浦靭郎訳、一九八〇年

朝鮮民話集、渋沢青花著、一九八〇年

フランス幻想民話集、植田祐次訳編、一九八一年

フランス妖精民話集、植田祐次訳編、一九八一年

インドネシア民話集、花岡泰次・花岡泰隆訳編、一九八二年

フェアリーのおくりもの　世界妖精民話集、トマス・カイトリー著、市場泰男訳編、一九八三年

バスク奇聞集　フランス民話、堀田郷弘訳編、一九八八年

ジプシー民話集　ウェールズ地方、J・サンプソン編、庄司浅水訳、一九九一年

ケルト妖精民話集、J・ジェイコブズ編、小辻梅子訳編、一九九二年

ケルト幻想民話集、小辻梅子訳編、一九九三年

フランス怪奇民話集、植田祐次・山内淳訳編、一九九三年

ケルト魔法民話集、小辻梅子訳編、一九九五年

【岩波文庫、岩波書店】

完訳グリム童話集　1～5、グリム共著、金田鬼一訳、一九七九年

完訳ペロー童話集、ペロー著、新倉朗子訳、一九八二年

完訳千一夜物語　1～13、豊島与志雄〔ほか〕訳、一九八二～八三年

イタリア民話集　上・下、カルヴィーノ編著、河島英昭訳、一九八四～八五年

ロシア民話集　上・下、アファナーシエフ編、中村喜和編訳、一九八七年

シベリア民話集、斎藤君子編訳、一九八八年

スペイン民話集、エスピノーサ編著、三原幸久編訳、一九八九年

イギリス民話集、河野一郎編訳、一九九一年

中国民話集、飯倉照平編訳、一九九三年

フランス民話集、新倉朗子編訳、一九九三年

ハンガリー民話集、オルトゥタイ著、徳永康元〔ほか〕編訳、一九九五年
ラテンアメリカ民話集、三原幸久編訳、二〇一九年

【ちくま文庫、筑摩書房】

ケルト妖精物語、W・B・イエイツ編、井村君江編訳、一九八六年
グリム童話　上・下、ヤーコプ・グリム、ヴィルヘルム・グリム著、池内紀訳、一九八九年
ケルト民話集、フィオナ・マクラウド著、荒俣宏訳、一九九一年
完訳グリム童話集　1〜7、ヤーコップ・グリム、ヴィルヘルム・グリム著、野村泫訳、二〇〇五〜六年
ペンタメローネ　五日物語　上・下、ジャンバティスタ・バジーレ著、杉山洋子・三宅忠明訳、二〇〇五年

【徳間文庫、徳間書店】

中国の民話、村山孚著、一九八九年

【講談社文庫、講談社】

世界昔ばなし　上・下　日本民話の会編訳、一九九一年
眠れる森の美女　完訳ペロー昔話集、シャルル・ペロー著、巌谷國士訳、一九九二年
アラジンと魔法のランプ　アラビアンナイト、川真田純子訳、一九九三年

【小学館文庫、小学館】

1812初版グリム童話　上・下、グリム兄弟著、乾侑美子訳、二〇〇〇年

【講談社文芸文庫、講談社】

完訳グリム童話集　1〜3、グリム兄弟著、池田香代子訳、二〇〇八年

【中央大学人文科学研究所翻訳叢書、中央大学出版部】

フランス民話集　I〜V、金光仁三郎〔ほか〕訳、二〇一二〜一六年

〔3〕地域

【世界】

世界の昔ばなし　正・続、関敬吾・石田英一郎編、河出書房、一九五〇〜五一年

【アジア】

少数民族文学集、千田九一・村松一弥編、平凡社、一九六三年
中国の民話　上・下、村松一弥編、毎日新聞社、一九七二年
朝鮮昔話百選、崔仁鶴編著、日本放送出版協会、一九七四年
インドネシアの民話、花岡泰隆訳、牧野出版社、一九七四年
チベットの民話、W・F・オコナー編、金子民雄訳、白水社、一九八〇年
インドの昔話　上・下、坂田貞二・前田式子訳、辛島昇・西岡直樹訳、春秋社、一九八三年
インドネシアの民話　比較研究序説、ヤン・ドゥ・フリース編、斎藤正雄訳、法政大学出版局、一九八四年
チェリタ・ラッヤット　インドネシアの民話と地誌、なみおあや著、未来社、一九八五年

パパイヤの伝説　フィリピンの民話、フィリピン民話の会編、勁草書房、一九八五年
石の羊と黄河の神　中国の民話、石川鶴矢子著、筑摩書房、一九八九年
金徳順昔話集　中国朝鮮族民間故事集、依田千百子・中西正樹訳、三弥井書店、一九九四年
韓国の民話、任東権著、熊谷治訳、雄山閣出版、一九九五年
インドの民話、A・K・ラーマーヌジャン編、中島健訳、青土社、一九九五年
パンチャタントラ物語　古代インドの説話集、シブクマール著、下川博訳、筑摩書房、一九九六年
フィリピンの民話、マリア・D・コロネル編、竹内一郎訳、青土社、一九九七年
ブータンの民話と伝説、クンサン・チョデン著、今枝由郎・小出喜代子訳、白水社、一九九八年
東チベットの民話、テンジン・タシ編、梶濱亮俊訳、SKK、二〇〇一年
カンボジアの民話世界、高橋宏明編訳、めこん、二〇〇三年
韓国昔ばなし　上・下、徐正五再話、仲村修訳、白水社、二〇〇六年
韓国の民話伝説、崔常植著、金順姫訳、東方出版、二〇〇八年
中国民話の旅、中国民間故事調査会編、三弥井書店、二〇一一年
ウイグルの民話　動物譚、ムカイダイス・河合直美編訳、鉱脈社、二〇二〇年
チベットの昔話、アルバート・L・シェルトン著、西村正身訳、青土社、二〇二一年

【ヨーロッパ】

ペローおとぎばなし、佐藤正彰訳、国立書院、一九四七年
スコットランドの民話、三宅忠明著、大修館書店、一九七五年
グリム童話全集　1～3、高橋健二訳、小学館、一九七六年
アイルランドの民話と伝説、三宅忠明著、大修館書店、一九七八年
ラミニャの呪い　スペインバスク民話集、三原幸久訳、東洋文化社、一九八〇年
グリム童話集　1～3、グリム兄弟編、相良守峯訳、岩波書店、一九八四年
フランスの民話、ミシェル・シモンセン著、樋口淳・樋口仁枝訳、白水社、一九八七年
フランスの昔話、アシル・ミリアン、ポール・ドラリュ著、新倉朗子訳、大修館書店、一九八八年
フランス民話の世界、樋口淳・樋口仁枝編訳、白水社、一九八九年
完訳グリム童話（1819年版）Ⅰ・Ⅱ、ヤーコプ・グリム編、小澤俊夫訳、ぎょうせい、一九九二年
アイルランドの民話、ヘンリー・グラッシー編、大沢正佳・大沢薫訳、青土社、一九九四年
ペンタメローネ　五日物語、バジーレ著、塚田孝雄編集・解題、竜渓書舎、一九九四年

フランスの民話　上・中・下、アンリ・プーラ著、C・G・ビュルストローム編、萩野弘巳訳、青土社、一九九五年
ペンタメローネ　五日物語、ジャンバッティスタ・バジーレ原作、杉山洋子・三宅忠明訳、大修館書店、一九九五年
スウェーデンの民話、ローン・シグセン、ジョージ・ブレッチャー編、米原まり子訳、青土社、一九九六年
初版グリム童話集　1～4、グリム著、吉原高志・吉原素子訳、白水社、一九九七年
初版以前グリム・メルヘン集、フローチャー美和子訳、東洋書林、二〇〇一年
アイルランド　民話の旅、渡辺洋子・岩倉千春編訳、三弥井書店、二〇〇五年
金色の髪のお姫さま　チェコの昔話集、カレル・ヤロミール・エルベン文、木村有子訳、岩波書店、二〇一二年
ドナウ民話集、パウル・ツァウネルト編、小谷裕幸訳、冨山房インターナショナル、二〇一六年
命の水　チェコの民話集、カレル・ヤロミール・エルベン編、阿部賢一訳、西村書店、二〇一七年
モルドヴァ民話、グリゴーレ・ボテザートゥ収集・語り、雨宮夏雄訳、明石書店、二〇二二年

【ロシア、シベリア】

エスキモーの民話、ハワード・ノーマン編、松田幸雄訳、青土社、一九九五年
ロシアの民話　1～3　別巻、アファナーシエフ著、金本源之助訳、群像社、二〇〇九～一一年

【中東、アフリカ、アメリカ】

アフリカの民話、ロジャー・D・アブラハム編、北村美都穂訳、青土社、一九九五年
北部カメルーン・フルベ族の民間説話集　I～V、江口一久著、松香堂書店、一九九六～二〇〇〇年
ユダヤの民話　上・下、ピンハス・サデー著、秦剛平訳、青土社、一九九七年
千一夜物語　ガラン版　1～6、ガラン著、西尾哲夫訳、岩波書店、二〇一九～二〇年
ブッシュマンの民話、田中二郎採録・解説、京都大学学術出版会、二〇二〇年
時空と共に　ボリビア先住民の民話、フェリックス・ライメ・パイルマニ〔ほか〕原作編集、栗原重太訳、文芸社、二〇二四年

昔話児童書一覧

多比羅拓

一、戦後の昔話児童書を挙げたが、網羅したわけではない。児童書は種類が多く、その一部にすぎない。
一、使いやすさを考え、「(1) シリーズ」「(2) 全集・文庫」「(3) 地域」の順に編んだ。ただし、読み物と絵本は混在している。
一、絵本や挿絵の画家名は入れなかった。
一、資料集・児童書・研究書は区別がしにくい場合もあるので、相互の参照をお願いしたい。
一、目録としては、日本民話の会編『ガイドブック世界の民話』(講談社、一九八八年) の「絵本/児童書/昔話集・資料集」が詳しいので、それを参照されたい。

〔1〕シリーズ

【世界のむかし話、児童読書研究会編、ポプラ社、一九五七~六〇年】

1インド篇　だまされた子ジカ、2ドイツ篇　魔法つかいと子ども、3アフリカ篇　月のおひめさま、4アメリカ篇　魔法のパイプ、5中国篇　こじきのさいばん、6ロシア篇　うそくらべ、7北欧篇　みにくいカエル、8フランス篇　青ひげの男、9イギリス篇　なまけもののジャック、10東南アジア篇　人魚と少年

【中学生世界民話全集、宝文館、一九五八~五九年】

1中国の民話、村山孚編
2ドイツの民話、植田敏郎編
3ロシアの民話、西郷竹彦編
4エジプトの民話　バビロニア・ヘブライ・アラビア、矢島文夫編
5イギリスの民話、田中清太郎編
6フランスの民話、塚原亮一編
7インドの民話、田中於莵弥編
8ハンガリーの民話、徳永康元編

【少年少女世界むかしばなし全集、宝文館、一九六〇年】

1北欧むかしばなし集、山室静訳編
2ロシアむかしばなし集、西郷竹彦訳編
3ドイツむかしばなし集、植田敏郎訳編
4フランスむかしばなし集、塚原亮一訳編
5南欧むかしばなし集、岩崎純孝・下位英一訳編
6イギリス・アメリカむかしばなし集、田中清太郎訳編
7インドむかしばなし集、高橋新吉訳編
8エジプト・アラビアむかしばなし集、猪野省三編
9中国むかしばなし集、伊藤貴麿訳編
10日本むかしばなし集、奈街三郎・藤沢衛彦訳編

【世界の民話と伝説、浜田広介〔ほか〕編、さえら書房、一九六〇~六一年】

1ドイツ・北欧編、2フランス・南欧編、3イギリス・アメリカ編、4ソ連・東欧編、5ギリシャ・ペルシャ編、6トルコ・蒙

古・朝鮮編、7中国・東南アジア編、8インド・南方アジア編

【少年少女世界の民話伝説、偕成社、一九六四年】

1ドイツ・北欧むかし話集、植田敏郎編著
2フランス・南欧むかし話集、辻昶編著
3イギリス・アメリカむかし話集、安藤一郎・小出正吾編著
4ソビエト・東欧むかし話集、西郷竹彦編著
5中国・東南アジアむかし話集、君島久子編著
6インド・アフリカむかし話集、山室静編著

【世界の童話、講談社、一九六四〜六五年】

1イソップ童話集、中川正文訳
2グリム童話集、植田敏郎訳
3アンデルセン童話集、矢崎源九郎訳
4アラビアン＝ナイト童話集、飯島淳秀訳
5アメリカ童話集、白木茂訳
6イギリス童話集、久米元一・波多野勤子訳
7フランス童話集、那須辰造訳
8ドイツ童話集、塩谷太郎訳
9ソビエト童話集、袋一平訳
10北欧・南欧童話集、安藤美紀夫・浜田滋郎・山室静訳
11東洋童話集、君島久子訳
12日本童話集、鳥越信〔ほか〕著

【オクスフォード世界の民話と伝説、講談社、一九六四〜六五年】

1イギリス編　1、ジェームズ・リーブズ著　中野好夫・谷村まち子訳
2イギリス編　2、アイリン・オフェローン、バーバラ・ウィルソン著、白木茂訳
3アメリカ編、ルース・サンダース著、渡辺茂男訳
4フランス編、バーバラ・ピカード著、那須辰造訳
5ドイツ編、バーバラ・ピカード著、塩谷太郎訳
6スイス編、フリッツ・グッゲンビュール著、植田敏郎訳
7ユーゴスラビア編、ナーダ・プロダノビッチ著、木村庄三郎訳
8ロシア編、チャールズ・ダウニング著、西郷竹彦訳
9北欧編、グウイン・ジョーンズ著、山室静訳
10アフリカ編、キャスリーン・アーノット著、矢崎源九郎訳
11インド編、J・E・B・グレー著、中川正文訳
12中国編、シリル・バーチ著、松枝茂夫・松井博光訳

【母と子の世界むかし話シリーズ、坪田譲治・村岡花子監修、研秀出版、一九六六〜六七年】

1イギリスのむかし話、2日本のむかし話、3ロシアのむかし話、4南欧のむかし話、5アメリカのむかし話、6インドのむかし話、7イタリアのむかし話、8東欧のむかし話、9東南アジアのむかし話、10フランスのむかし話、11アフリカのむかし話、12ドイツのむかし話、13北欧のむかし話、14中国のむかし話、15ギリシアの神話物語、16日本の神話物語、17北欧の神話物語、18中近東の神話物語、19アジアの神話物語、20中南米の神話物語

【福音館の世界むかしばなし、福音館書店、一九六六〜六九年】

1イギリスのむかしばなし、バージニア・ハビランド再話、かみじょうゆみこ訳

2スペインのむかしばなし、バージニア・ハビランド再話、まさきるりこ訳
3ポーランドのむかしばなし、バージニア・ハビランド再話、かみじょうゆみこ訳
4アイルランドのむかしばなし、バージニア・ハビランド再話、まさきるりこ訳
5ロシアのむかしばなし、バージニア・ハビランド再話、かみじょうゆみこ訳
6くものぼうけん　西アフリカのむかしばなし、ジョイス・C・アーカースト再話、木島始訳
7太陽の木の枝　ジプシーのむかしばなし1、フィツォフスキ再話、内田莉莎子訳
8きりの国の王女　ジプシーのむかしばなし2、フィツォフスキ再話、内田莉莎子訳
9カナリア王子、イタロー・カルヴィーノ再話、安藤美紀夫訳

【こども世界の民話、あかね書房、一九六九〜七〇年】

1うさぎどんときつねどん　アメリカ編、チャンドラー・ハリス著、大石真訳
2巨人グルースキャップ　カナダ編、ケイ・ヒル著、掛川恭子訳
3ながぐつをはいたねこ　フランス編、シャルル・ペロー著、上野瞭訳
4金の星の子どもたち　ドイツ編　ルードウィヒ・ベヒシュタイン著、藤田圭雄訳
5空にのこったおばあさん　南アメリカ編、モード・ラブレイス、デロス・ラブレイス著、清水真砂子訳
6犬になったおひめさま　アイルランド・スコットランド編、W・イェーツ〔ほか〕著、猪熊葉子訳
7ジャックとまめの木　イギリス編、ジョセフ・ヤコブス著、神宮輝夫訳
8黒いカモシカの魔法　アフリカ編、ルネ・ギヨ著、塚原亮一訳
9シャウトンとかくれんぼひめ　中国編、賈芝編、君島久子訳
10金のさかな　ロシア編、アレクサンドル・N・アファナーシェフ著、内田莉莎子訳

【世界民話の旅、柴田武〔ほか〕監修、さえら書房、一九七〇年】

1ドイツ・北欧の民話、2フランス・南欧の民話、3イギリス・アメリカの民話、4ソ連・東欧の民話、5ギリシア・ペルシアの民話、6トルコ・蒙古・朝鮮の民話、7中国・東南アジアの民話、8インド・南方アジアの民話

【世界の民話、家の光協会、一九七七〜七九年】

1フランス編　悪魔のしっぽ　ほか、榊原晃三著
2イギリス編　ジャックと豆の木　ほか、三宅忠明著
3ソビエト編　ふたごの小鳥ミムルグ　ほか、宮川やすえ著
4北欧編　かりゅうどと鬼の船　ほか、高橋静男著
5中国編　羊飼いスフと白馬　ほか、加藤千代著
6ドイツ編　赤ひげとぶどう酒商人　ほか、小川一枝著
7スペイン・ポルトガル編　行くと帰れない城　ほか、三原幸久著
8アメリカ編　星になった子どもたち　ほか、荒木博之著

9インド・中近東編　身代わり花むこ　ほか、前田式子〔ほか〕著

【世界の民話シリーズ、佑学社、一九七六〜七九年】

ボヘミアの民話、イルジー・ホラック編、乾侑美子訳

アフリカの民話、マリア・コソーバ、ウラディスラフ・スタノフスキー編、高山浩子訳

スラブの民話、オルドリッヒ・シロバツカ、ルドルフ・ルツィーク編、稲葉茂生訳

アフリカの民話、マリア・コソーバ、ウラディスラフ・スタノフスキー編、高山浩子訳

ペルシアの民話、ヤロスラフ・ティッチィ編著、乾侑美子訳

ジプシーの民話、マリー・ボージーシュコバー編、山田順子訳

ロシアの民話、アルティア社編、武井曜子訳

動物の国の民話、アルティア社編、高橋ひろゆき訳

【世界むかし話、ほるぷ出版、一九七九年】

1フランス・スイス　サンドリヨン、八木田宜子訳

2アフリカ　うたうカメレオン、掛川恭子訳

3南欧　ネコのしっぽ、木村則子訳

4中国　銀のかんざし、なたぎりすすむ訳

5中近東　ものいう馬、こだまともこ訳

6ロシア　空とぶ船、田中泰子訳

7ドイツ　メドヴィの居酒屋、矢川澄子訳

8イギリス・アイルランド　おやゆびトム、三宅忠明訳

9北米　北の巨人、田中信彦訳

10朝鮮・台湾・モンゴル　金剛山のトラたいじ、鳥越やす子・佐藤ふみえ訳

11東南アジア　象のふろおけ、光吉夏弥訳

12東欧　三本の金の髪の毛、松岡享子訳

13インド　魔法のゆびわ、光吉夏弥訳

14中南米　ふしぎなサンダル、福井恵樹訳

15北欧　ソリア・モリア城、瀬田貞二訳

16太平洋諸島　マウイの五つの大てがら、光吉夏弥訳

別冊　むかしむかし、光吉夏弥・瀬田貞二編

【世界の民話館、ルース・マニング＝サンダーズ著、西本鶏介訳、ティビーエス・ブリタニカ、一九八〇〜八一年】

1こびとの本、2魔法使いの本、3王子と王女の本、4魔女の本、5巨人の本、6人魚の本、7竜の本、8悪魔の本、9怪物の本、10王と女王の本

【世界のメルヒェン図書館、小沢俊夫編訳、ぎょうせい、一九八一〜八二年】

1風にのったヤン＝フェッテグラーフ　グリム兄弟の知らなかったはなし、2巨人シュトンペ＝ピルト　北ヨーロッパのはなし、3ヘビの王のおくりもの　バルカンのはなし、4山のグートブラント　アルプス地方のはなし、5火の馬　ソビエト南部のはなし、6美しいヒアビーナ　ジプシーのはなし、7ギリシア諸島のはなし、8コロモドモ　アフリカのはなし、9ナザルの遺言　アラブのはなし、10クマ男　アメリカインディアンのはなし、11お月さまのバル　オセアニアのはなし、12ランパスクじいさんの孫　ア

ジアのはなし

【世界の昔ばなし、小峰書店、一九八三年～九〇年】

1半分人間　ギリシアの昔ばなし、おざわとしお編訳
2魚の騎士　スペイン・ポルトガルの昔ばなし、三原幸久編訳
3いちばん美しい花嫁　オーストリアの昔ばなし、飯豊道男編訳
4魔法のつぼ　北欧の昔ばなし、谷口幸男編訳
5ウサギのかしこい商売　アフリカ〈ウガンダ〉の昔ばなし、宮本正興編訳
6大ムカデたいじ　韓国の昔ばなし、崔仁鶴採話
7親指トムの一生　イギリスの昔ばなし、荒木博之編訳
8クリン王　イタリアの昔ばなし、安藤美紀夫・剣持弘子編訳
9美しいユーラリ　フランスの昔ばなし、新倉朗子編訳
10きのどくなハイエナ　アフリカ〈トーゴ〉の昔ばなし、江口一久採話
11イワン王子と火の鳥と灰色オオカミ　ロシアの昔ばなし、斎藤君子編訳
12幽霊のこわがるもの　中国の昔ばなし、君島久子編訳
13そっくりおばけ　インドの昔ばなし、笠原順路編訳
14お月さまより美しい娘　トルコの昔ばなし、小山皓一郎編訳
15ジャックと動物の楽隊　アイルランド・スコットランドの昔ばなし、藤本黎時編訳
16虹になった娘と星うらない　インドネシアの昔ばなし、菊地三郎編訳
17カエル王女　中南米の昔ばなし、三原幸久訳
18ネコになったおきさき　東欧の昔ばなし　1、直野敦訳
19いたずら者のパオロー　タイ・ラオス・ベトナムの昔ばなし、吉川利治・富田健次訳
20悪魔の犬エリンチャ　オーストラリアの昔ばなし、百々佑利子編訳
21金のリンゴと九羽のクジャク　東欧の昔ばなし　2、直野敦訳
22三人兄弟と巨人　ドイツ語圏の昔ばなし、寺岡寿子訳
23太陽征伐　台湾の昔ばなし、張良沢文
24王子と美しいパセリちゃん　スイスの昔ばなし、竹原威滋編訳
25カラオの洞窟　フィリピンの昔ばなし、荒木博之編訳
26巨人ナナブッシュ　北米の昔ばなし、藤井いづみ訳
27ものいうバナナ　南太平洋の昔ばなし、山下欣一編訳
28猿むこ入りと悪魔のズボン　昔ばなし入門、おざわとしお著

【世界のむかし話、バージニア・ハビランド著（12を除く）、学校図書、一九八三～八四年】

1フランス　ねむれる森の美女、谷口由美子訳
2ノルウェー　ガラスの山のおひめさま、乾侑美子訳
3スウェーデン　しもべのラース、木村由利子訳
4スペイン　四人のきょうだい、間崎ルリ子訳
5ポーランド　王子ヤンと風のおおかみ、上条由美子訳
6イギリス　ジャックと豆のつる、黒沢浩訳
7ギリシア　妖精の妻、八木田宜子訳
8ロシア　美しいワシリーサ、松田司郎訳
9チェコスロバキア　森の精、清水真砂子訳

10スコットランド　灰まみれと大海へび、佐藤涼子訳
11インド　バンヤンのシカ、麻生九美訳
12日本　百曲がりのカッパ、松谷みよ子作

【ソビエトの民話集、伊集院俊隆〔ほか〕編、新読書社、一九八五～八六年】

1バルト海地方の民話、2中央アジア地方の民話、3ウクライナ、白ロシア、モルダビアの民話、4ロシア・シベリアの民話、5コーカサス地方の民話

【大人と子どものための世界のむかし話、偕成社、一九八九～九一年】

1イタリアのむかし話、カルヴィーノ編、大久保昭男訳
2インドのむかし話、坂田貞二編著
3フランスのむかし話、長野晃子編訳
4韓国のむかし話、崔仁鶴編訳
5ポリネシア・メラネシアのむかし話、ダイクストラ好子編訳
6ペルー・ボリビアのむかし話、加藤隆浩編訳
7スペインのむかし話、三原幸久編訳
8インドネシアのむかし話、松野明久編訳
9イランのむかし話、井本英一編訳
10タイのむかし話、吉川利治編訳
11モロッコのむかし話、ヤン・クナッパート編、さくまゆみこ訳
12フィンランド・ノルウェーのむかし話、坂井玲子・山内清子編訳
13タンザニアのむかし話、宮本正興編訳
14ビルマ（ミャンマー）のむかし話、大野徹編訳
15ベトナムのむかし話、富田健次編訳
16アラブのむかし話、池田修・康君子編訳
17アメリカのむかし話、藤井健夫編訳
18ユダヤのむかし話、高階美行編訳
19ソビエトのむかし話、田中泰子編訳
20カナダのむかし話、高村博正・篠田知和基編訳

【かんこく・ちょうせんのみんわ、太平出版社、一九九九～二〇〇七年】

1おどりのすきなとら、松谷みよ子作
2おばけのトッカビと朝鮮人参、水谷章三作
3ひきがえるのおんがえし、藤かおる文
4とらよりこわいほしがき、小沢清子文
5火をぬすむ犬、松谷みよ子文
6ごまひとつぶで…、水谷章三文
7チゲとむしろとおばあさんのとらたいじ、小沢清子文
8ねこといぬとたからの玉、藤かおる文
9山をはこんだ九ひきの竜、松谷みよ子文
10川をわたったふしぎなじいさま、水谷章三文
11人食いとらのおんがえし、松谷みよ子文
12青い竜と黄色い竜、松谷みよ子文

【アジア心の民話、松谷みよ子総監修、野村敬子責任編集、星の環会、二〇〇一年】

1オリーブかあさんのフィリピン民話、野村敬子編

2チュ・ママの台湾民話、野村敬子編
3少女が運んだ中国民話、松谷みよ子編
4語りおじさんのベトナム民話、坂入政生編・語り
5語りおばさんのインドネシア民話、杉浦邦子編・語り
6キムさんの韓国民話、野村敬子編

【ウクライナ民話／ラチョーフ・シリーズ、田中潔訳、ネット武蔵野、二〇〇三〜〇四年】

1てぶくろ、2麦の穂、3わらの牛

【日本・中国・韓国の昔話集、出版文化産業振興財団編、国立オリンピック記念青少年総合センター、二〇〇四年】

1天人女房　ほか5話、2一寸法師　ほか5話、3さるとかえるのもちころがし　ほか10話

【李錦玉・朝鮮のむかし話、李錦玉文、少年写真新聞社、二〇〇九年】

1おばけのトケビはわすれんぼう、2食いしんぼうのトラとおばあさん、3かみにしゃくなげの花

【世界のむかしのおはなし、玉川大学出版部、二〇一一〜一二年】

ねずみのよめいり　インドにつたわるおはなし、田中尚人再話
2ひきのジャッカル　イランにつたわるおはなし、愛甲恵子再話
色とりどりの鳥　オーストラリアアボリジナルのおはなし、ほそえさちよ再話
ポチャッポチョッイソップ　カエルのくににつたわるおはなし、イソップ原作、アーサー・ビナード再話
火をぬすんだウサギ　アルゼンチンウィチーのおはなし、宇野和美再話
ノウサギの家にいるのはだれだ？　ケニアマサイにつたわるおはなし、さくまゆみこ再話

(2) 全集・文庫

【世界名作童話全集、大日本雄弁会講談社】

4イソップ物語　イソップ昔話、イソップ原作、松村武雄編著、一九五〇年
5おおかみと七ひきの子やぎ　グリム昔話、グリム兄弟原作、与田準一編訳、一九五〇年
7シンデレラ姫　ペロー昔話、ペロー原作、浜田広介編著、一九五〇年
16白雪姫　グリム昔話、グリム原作、金田鬼一編著、一九五一年
18魔法のなしの木　中国昔話、鹿島鳴秋編著、一九五一年
19星姫ものがたり　インド昔話、桑野福次編著、一九五一年
21ジャックとまめの木　イギリス昔話、西山敏夫編著、一九五一年
23もとのとおりになる話　ロシア昔話、宇野浩二編著、一九五一年
27ベルとまもの　フランス昔話、ボーモン原作・江間章子編著、一九五一年
31金の女王の山　北欧昔話、山室静編著、一九五一年
34ろばの耳の王さま　韓国昔話、金素雲編著、一九五三年
41まほうのふえ　アフリカ昔話、金田鬼一編著、一九五三年

45ぐるぐるばなし　世界昔話、上沢謙二編著、一九五四年
46かえるの王さま　グリム昔話、グリム原作・大畑末吉編著、一九五四年
48こがねのくびかざり　アイヌ昔話、金田一京助編著、一九五四年
59まぬけさがし　世界昔話、大田千鳥編著、一九五五年
58金のこぶのらくだ　蒙古昔話、大滝重直編著、一九五五年

【岩波少年文庫、岩波書店】

火の鳥　ロシア民話選、アファナーシェフ編、神西清訳、一九九二年復刻版
アラビアン・ナイト　上・下、中野好夫訳、一九九四年復刻版
グリム童話集　1〜3、グリム兄弟編、相良守峯訳、一九九七年
けものたちのないしょ話　中国民話選、君島久子編訳、二〇〇一年
ネギをうえた人　朝鮮民話選、金素雲編、二〇〇一年
けものたちのないしょ話　中国民話選、君島久子編訳、二〇〇一年
ペロー童話集、天沢退二郎訳、二〇〇三年
グリム童話集　上・下、佐々木田鶴子訳、二〇〇七年
みどりの小鳥　イタリア民話選、河島英昭訳、二〇一三年
お静かに、父が昼寝しております　ユダヤの民話、母袋夏生編訳、二〇一五年
キバラカと魔法の馬　アフリカのふしぎばなし、さくまゆみこ編訳、二〇一九年
かじ屋と妖精たち　イギリスの昔話、脇明子編訳、二〇二〇年
火の鳥ときつねのリシカ　チェコの昔話、木村有子編訳、二〇二一年

【世界児童文学全集、あかね書房】

1ギリシア神話、石井桃子編、一九五八年
2イソップ童話集、村岡花子訳、一九五八年
3グリム童話集、高橋健二訳、一九五八年
4アンデルセン童話集、大畑末吉訳、一九五八年
5イギリス童話集、石井桃子訳、一九五九年
6フランス・南欧童話集、宮崎嶺雄〔ほか〕訳、一九五九年
7ドイツ・北欧童話集、高橋健二〔ほか〕訳、一九五九年
8ロシア童話集、中村融〔ほか〕訳、一九五九年
9アメリカ童話集、渡辺茂男訳、一九五九年
10インド童話集、田中於莵弥訳、一九五九年
11アラビアンナイト童話集、瀬田貞二訳、一九五九年
12中国童話集、伊藤貴麿訳、一九五九年

【母と子の図書室、太平出版社】

おばけのトッカビ　朝鮮の民話1、松谷みよ子・瀬川拓男著、一九七二年
天の童子と少女ヨニ　朝鮮の民話2、松谷みよ子・瀬川拓男著、一九七二年
金剛山の虎退治　朝鮮の民話3、松谷みよ子・瀬川拓男著、一九七二年

【こどものための世界名作童話、集英社】

あかずきん　グリム、尾崎賢治訳、一九七九年
ジャックとまめのつる　イギリス民話、八木田宜子訳、一九七九年
きたかぜとたいよう　イソップ童話集、立原えりか文、一九八〇年
王さまの耳はろばの耳　ギリシア神話、宇野輝雄訳、一九八〇年
おおかみと7ひきの子やぎ　グリム、矢川澄子訳、一九八〇年
水をふくたま　中国民話、君島久子訳、一九八〇年

【ちくま少年図書館、筑摩書房】

ものぐさ成功記　タイの民話、森幹男編訳、一九八〇年
サルカメ合戦　フィリピンの民話、村上公敏編訳、一九八二年
人になりそこねたロバ　インドの民話、タゴール暎子編訳、一九八二年
月をかじる犬　中国の民話、君島久子著、一九八四年
悲しい魔女　インドネシアの物語、松本亮著、一九八六年

【講談社青い鳥文庫、講談社】

グリム童話集　1～4、池田香代子訳、一九八五年
アラビアンナイト　1～7、川真田純子訳、一九八七年
ロシアむかし話集、内田莉莎子編訳、一九九〇年
スペインむかし話、川真田純子編訳、一九九一年
新編アラビアンナイト　上・下、川真田純子訳、二〇〇二年

【偕成社文庫、偕成社】

アメリカのむかし話、渡辺茂男編訳、一九七七年
グリム童話集　1～3、矢崎源九郎訳、一九八〇年
朝鮮の民話　上・下、瀬川拓男・松谷みよ子著、一九八〇年
ロシアのむかし話、松谷さやか・金光せつ編訳、一九八五年中国のむかし話、君島久子・古谷久美子訳、一九八五年
中国のむかし話　2、永田耕作編訳、一九九〇年
ペルシアのむかし話、ヘプナー再話、細田理美訳、一九九〇年
ロシアのむかし話　2、金光せつ編訳、一九九一年

〔3〕地域

【世界】

世界の昔話（保育社の小学生全集55）、小川隆太郎著、保育社、一九五四年
世界民話集（日本児童文庫41）、河盛好蔵編、アルス、一九五五年
世界のむかし話　1～6年生、坪田譲治〔ほか〕編、実業之日本社、一九五六年
世界のむかし話　1～3年生（学年別幼年文庫7）、久保喬編著、偕成社、一九五七年
世界むかし話集（児童世界文学全集12）、土家由岐雄著、偕成社、一九六〇年
世界のむかし話、柴野民三文、偕成社、一九六二年
世界むかし話、浜田広介著、集英社、一九六二年
世界むかし話集（幼年世界文学全集）、酒井朝彦著、偕成社、一九六三年
世界のむかし話（幼年絵童話全集2）、柴野民三文、偕成社、一九六三年

子どもに聞かせる世界の民話、矢崎源九郎編、実業之日本社、一九六四年
世界むかし話（世界のどうわ2）、岸なみ文、偕成社、一九六五年
バンベルガー世界童話の本　1〜3、山口四郎訳、あかね書房、一九六七年
世界むかし話（世界の幼年文学カラー版4）、大川悦生著、偕成社、一九六七年
世界民話伝説集（少年少女世界の名作文学50）、名作選定委員会・関敬吾編、小学館、一九六八年
みんなが知ってる世界おとぎ話　1〜18、石森延男監修、国際情報社、一九六八〜六九年
世界のむかし話（愛蔵版・世界の童話5）、瀬田貞二訳、学習研究社、一九七一年
世界むかし話（オールカラー母と子の世界の名作27）、立原えりか文、集英社、一九七二年
世界むかし話（児童名作シリーズ27）、小出正吾編著、偕成社、一九七三年
世界のむかし話（学研・絵ものがたり24）、西本鶏介著、学研、一九七八年
世界のむかしばなし、渡辺節子〔ほか〕文、講談社、一九八〇年
せかいの民話　1・2、花岡大学文、同朋舎出版、一九八八年
子どものための世界のお話、福光えみ子〔ほか〕編、新読書社、一九九四年
こども世界の民話　上・下、内田莉莎子〔ほか〕著、実業之日本社、一九九五年
語り聞かせ世界のむかしばなし　たっぷり68話、小春久一郎編著、ひかりのくに、二〇〇七年
世界の女の子の昔話、中脇初枝再話、偕成社、二〇二三年

【アジア】

東洋童話集（世界少年少女文学全集25　東洋編1）、創元社、一九五四年
中国インドむかし話　東洋民話（児童名作シリーズ51）、二反長半編著、偕成社、一九五八年
西遊記　中国民話　東南アジア民話　ほか4編（少年少女世界文学全集42）、呉承恩作、奥野信太郎〔ほか〕訳、講談社、一九六一年
火をはくりゅう　中国民話集（世界のどうわ8）、君島久子著、偕成社、一九六四年
民話集（中国文学名作全集10）、君島久子訳、盛光社、一九六七年
スーホの白い馬　モンゴル民話、大塚勇三再話、福音館書店、一九六七年
巨人ニジガロ（中国民話集）、新村徹〔ほか〕訳編、日本中国友好協会、一九六九年
王さまと九人のきょうだい　中国の民話、君島久子訳、岩波書店、一九六九年
チワンのにしき　中国民話、君島久子文、ポプラ社、一九六九年
チワンの星（中国民話集）、新村徹〔ほか〕訳編、日本中国友好協会、一九七一年

中国の民話（小学生の中国文学全集2）、君島久子文、学燈社、一九七三年
朝鮮の民話、松谷みよ子・瀬川拓男再話、太平出版社、一九七三年
中国童話（玉川こども図書館2）、松枝茂夫著、玉川大学出版部、一九七四年
アジアの昔話　1〜6（世界傑作童話シリーズ）、ユネスコ・アジア文化センター編、松岡享子訳、福音館書店、一九七五〜八一年
クルバンの魔王たいじ　中国民話（文研子どもランド）、新村徹文、文研出版、一九七五年
うしかいとおりひめ　ちゅうごくみんわ、きみしまひさこ訳、偕成社、一九七七年
森の精　コーカサス民話集、片山ふえ訳、東洋文化社、一九八〇年
語りつぐ人びと　インドの民話、長弘毅著訳、福音館書店、一九八一年
さんねん峠　朝鮮のむかしばなし（新・創作絵本）、李錦玉作、岩崎書店、一九八一年
あかりの花　中国苗族民話、肖甘牛採話、君島久子再話、福音館書店、一九八五年
ハイリブの石　モンゴル民話集、松田忠徳訳、富士書院、一九八八年
青がえるの騎手　中国民話、斎藤公子編、創風社、一九九〇年
フィリピンの民話　山形のおかあさん・須藤オリーブさんの語り、野村敬子編、星の環会、一九九三年
モンゴルの民話、松田忠徳訳編、恒文社、一九九四年
さんねん峠　朝鮮のむかしばなし、李錦玉作、フォア文庫、一九九六年
銀のうでわ　中国の民話、君島久子文、岩波書店、一九九七年
子どもに語るアジアの昔話　1・2、松岡享子訳、こぐま社、一九九七年
だまされたトッケビ―韓国の昔話―、神谷丹路編訳、福音館書店、一九九九年
子どもに語るトルコの昔話、児島満子編訳、こぐま社、二〇〇〇年
ベトナムの昔話、茂徳治・深見久美子編訳、文芸社、二〇〇三年
お月さまをのみこんだドラゴン　フィリピンの民話、ジョアン・デ・レオン再話、ふせまさこ訳、新世研、二〇〇三年
子どもに語るモンゴルの昔話、蓮見治雄訳・再話、平田美恵子再話、こぐま社、二〇〇四年
山いっぱいのきんか　中国のむかし話、君島久子文、童話館出版、二〇〇五年
とらとほしがき　韓国のむかしばなし、パク・ジェヒョン再話、おおたけきよみ訳、光村教育図書、二〇〇六年
いぬとねこ　韓国のむかしばなし、ソ・ジョンオ再話、おおたけきよみ訳、光村教育図書、二〇〇七年
中国の故事民話　漢民族編　1〜3、沢山晴三郎訳、農山漁村文

化協会、二〇〇七年

中国の故事民話　少数民族編　1～3、沢山晴三郎訳、農山漁村文化協会、二〇〇七年

子どもに語る中国の昔話、松瀬七織訳、湯沢朱実再話、こぐま社、二〇〇九年

犬になった王子　チベットの民話、君島久子文、岩波書店、二〇一三年

りこうな子ども　アジアの昔話、松岡享子編訳、こぐま社、二〇一六年

白鳥と狩人　ブリヤートの民話、山越康裕監修、東京外国語大学アジア・アフリカ言語文化研究所、二〇二〇年

「あまもり」こわい　ブリヤートの民話、山越康裕監修、東京外国語大学アジア・アフリカ言語文化研究所、二〇二一年

【ヨーロッパ】

白鳥のみずうみ　ドイツ北欧民話集（世界のどうわ19）、植田敏郎著、偕成社、一九六五年

グリム童話（世界の幼年文学カラー版10）、浜田広介、偕成社、一九六七年

三にんのきょうだい　ヒョウの子とカモシカの子　十三にんめの子　スエーデンのみんわ　ネグロのみんわ　イタリアのみんわ（雨の日文庫第4集23）、阿部知二・西郷竹彦著、麦書房、一九六八年

グリム童話（玉川こども図書館6）、岡田陽文、玉川大学出版部、一九七四年

イギリスとアイルランドの昔話、石井桃子編訳、福音館書店、一九八一年

グリムの昔話　1～3、グリム著、フェリクス・ホフマン編、大塚勇三訳、福音館書店、一九八六年

ジャックとまめの木　完訳イギリスのどうわ、ジェイコブズ再話、本城和子訳、偕成社、一九八九年

子どもに語るグリムの昔話　1～6、佐々梨代子・野村泫訳、こぐま社、一九九〇～九三年

黒いお姫さま　ドイツの昔話、ヴィルヘルム・ブッシュ採話、上田真而子編訳、一九九一年

グリム童話選（岩波世界児童文学集11）、相良守峯訳、岩波書店、一九九三年

なぞとき名人のお姫さま　フランスの昔話、山口智子編訳、福音館書店、一九九六年

吸血鬼の花よめ　ブルガリアの昔話、八百板洋子編訳、福音館書店、一九九五年

三つのオレンジ　ミルクのように白く血のように赤い娘、剣持弘子文、偕成社、一九九九年

子どもに語るアイルランドの昔話、渡辺洋子・茨木啓子編訳、こぐま社、一九九九年

グリムの昔話　1～3、矢崎源九郎〔ほか〕訳、童話館出版、二〇〇〇年

完訳クラシック　グリム童話　1～5、池田香代子訳、講談社、二〇〇〇年

子どもに語る北欧の昔話、福井信子・湯沢朱実編訳、こぐま社、二〇〇一年
子どもに語るイタリアの昔話、剣持弘子訳・再話、こぐま社、二〇〇三年
ノルウェーの昔話、アスビョルンセン、モー編、大塚勇三訳、福音館書店、二〇〇三年
グリム童話 1～3、山口四郎訳、冨山房インターナショナル、二〇〇四年
おおかみだんなとろば アルバニアの昔話、八百板洋子再話、福音館書店、二〇〇六年
きんのねこ ベラルーシの昔話より、八百板洋子再話、福音館書店、二〇〇六年
語るためのグリム童話 1～7、小澤俊夫監訳、小澤昔ばなし研究所再話、小峰書店、二〇〇七年
いちばんたいせつなもの―バルカンの昔話―、八百板洋子編訳、福音館書店、二〇〇七年
十二の月たち スラブ民話、ボジェナ・ニェムツォヴァー再話、出久根育文、偕成社、二〇〇八年
子どもに語るイギリスの昔話、ジョセフ・ジェイコブズ原作、松岡享子編訳、こぐま社、二〇一〇年
おうさまのくれたごほうび ブルガリアの昔話、八百板洋子再話、福音館書店、二〇一〇年
ふしぎなふえ ブルガリアの昔話、八百板洋子再話、福音館書店、二〇一一年
きこりとテーブル トルコの昔話、八百板洋子再話、福音館書店、二〇一一年
金色の髪のお姫さま チェコの昔話集、カレル・ヤロミール・エルベン著、木村有子訳、岩波書店、二〇一二年
三本の金の髪の毛 中・東欧のむかしばなし、松岡享子訳、のら書店、二〇一三年
フィッシャーが描いたグリムの昔話 メルヘンビルダー、佐々木梨代子・野村泫訳、こぐま社、二〇一三年
カテリネッラとおにのフライパン イタリアのおいしい話、剣持弘子訳・再話、こぐま社、二〇一八年
プレッツェモリーナ イタリアの昔話、剣持弘子再話、福音館書店、二〇一九年

【ロシア、ウクライナ、シベリア】

ロシア民話選 お母さんの影、神西清訳、河出書房、一九四六年
イワン王子 ロシアのおはなし、くろだおときち編、新教育事業協会、一九五〇年
ロシア民話集（少年少女のための世界文学選20）、アファナーシェフ原作、昇曙夢訳、小峰書店、一九五一年
ロシアのみんわ集 火の鳥（小学生全集6）、網野菊著、筑摩書房、一九五五年
ロシア民話 せむしの小うま ルスランとリュドミラ ほか6編（少年少女世界文学全集30）、アザドフスキー（ほか）編、袋一平（ほか）訳、講談社、一九六二年
おおきなかぶ ロシアの昔話、A・トルストイ再話、内田莉莎子

訳、福音館書店、一九六二年
てぶくろ　ウクライナ民話、うちだりさこ訳、福音館書店、一九六五年
うさぎのなみだ　ロシア民話（名作せかいのおはなし16）、内田莉莎子訳、講談社、一九六九年
エスキモーの民話（世界の民話シリーズ1）、本多勝一訳、すずさわ書店、一九七四年
なまけもののくまさん　ロシア民話より、マリア・ポリューシュキン再話、河津千代訳、アリス館牧新社、一九七七年
火の鳥　ロシア民話より、高橋ひろゆき文、佑学社、一九七八年
ペトルーシュカ　ロシア民話より、高橋ひろゆき文、佑学社、一九七八年
魔法のゆびわ　ロシア民話より、柏木美津訳、佑学社、一九七九年
魔法の馬シフカ＝ブールカ　ロシアの民話魔法むかしばなし、斎藤君子文、八重岳書房、一九七九年
イワン王子と火の鳥、イリーナ・カルナウホワ（ほか）作、内田莉莎子訳、講談社、一九八一年
火の鳥　ロシアの民話、坂本市郎訳、新読書社、一九八二年
銀色の馬　ロシアの民話、ばばともこ訳、新読書社、一九八三年
ロシアの昔話、内田莉莎子編訳、福音館書店、一九八九年
まほうのゆびわ　ロシア民話集、アファナーシェフ編、佐藤靖彦訳、新読書社、一九八九年
イワン王子と火のとり　完訳ロシアのどうわ（偕成社世界のどうわ19）、アファナーシェフ再話、松谷さやか訳、偕成社、一九九〇年
カエルの王女　ロシア民話集、佐藤靖彦訳、新読書社、一九九六年
おおきなかぶ　ロシア民話から、高見映文、メイト、一九九六年
おおきなかぶ　トルストイ話、中井貴恵訳、ブロンズ新社、一九九九年
笛ふきイワーヌシカ　ロシアの昔話、ミハイル・ブラートフ再話、松谷さやか訳、偕成社、二〇〇一年
石の花～ロシア・ウラル地方に伝わるおはなし～、パーヴェル・バジョフ作、江上修代訳、新読書社、二〇〇二年
太陽と月とカラス　ロシアのむかしむかし、斎藤君子文、ネット武蔵野、二〇〇三年
スズメと子ネズミとホットケーキ　ロシアのむかしむかし、イリーナ・カルナウーホヴァ再話、斎藤君子訳、ネット武蔵野、二〇〇三年
魔法の物語　ロシア民話、A・アファナーシェフ再話、河葉田たか子訳、日本エディタースクール出版事業部、二〇〇四年
てぶくろ　ウクライナ民話より、たちもとみちこ作、ブロンズ新社、二〇〇五年
てぶくろ　ウクライナ民話、アルビン・トレッセルト再話、三木卓訳、のら書店、二〇〇五年
マーシャとババヤガーのおおきなとり　ロシアの昔話より、宮川やすえ文、ひさかたチャイルド、二〇〇七年

子どもに語るロシアの昔話、アレクサンドル・アファナーシエフ原作、伊東一郎訳・再話、茨木啓子再話、こぐま社、二〇〇七年

【中東、アフリカ、アメリカ】

語りつぐ人びと　アフリカの民話、江口一久〔ほか〕著訳、福音館書店、一九八〇年
カマキリと月　南アフリカの八つのお話、マーグリート・ポーランド作、さくまゆみこ訳、福音館書店、一九八八年
人間だって空を飛べる　アメリカ黒人民話集、ヴァジニア・ハミルトン語り・編、金関寿夫訳、福音館書店、一九八九年
ねずみのけっこん　マヤ族の昔話、ジュディス・デュプレ文、晴海耕平訳、童話館、一九九四年
おはなし村　西アフリカから、江口一久採話、保育社、一九九六年
子どもに語るトルコの昔話、児島満子編訳、こぐま社、二〇〇〇年
アフリカの民話集　しあわせのなる木、島岡由美子文、未来社、二〇一七年
ノウサギのムトゥラ　南部アフリカのむかしばなし、ビヴァリー・ナイドゥー著、さくまゆみこ訳、岩波書店、二〇一九年

昔話研究書一覧

石井正己

一、戦後の昔話研究書を挙げたが、網羅したわけではない。
一、日本語の文献に限定した。
一、使いやすさを考え、「（1）翻訳書」「（2）編著書」「（3）話型分類目録」の順に編んだ。
一、目録としては、日本民話の会編『ガイドブック世界の民話』（講談社、一九八八年）の「参考文献・研究篇」、稲田浩二編集代表『世界昔話ハンドブック』（三省堂、二〇〇四年）の「参考資料」があるので、それも参照されたい。

（1）翻訳書

昔話の比較研究、A・アールネ著、関敬吾訳、岩崎美術社、一九六九年

ヨーロッパの昔話―その形式と本質―、マックス・リュティ著、小澤俊夫訳、岩崎美術社、一九六九年

メルヘン（昔話）、F・ライエン著、山室静訳、岩崎美術社、一九七一年

民話の形態学、ウラジーミル・プロップ著、大木伸一訳、白馬書房、一九七二年

民間説話―理論と展開―　上・下、S・トンプソン著、荒木博之・石原綏代訳、現代教養文庫、一九七七年

口承文芸と現実、ヴェ・ヤ・プロップ著、斎藤君子訳、三弥井書店、一九七八年

昔話の魔力、ブルーノ・ベッテルハイム著、波多野完治・乾侑美子訳、評論社、一九七八年

民話の構造―アメリカ・インディアンの民話の形態論―、アラン・ダンダス編、池上嘉彦〔ほか〕訳、大修館書店、一九八〇年

おとぎ話の心理学、マリー・ルイゼ・フォン・フランツ著、氏原寛訳、創元社、一九八〇年

おとぎ話における影、マリー・ルイゼ・フォン・フランツ著、氏原寛訳、人文書院、一九八一年

おとぎ話における悪、マリー・ルイゼ・フォン・フランツ著、氏原寛訳、人文書院、一九八一年

民間説話論、ジェデオン・ユエ著、関敬吾監修、石川登志夫訳、同朋舎出版、一九八一年

昔話の形態学、ウラジーミル・プロップ著、北岡誠司・福田美智代訳、白馬書房、一九八三年

魔法昔話の起源、ウラジーミル・プロップ著、斎藤君子訳、せりか書房、一九八三年

昔話　その美学と人間像、マックス・リュティ著、小澤俊夫訳、岩波書店、一九八五年

おとぎ話における母、S・ビルクホイザー＝オエリ著、氏原寛訳、人文書院、一九八五年

ロシア昔話、ウラジーミル・プロップ著、斎藤君子訳、せりか書房、一九八六年

グリム兄弟のメルヒェン、ハインツ・レレケ著、小澤俊夫訳、岩波書店、一九九〇年
グリム童話の悪い少女と勇敢な少年、ルース・ボティックハイマー著、鈴木晶〔ほか〕訳、紀伊国屋書店、一九九〇年
赤頭巾ちゃんは森を抜けて―社会文化学からみた再話の変遷―、ジャック・ザイプス著、廉岡糸子〔ほか〕訳、一九九〇年
グリム童話―その隠されたメッセージ―、マリア・タタール著、鈴木晶〔ほか〕訳、新曜社、一九九〇年
グリム兄弟―魔法の森から現代の世界へ―、ジャック・ザイプス著、鈴木晶訳、筑摩書房、一九九一年
シンデレラ―9世紀の中国から現代のディズニーまで―、アラン・ダンダス編、池上嘉彦〔ほか〕訳、紀伊国屋書店、一九九一年
一つよけいなおとぎ話―グリム神話の解体―、ジョン・M・エリス著、池田香代子〔ほか〕訳、新曜社、一九九三年
「赤ずきん」の秘密―民俗学的アプローチ―、アラン・ダンダス編、池上嘉彦〔ほか〕訳、紀伊国屋書店、一九九四年
フォークロアの理論―歴史地理的方法を越えて―、アラン・ダンデス〔ほか〕著、荒木博之編訳、法政大学出版局、一九九四年
昔話と伝説―物語文学の二つの基本形式―、マックス・リューティ著、高木昌史・高木万里子訳、法政大学出版局、一九九五年
昔話の本質と解釈、マックス・リューティ著、野村泫訳、福音館書店、一九九六年
メルヘンへの誘い、マックス・リューティ著、高木昌史訳、法政大学出版局、一九九七年
グリム兄弟―生涯・作品・時代―、ガブリエーレ・ザイツ著、高木昌史・高木万里子訳、青土社、一九九九年
おとぎ話が神話になるとき、ジャック・ザイプス著、吉田純子・阿部美春訳、紀伊国屋書店、一九九九年
おとぎ話の社会史―文明化の芸術から転覆の芸術へ―、ジャック・ザイプス著、鈴木晶〔ほか〕訳、新曜社、二〇〇一年
民間伝承と創作文学―人間像・主題設定・形式努力―、マックス・リューティ著、高木昌史訳、法政大学出版局、二〇〇一年
ストーリーテリング入門―お話を学ぶ・語る・伝える―、マーガレット・リード・マクドナルド著、末吉正子・末吉優香里訳、一声社、二〇〇一年
魔法昔話の研究―口承文芸学とは何か―、ウラジーミル・プロップ著、齋藤君子訳、講談社学術文庫、二〇〇九年
タフィおじさんのおはなしコート、タフィ・トーマス著、三田村慶春・光藤由美子訳、之潮、二〇一一年
朝鮮民族説話の研究、孫晋泰著、金廣植・馬場英子・鄭裕江訳、風響社、二〇二三年

(2) 編著書

桃太郎の母―比較民族学的論集―、石田英一郎著、法政大学出版局、一九五六年
昔話と笑話、関敬吾著、岩崎美術社、一九六六年

グリム兄弟、高橋健二著、新潮選書、一九六八年
スペイン民族の昔話、岩崎美術社、三原幸久著、一九六九年
江戸小咄の比較研究、武藤禎夫著、東京堂出版、一九七〇年
かぐや姫の誕生―古代説話の起源―、伊藤清司著、講談社現代新書、一九七三年
日本人と民話、小澤俊夫編、ぎょうせい、一九七六年
韓国昔話の研究―その理論とタイプインデックス―、崔仁鶴著、弘文堂、一九七六年
日本の昔話―比較研究序説―、関敬吾著、日本放送出版協会、一九七七年
羽衣伝説の探究、水野祐著、産報、一九七七年
〈花咲爺〉の源流―日本と中国の説話比較―、伊藤清司著、ジャパン・パブリッシャーズ、一九七八年
民話と伝承―世界の民族　ゼミナール―、梅棹忠夫〔ほか〕著、朝日新聞社、一九七八年
昔話の残酷性、東京子ども図書館編、野村泫著、東京子ども図書館、一九七八年
東北アジア民族説話の比較研究、臼田甚五郎・崔仁鶴編、桜楓社、一九七八年
世界のシンデレラ物語、山室静著、新潮選書、一九七九年
世界の民話―ひとと動物との婚姻譚―、小澤俊夫著、中公新書、一九七九年
中国民話の旅から―雲貴高原の稲作伝承―、伊藤清司著、日本放送出版協会、一九八〇年
ヒマラヤの民話をたずねて、茂市久美子著、白水社、一九八二年
昔ばなしとは何か、小澤俊夫著、大和書房、一九八三年
現代に生きるグリム、谷口幸男〔ほか〕著、岩波書店、一九八五年
グリム兄弟とアンデルセン、高橋健二著、東書選書、一九八七年
民間説話の研究　日本と世界―関敬吾博士米寿記念論文集―、大林太良編者代表、同朋舎出版、一九八七年
ロシアの昔話を伝えた人々（ロシア民衆の口承文芸　別巻）、渡辺節子編著、ワークショップ80、一九八七年
ガイドブック世界の民話、日本民話の会編、講談社、一九八八年
昔話と文学、野村泫著、白水社、一九八八年
シンデレラ紀行―ペンタメローネ紹介―、北垣篤著、国文社、一九八八年
日本民間伝承の源流―日本基層文化の探究―、君島久子編、小学館、一九八九年
グリム童話―子どもに聞かせてよいか？―、野村泫著、ちくまライブラリー、一九八九年
ラテン世界の民間説話、三原幸久編、世界思想社、一九八九年
口承文芸の世界―日本とヨーロッパの昔話を中心に―、北海道大学放送教育委員会編、北海道大学図書刊行会、一九八九年
グリム童話研究、日本児童文学学会編、大日本図書、一九八九年
昔話　伝説の系譜―東アジアの比較説話学―、伊藤清司著、第一書房、一九九一年
ロシア民話の世界、藤沼貴編著、早稲田大学出版部、一九九一年

日中昔話伝承の現在、野村純一・劉守華編、勉誠社、一九九一年
グリム童話の誕生―聞くメルヒェンから読むメルヒェンへ―、小澤俊夫著、朝日選書、一九九二年
日本語訳中国昔話解題目録、千野明日香・衛藤和子編集、中国民話の会、一九九二年
グリム〈初版〉を読む、吉原高志・吉原素子編著、白水社、一九九三年
シベリア民話への旅、齋藤君子著、平凡社、一九九三年
日中昔話の比較（昔話―研究と資料―21）、日本昔話学会編、三弥井書店、一九九三年
目で見るグリム童話、野村泫著、ちくまライブラリー、一九九四年
グリムのメルヒェン―その夢と現実―、野口芳子著、勁草書房、一九九四年
昔話のコスモロジー―ひとと動物との婚姻譚―、小澤俊夫著、講談社学術文庫、一九九四年
韓日昔話の比較研究、崔仁鶴著、三弥井書店、一九九五年
「白雪姫」とフェティシュ信仰、石塚正英著、理想社、一九九五年
グリム兄弟　冥府への旅、高橋吉文著、白水社、一九九六年
『グリム童話』を読む、小澤俊夫著、岩波セミナーブックス、一九九六年
語られざるかぐやひめ―昔話と竹取物語―、高橋宣勝著、大修館書店、一九九六年
昔話の源流、稲田浩二著、三弥井書店、一九九七年
グリム童話の仕掛け、関楠生著、鳥影社、一九九七年
昔話と語りの現在、櫻井美紀著、久山社、一九九八年
日本におけるグリム童話翻訳書誌、川戸道昭〔ほか〕編著、ナダ出版センター、二〇〇〇年
民間説話の国際性―比較文化論―、三宅忠明著、大学教育出版、二〇〇〇年
グリム童話を読む事典、高木昌史著、三交社、二〇〇二年
昔話研究の地平　小澤俊夫教授古稀記念論文集、小澤俊夫教授古稀記念論文集編集委員会　編、小澤昔ばなし研究所、二〇〇二年
昔話の東と西―比較口承文芸論考―、鈴木満著、国書刊行会、二〇〇四年
図説　グリム童話、虎頭恵美子編、河出書房新社、二〇〇五年
ちりめん本のすべて―明治の欧文挿絵本―、石澤小枝子著、三弥井書店、二〇〇四年
世界昔話ハンドブック、稲田浩二編集代表、三省堂、二〇〇四年
日中説話の比較研究、繁原央著、汲古書院、二〇〇四年
ロシアフォークロアの世界、伊東一郎編、群像社、二〇〇五年
柳田國男とヨーロッパ―口承文芸の東西―、高木昌史編、三交社、二〇〇六年
グリム童話と近代メルヘン、竹原威滋著、三弥井書店、二〇〇六年
「大きなかぶ」はなぜ抜けた?―謎とき 世界の民話―、小長谷有紀編、講談社現代新書、二〇〇六年

グリム童話―知られざる人と作品―、ベルンハルト・ラウアー著、清水穣訳、淡交社、二〇〇六年
三つの質問をあずかる旅　世界のAT460, 461話群研究（聴く 語る 創る13）、日本民話の会編、日本民話の会、二〇〇六年
民話―伝承の現実―、大島廣志著、三弥井書店、二〇〇七年
白雪姫はなぐられて生き返った―グリム童話初版と第二版の比較―、間宮史子著、小澤昔ばなし研究所、二〇〇七年
語りの廻廊―聴き耳の五十年―、野村敬子著、瑞木書房、二〇〇八年
日本における外国昔話の受容と変容―和製グリムの世界―、久保華誉著、三弥井書店、二〇〇九年
「王さまと九人の兄弟」の世界、君島久子著、岩波書店、二〇〇九年
グリムのメルヒェンと明治期教育学―童話・児童文学の原点―、中山淳子著、臨川書店、二〇〇九年
台湾昔話の研究と継承、石井正己編、東京学芸大学、二〇〇九年
韓国と日本をむすぶ昔話、石井正己編、東京学芸大学、二〇一〇年
鉄文化を拓く炭焼長者、福田晃・金賛會・百田弥栄子編、三弥井書店、二〇一一年
南洋群島の昔話と教育、石井正己編、東京学芸大学、二〇一一年
野村純一著作集　第五巻　昔話の来た道・アジアの口承文芸、野村純一著、清文堂出版、二〇一一年
白鳥（ものと人間の文化史161）、赤羽正春著、法政大学出版局、二〇一二年
おはなしの帽子―イギリスおはなしの旅―、光藤由美子著、創風社出版、二〇一二年
猿蟹合戦とブレーメンの音楽隊―弱小連合、強きをくだく―（聴く 語る 創る20）、外国民話研究会編、日本民話の会、二〇一二年
東アジア笑話比較研究、小峯和明監修、琴榮辰著、勉誠出版、二〇一二年
帝国日本の昔話・教育・教科書、石井正己編、東京学芸大学、二〇一三年
日中民間説話の比較研究、立石展大著、汲古書院、二〇一三年
説話から世界をどう解き明かすのか―説話文学会設立50周年記念シンポジウム〈日本・韓国〉の記録―、説話文学会編、笠間書院、二〇一三年
植民地期における日本語朝鮮説話集の研究―帝国日本の「学知」と朝鮮民俗学―、金廣植著、勉誠出版、二〇一四年
アイルランド―自然・歴史・物語の旅―、渡辺洋子著、三弥井書店、二〇一四年
国際化時代を視野に入れた説話と教科書に関する歴史的研究、石井正己編、東京学芸大学、二〇一四年
インドの昔話、その歴史と現在、石井正己編、東京学芸大学、二〇一四年
グリム童話と日本昔話、高木昌史著、三弥井書店、二〇一五年
インドネシア民話の旅―小学生からおとなまで― 正・続、百瀬

侑子、つくばね舎、二〇一五年

グリムへの扉—カラー図説—、大野寿子編、勉誠出版、二〇一五年

「スーホの白い馬」の真実—モンゴル・中国・日本それぞれの姿—、ミンガド・ボラグ著、風響社、二〇一六年

植民地統治下における昔話の採集と資料に関する基礎的研究、石井正己著、東京学芸大学、二〇一六年

日中韓の昔話—共通話型三〇選—、鵜野祐介編著、みやび出版、二〇一六年

国境を越える民俗学—日韓の対話によるアカデミズムの再構築—、崔仁鶴・石井正己編、三弥井書店、二〇一六年

グリム童話のメタファー—固定観念を覆す解釈—、野口芳子著、勁草書房、二〇一六年

グリム童話と表象文化—モティーフ・ジェンダー・ステレオタイプ—、大野寿子編、勉誠出版、二〇一七年

決定版グリム童話事典、高木昌史編著、三弥井書店、二〇一七年

世界の教科書に見る昔話、石井正己編、三弥井書店、二〇一八年

語りのメソッド　イタリアの民話をたずねて、剣持弘子著、三弥井書店、二〇一八年

中国民話と日本—アジアの物語の原郷を求めて—、飯倉照平著、勉誠出版、二〇一九年

中日昔話における異類婚姻譚の比較研究、楊静芳著、上海交通大学出版社、二〇一九年

韓国・朝鮮説話学の形成と展開、金廣植著、勉誠出版、二〇二〇年

昔話の研究と継承—小澤俊夫先生卒寿記念論文集—、小澤俊夫先生卒寿記念論文集編集委員会編、小澤昔ばなし研究所、二〇二一年

日本人が知らない「スーホの白い馬」の真実、ミンガド・ボラグ著、扶桑社新書、二〇二一年

猿蟹合戦の源流、桃太郎の真実—東アジアから読み解く五大昔話—、斧原孝守著、三弥井書店、二〇二二年

なぜ炭治郎は鬼の死を悼むのか—昔話で読み解く『鬼滅の刃』の謎—、久保華誉著、草思社、二〇二三年

グリム兄弟とその学問的後継者たち—神話に魂を奪われて—、横道誠著、ミネルヴァ書房、二〇二三年

昔話「力太郎」ユーラシアを翔ける—比較民話学の試み—、斧原孝守著、三弥井書店、二〇二四年

〔3〕話型分類目録

日本昔話名彙、日本放送協会編、柳田国男監修、日本放送出版協会、一九四八年

日本昔話集成（全六巻）、関敬吾著、角川書店、一九五〇～五八年

日本昔話通観（全二九巻）、稲田浩二・小澤俊夫責任編集、同朋舎出版、一九七七～九〇年

世界の昔話25　解説編、小澤俊夫著、ぎょうせい、一九七八年

日本昔話大成（全一二巻）、関敬吾・野村純一・大島廣志編、角川書店、一九七八～八〇年

日本昔話通観　研究篇1　日本昔話とモンゴロイド―昔話の比較記述―、稲田浩二責任編集、同朋舎出版、一九九三年
日本昔話通観　研究篇2　日本昔話と古典、稲田浩二責任編集、同朋舎出版、一九九八年
韓国昔話集成1〜8、崔仁鶴・厳鎔姫編著、悠書館、二〇一三〜二〇年
『中国民間故事集成』総目索引、鈴木健之編、私家版、二〇一三年
国際昔話話型カタログ　分類と文献目録、ハンス＝イェルク・ウター著、加藤耕義訳、小澤俊夫日本語版監修、小澤昔ばなし研究所、二〇一六年

執筆者紹介（掲載順）

野村　敬子	■（のむら・けいこ）	口承文芸研究者、聴き耳の会代表
矢部　敦子	■（やべ・あつこ）	小平民話の会会員
久保　華誉	■（くぼ・かよ）	学習院大学非常勤講師
光藤由美子	■（みつどう・ゆみこ）	松山おはなしの会会長、ＮＰＯ法人語り手たちの会会員、ストーリーテリングで特別支援研究会役員
渡辺　洋子	■（わたなべ・ようこ）	日本民話の会・外国民話研究会会員
中丸　禎子	■（なかまる・ていこ）	ウップサラ大学客員研究員、東京理科大学准教授
剣持　弘子	■（けんもち・ひろこ）	外国民話研究会会員、昔話研究土曜会会員
内藤　浩誉	■（ないとう・ひろよ）	國學院大學兼任講師、東洋大学非常勤講師
立石　展大	■（たていし・のぶあつ）	高千穂大学教授
馬場　英子	■（ばば・えいこ）	新潟大学名誉教授
斧原　孝守	■（おのはら・たかし）	日本昔話学会会員
趙　　恩馤	■（チョウ・ウネ）	韓国・崇実大学校講師
杉山　和也	■（すぎやま・かずや）	順天堂大学准教授
藤田　　護	■（ふじた・まもる）	アンデスオーラルヒストリー工房、慶應義塾大学湘南藤沢キャンパス環境情報学部専任講師
丹菊　逸治	■（たんぎく・いつじ）	北海道大学アイヌ・先住民研究センター准教授
竹原　　新	■（たけはら・しん）	大阪大学教授
新倉　朗子	■（にいくら・あきこ）	東京家政大学名誉教授
權　　赫來	■（クォン・ヒョンネ）	韓国・龍仁大学校副教授
加藤　耕義	■（かとう・こうぎ）	学習院大学教授
大澤千恵子	■（おおさわ・ちえこ）	東京学芸大学教授
山本　直子	■（やまもと・なおこ）	ＮＰＯ法人語り手たちの会会員
蒙 古 貞 夫	■（モンゴルジンフー）	東京学芸大学研究員
楊　　静芳	■（ヨウ・セイホウ）	中国・上海理工大学講師
金　　廣植	■（キム・クァンシク）	韓国研究財団学術研究教授
小池ゆみ子	■（こいけ・ゆみこ）	日本口承文芸学会会員、昔話研究土曜会会員、女性民俗学研究会会員
志村　真幸	■（しむら・まさき）	慶應義塾大学准教授
坂内　徳明	■（ばんない・とくあき）	一橋大学名誉教授
野村　典彦	■（のむら・のりひこ）	千葉大学文学部非常勤講師
鵜野　祐介	■（うの・ゆうすけ）	立命館大学教授
金　　容儀	■（キム・ヨンウィ）	韓国・全南大学校教授
中村　　勝	■（なかむら・まさる）	立教新座中学校・高等学校教諭
多比羅　拓	■（たひら・たく）	八王子学園八王子高等学校教諭

編者紹介

石井正己（いしい・まさみ）

1958年東京都生まれ。国文学者・民俗学者。東京学芸大学名誉教授、柳田國男・松岡家記念館顧問、韓国比較民俗学会顧問など。
近刊の著書に『旅する菅江真澄』（三弥井書店、2020年）、『柳田國男と福崎』（福崎町教育委員会、2021年）、『感染症文学論序説』（河出書房新社、2021年）、『震災を語り継ぐ』（三弥井書店、2023年）、『文豪たちが書いた関東大震災』（NHK 出版、2023年）、『源氏物語　語りと絵巻の方法』（三弥井書店、2024年）、編著に『国語教科書の定番教材を検討する！』（三弥井書店、2021年）、『沖縄文化論集』（角川ソフィア文庫、2022年）、『菅江真澄図絵の旅』（角川ソフィア文庫、2023年）、『関東大震災百年　文豪たちの「九月一日」』（清水書院、2023年）、『関東大震災　文豪たちの証言』（中公文庫、2023年）がある。

世界の昔話を知るために！

令和 7（2025）年 1 月23日　初版発行
令和 7（2025）年 4 月30日　初版 2 刷発行

定価はカバーに表示してあります。

Ⓒ編　著　石 井 正 己

発行者　吉 田 敬 弥
発行所　株式会社 三 弥 井 書 店
〒108-0073　東京都港区三田3-2-39
電話03-3452-8069
振替00190-8-21125

ISBN978-4-8382-3424-0 C0039　　整版・印刷　亜細亜印刷㈱